城市群综合交通系统管理理论与方法丛书

城市群交通系统风险与应急管理

张小宁 等 著

国家自然科学基金创新研究群体项目（72021002）
国家自然科学基金重大项目（71890970）

科学出版社

北京

内 容 简 介

本书系统论述了城市群综合交通系统风险辨识与应急管理的相关理论，包括城市群综合交通系统特征、城市群交通应急体系设计理论；城市群高速公路网络冗余性评估方法，并针对京津冀、粤港澳大湾区、长三角三个城市群的高速公路网络的冗余性进行评估和比较；城际高速公路网电动汽车在途充电设施选址优化模型和算法；考虑人员等待和在途阶段耗时公平的公交疏散理论、模型和算法，提出了高风险集结地优先访问的两阶段公交疏散策略；建立了分级突发事件下城市轨道交通级联失效模型，结合级联失效算法给出改进的客流分布计算及优化方法；无人机在城市群物流中的应用理论、无人机物流路径规划方法及无人机物流系统协同优化方法。

本书可作为交通运输及应急管理领域研究人员的教学用书，也可以作为交通规划与管理、管理科学与工程、系统工程等相关专业的教学、科研、设计、管理人员的参考书。

图书在版编目（CIP）数据

城市群交通系统风险与应急管理 / 张小宁等著. -- 北京：科学出版社，2024.12. -- （城市群综合交通系统管理理论与方法丛书）. -- ISBN 978-7-03-079455-0

Ⅰ. U491.2

中国国家版本馆 CIP 数据核字第 2024TP9994 号

责任编辑：陶　璇 / 责任校对：姜丽策
责任印制：张　伟 / 封面设计：有道设计

科学出版社 出版
北京东黄城根北街 16 号
邮政编码：100717
http://www.sciencep.com

北京中科印刷有限公司印刷
科学出版社发行　各地新华书店经销

*

2024 年 12 月第 一 版　开本：720×1000　1/16
2024 年 12 月第一次印刷　印张：15 3/4
字数：320 000
定价：186.00 元
（如有印装质量问题，我社负责调换）

城市群综合交通系统管理理论与方法丛书编委会

主　编
　　黄海军　北京航空航天大学

副主编
　　吴建军　北京交通大学　　　　张小宁　同济大学
　　罗康锦　香港科技大学　　　　李志纯　华中科技大学
　　田　琼　北京航空航天大学

编　委
　　陈　鹏　南佛罗里达大学　　　陈绍宽　北京交通大学
　　陈小鸿　同济大学　　　　　　范红忠　华中科技大学
　　郭仁拥　北京航空航天大学　　郭　欣　北京交通大学
　　韩　科　西南交通大学　　　　胡照林　同济大学
　　蒋盛川　上海理工大学　　　　李大庆　北京航空航天大学
　　李　峰　华中科技大学　　　　李欣蔚　北京航空航天大学
　　梁　哲　同济大学　　　　　　廖飞雄　埃因霍温理工大学
　　刘　鹏　北京航空航天大学　　刘蓉晖　利兹大学
　　刘天亮　北京航空航天大学　　骆　骁　同济大学
　　屈云超　北京交通大学　　　　盛　典　华中科技大学
　　唐铁桥　北京航空航天大学　　王晨岚　北京航空航天大学
　　王晓蕾　同济大学　　　　　　谢　驰　西南交通大学
　　徐　猛　北京交通大学　　　　许项东　同济大学
　　杨　凯　北京交通大学　　　　杨　欣　北京交通大学
　　尹浩东　北京交通大学　　　　张学清　香港科技大学
　　赵丽元　华中科技大学

总　序

随着我国城镇化进程的推进，以北京、上海、广州、深圳等为代表的大城市出现了严重的资源短缺、环境污染、交通拥堵等问题。为着力解决城镇化快速发展过程中的突出矛盾和问题、促进经济全面发展与社会和谐进步，习近平总书记在党的二十大报告中指出要"深入实施区域协调发展战略、区域重大战略、主体功能区战略、新型城镇化战略，优化重大生产力布局，构建优势互补、高质量发展的区域经济布局和国土空间体系"、"以城市群、都市圈为依托构建大中小城市协调发展格局"和"提高城市规划、建设、治理水平，加快转变超大特大城市发展方式，实施城市更新行动，加强城市基础设施建设"[①]。城市群（urban agglomeration）作为城市发展到成熟阶段的最高空间组织形式，通常包括3个或3个以上相距50~250公里、社会经济活动紧密联系、行政隶属关系有差异、各自人口超过百万的城市。2015年以来，中共中央、国务院相继印发《京津冀协同发展规划纲要》《粤港澳大湾区发展规划纲要》《长江三角洲区域一体化发展规划纲要》等多个国家级城市群发展的纲领性文件，我国城市群进入了快速发展时期。

2021年3月，《中华人民共和国国民经济和社会发展第十四个五年规划和2035年远景目标纲要》中明确提出要"推进城市群都市圈交通一体化，加快城际铁路、市域（郊）铁路建设，构建高速公路环线系统，有序推进城市轨道交通发展"。新型城镇化导向下的城市群发展战略为破解大城市交通困局提供了新机遇，同时也给交通运输规划与管理提出了新挑战，存在大量的交通科学问题亟待解决。不仅对发展交通管理科学具有重要的学术价值，而且对加快新型城镇化建设、缓解城市交通拥堵、解决交通污染、提高城市可持续发展能力等具有非常重要的现实意义。

2018年，我们有幸承担了国家自然科学基金重大项目"新型城镇化导向下的城市群综合交通系统管理理论与方法"（71890970）的研究任务。作为国内第一个城市群交通方面的重大项目，我们面向国家重大战略需求，推动城市群协调绿色发展，融合管理科学、信息科学、数据科学、网络科学、地理经济学、交通运输工程科学、数学、行为科学、系统科学等学科，前瞻性地从城市群交通行为分析与需求集成管理、城市群综合交通系统可持续发展理论、城市群综合交通系统风

---

① 《习近平：高举中国特色社会主义伟大旗帜　为全面建设社会主义现代化国家而团结奋斗——在中国共产党第二十次全国代表大会上的报告》，https://www.gov.cn/xinwen/2022-10/25/content_5721685.htm，2022-10-25。

险辨识与应急管理、城市群综合交通系统设计与运营优化等四个方面，深入研究我国新型城镇化导向下城市群发展中与交通运输相关的一系列重大基础问题（研究框架如图 0.1 所示）。针对我国城市群发展的特定社会经济环境，通过该项目，我们系统深入地研究城市居民出行的复杂行为和多层次交通需求的生成机理，探索复杂交通需求的时空分布规律，剖析地面公交网络—轨道交通网络—道路交通网络的相互协调关系，建立多方式交通网络系统的耦合理论，发展多方式协作运营过程中的组织、调控与协同理论，构建匹配多层次交通需求的城市群综合交通管理理论。

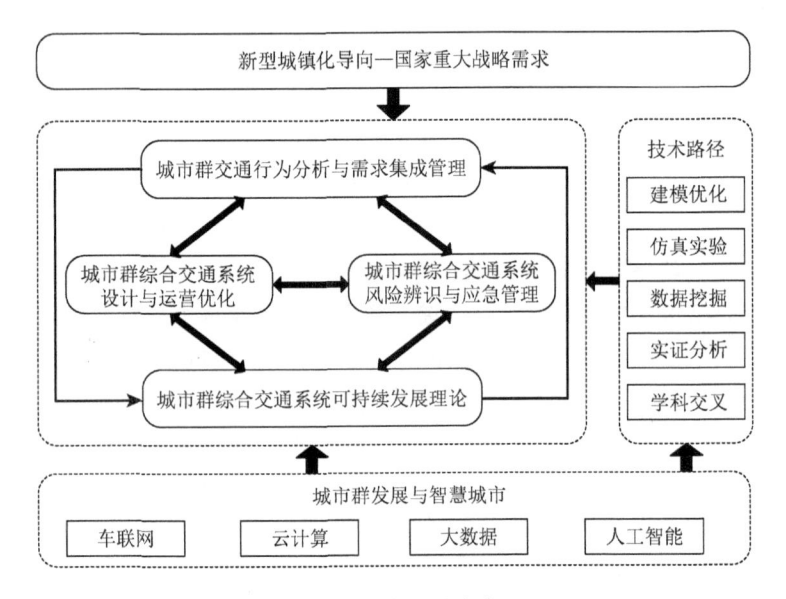

图 0.1 项目研究框架

为此，我们组织了一支以北京航空航天大学、北京交通大学、同济大学、香港科技大学和华中科技大学的优秀学者为核心的研究团队，开展创新研究。团队着眼于我国城市群发展的历史和现状，牢牢把握传播中国发展经验、讲好中国故事的总方针，围绕通过交通解决国家城市群发展中问题、填补国际城市群交通科学研究空白的总目标，采取多学科交叉、多单位协同的方法，产出了丰硕的研究成果。主要研究成果包括以下几个方面。

（1）对城市群交通行为分析与需求集成管理问题进行了系统深入研究，凝练出多城市尺度下出行需求预测等科学问题；研究了城际通勤对城市空间结构和房价的影响以及福利最大化下的社会最优分配；构建了双城市系统的静态完美信息博弈模型，研究了通勤补贴博弈对空间结构可能产生的影响；考虑特大城市多模式综合交通系统的耦合关系，建立了不同耦合方式下的多模式交通网络可靠性模型；针对大城市的人口膨胀问题，研究了税收调控对城市群人口规模的影响；建立了三城市空间均衡模型，该模型允许城市群居民在城市间通勤和迁移，从而可以用来研究通勤税和工资税对城市群人口分布、空间结构和土地租金的影响。

（2）针对不确定交通需求和运输成本的城市群多模式交通枢纽选址优化问题，分别构建了随机需求和随机成本下的两阶段随机规划模型；优化了城市群高速公路廊道非常规瓶颈的交通流控制策略；建立了基于出行时间和基于出行效用的多模式交通网络可靠路径模型，设计了双因素可靠性边界收敛算法；基于多源数据，提出了包括步行时间、等待时间和出行时间在内的联合测算方法，建立了城市群多模式交通网络随机可达性评估模型。

（3）在大城市交通弹性与韧性研究方面，归纳出系统弹性、工程弹性和适应周期弹性三个框架，以深入理解城市群交通复杂网络的弹性与韧性；针对灾变的两种典型状态，分别提出了无容量限制交通路网的灾变性能评估算法，使用蒙特卡罗仿真方法评估了随机灾变下城市群路网的通行能力；研究了不同路径选择策略下的行人疏散特征和规律，以帮助提高低密度情况下的整体疏散效率；提出了交叉口黎曼问题求解的通用框架，并给出几类典型交叉口的黎曼解表达式，为城市群交通枢纽行人场所的设计、信息发布和应急管理提供科学依据。

（4）聚焦于机场运营策略和空铁联运服务对城市群多机场系统的影响，根据机场所有权的不同，分类讨论了航空公司和高铁、枢纽机场和中转机场不同关系下的六种组合情景，对不同情景下的机场费、航空公司和高铁服务频率进行了优化；探讨了中欧城市群货运市场班列补贴和班轮硫排放控制区问题，考虑托运人、承运人和监管者之间的相互作用，构建了班轮与班列竞争和合作下的多阶段顺序博弈模型，以实现系统福利最大化；建立了一个出行时间不确定性下的网约车平台定价模型，基于双头垄断市场提出了城市群网约车平台拼车定价及奖惩机制；研究了公共资源在空间中的不同分配形式对于城市群居民的住址选择、出行、就业以及房价、开发商利润、社会福利的影响，并利用实际数据对模型进行参数校正。

基于以上研究成果，团队在国内外被广泛认可的高水平学术刊物上发表了较多的论文，特别是在综合交叉、交通科学、管理科学等学科领域的顶级刊物如 *Proceedings of National Academy of Sciences of the United States of America*、*Nature Communications*、*Informs Journal on Computing*、*Transportation Science*、*Transportation Research Part A/B/C/D/E* 等上面发表了近百篇论文；举办了 The 24 th International Symposium on Transportation and Traffic Theory（ISTTT24）（第 24 届国际运输与交通理论会议）、计算交通科学国际研讨会（The Workshop on Computational Transportation Science，CTS）、"交通行为与交通科学"前沿研讨会等重要国内外学术会议，团队成员受邀做大会报告 100 余次。这些成果反映出团队通过此重大

项目为国际交通科学做出了具有中国背景、中国特色的重要贡献，得到了国际同行们的广泛认可。同时，我们还申请或授权发明专利 30 多项，提出的多项政策建议被全国人大、全国政协、中央统战部、交通运输部、北京市委及其他省部级单位采纳。团队通过与交通运输部科学研究院、港铁公司、北京中科数遥信息技术有限公司合作，完善了具有宏观城市群综合交通、中观城市交通分析以及微观交通流分析等多层次功能的城市群综合交通管理与决策支持系统、基于遥感和空间大数据的城市群动态监测与模拟预测系统，开发了城市轨道交通智慧运营决策平台，力图实现理论与实践之间的深度融合。

征得团队全体成员同意，针对不同课题和不同研究角度，我们现将部分成果结集出版。本系列专著除了向公众展示我们项目的研究成果外，更希望进一步推进城市群交通研究，吸引更多的学者关注这个领域。本系列目前由四部专著组成：《城市群交通行为分析与需求管理》（黄海军等著）、《城市群综合交通系统设计与运营优化研究》（吴建军等著）、《城市群交通系统风险与应急管理》（张小宁等著）、《城市群综合交通系统可持续发展理论与实践》（罗康锦等著）。

虽然本系列专著成稿于项目结束之际，然而对城市群交通的研究远没有结束。随着信息技术的发展和城市更新步伐加快，新的城市群交通问题将具有更大的挑战性。首先，互联网、物联网、自动驾驶、人工智能等新兴技术会极大地影响居民的生产行为、消费行为和出行偏好，进而重塑城市群空间形态、经济形态和生活形态，因此面向未来的城市群与交通之间的关系值得更加深入和广泛的研究。其次，城市群是一个复杂系统，涉及居民、企业、政府、交通运营商等众多利益相关方，研究各利益相关方之间如何相互影响是未来城市群能否协调、可持续发展的关键。最后，城市与交通每时每刻都在产生海量数据，随着机器学习等新型智能技术的发展，需要设计针对城市群交通的模型和算法，构建能更加准确预测城市群发展的数据平台，为我国在下一个五年计划或更长远的规划提供理论依据。

本项目能够顺利执行并取得重要进展和成果，离不开许多组织和个人的关怀和鼎力支持。首先感谢国家自然科学基金委员会管理科学部的多任领导吴启迪主任、丁烈云主任、高自友副主任、杨烈勋副主任、刘作仪副主任、霍红处长、卞亦文流动项目主任等在推动城市群交通研究方面的支持与对项目执行的具体指导。衷心感谢住房和城乡建设部原部长汪光焘教授、钱七虎院士、钟志华院士、张军院士、徐伟宣教授、华中生教授、郭继孚教授、马寿峰教授等对本项目的立项申报、年度和中期检查等工作的宝贵指导和帮助。感谢承担各课题的北京航空航天大学、北京交通大学、同济大学、香港科技大学为本项目的研究团队提供的科研条件和技术支持，以及一大批企事业单位在项目研究过程中的配合和协助。感谢所有参与该项目的老师和同学们，主要成员除下面列出的六位学者外，还包括课题一徐猛教授、刘天亮教授、王晨岚副教授、刘鹏副教授、李欣蔚副教授等，课题二吴建军教授、孙会君教授、杨凯教授、郭仁拥教授、吕莹教授、康柳江教授、赵建东教授、杨欣教授等，课题三李大庆教授、梁哲教授、王晓蕾教授、谢驰教授、许项东教授等，课题四盛典副研究员、槐悦副研究员等。衷心感谢大家一直以来的真诚配合和全心投入，正是大家的齐心协力才保障了项目的顺利进行。最后，向参加本系列专著撰写的所有作者和科学出版社的编辑致以诚挚的谢意。

黄海军　北京航空航天大学
吴建军　北京交通大学
张小宁　同济大学
罗康锦　香港科技大学
李志纯　华中科技大学
田　琼　北京航空航天大学
2024年8月

目 录

第 1 章 引言 ·· 1
    1.1 研究背景 ·· 1
    1.2 研究意义 ·· 2
    1.3 研究内容 ·· 3

第 2 章 面向供需特征的城市群综合交通系统应急策略设计 ·············· 5
    2.1 城市群综合交通需求特征 ··· 5
    2.2 城市群综合交通系统特征 ··· 11
    2.3 城市群交通应急体系设计 ··· 16
    参考文献 ·· 26

第 3 章 城市群高速公路网络冗余性评估方法研究 ······························ 29
    3.1 研究背景与意义 ·· 29
    3.2 城市群高速公路网络冗余性评估方法 ··· 32
    3.3 城市群高速公路网络构建方法 ··· 36
    3.4 城市群高速公路网络冗余性评估结果 ··· 38
    3.5 小结 ·· 45
    参考文献 ·· 46

第 4 章 城际高速公路网电动汽车在途充电设施选址优化模型和算法 ·· 49
    4.1 概述 ·· 49
    4.2 优化模型 ·· 51
    4.3 求解算法 ·· 59
    4.4 实例分析 ·· 66
    4.5 小结 ·· 86
    参考文献 ·· 88

第 5 章 考虑人员等待和在途阶段耗时公平的公交疏散模型 ············ 91
    5.1 有预警灾害疏散需求研究 ··· 91
    5.2 建模准备 ·· 93
    5.3 等待和在途阶段耗时公平的分区优化模型 ···································· 94
    5.4 模型算法设计 ··· 96
    5.5 模型算例分析 ··· 105

5.6 小结 ······ 121
参考文献 ······ 121

第6章 考虑高风险集结地优先访问的公交疏散模型 ······ 122
6.1 建模准备 ······ 123
6.2 高风险集结地优先访问的全局优化模型 ······ 124
6.3 模型算法设计 ······ 126
6.4 模型算例分析 ······ 132
6.5 小结 ······ 142

第7章 分级突发事件下城市轨道交通级联失效模型 ······ 144
7.1 城市轨道交通突发事件 ······ 144
7.2 经典级联失效算法 ······ 146
7.3 基于 GAT 改进的 CML 模型 ······ 148
7.4 案例分析 ······ 152
7.5 小结 ······ 168
参考文献 ······ 168

第8章 城市群无人机物流 ······ 169
8.1 城市群无人机物流概述 ······ 170
8.2 城市群无人机交通管理 ······ 175
8.3 无人机物流路径规划问题 ······ 183
8.4 无人机物流协同优化问题 ······ 216
8.5 无人机物流发展方向和趋势 ······ 221
参考文献 ······ 225

第9章 结论 ······ 232
章节贡献者名单 ······ 234
附录 改进 C101 算例集结地疏散需求的期望和标准差 ······ 235

第1章 引 言

1.1 研究背景

　　城市群是指在相对较小的地理范围内,由若干个紧密相连的城市和其周边地区组成的一个经济、社会和文化上相互依存、紧密联系的区域,是城市发展到成熟阶段的最高空间组织形式。城市群通常由一个或多个核心城市和其周边的卫星城市、郊区、乡村等聚合而成,它们通过高速公路、铁路、航空和水路等方式紧密相连,综合承载和资源配置能力强,人口和经济密度较高。

　　世界上公认的城市群有:①美国东北部大西洋沿岸城市群;②日本东海道太平洋沿岸城市群;③欧洲西北部城市群;④北美五大湖沿岸城市群;⑤英格兰城市群。截至2020年底,我国国务院共先后批复了11个国家级城市群,分别是:京津冀城市群、长江中游城市群、哈长城市群、成渝城市群、长江三角洲城市群(简称长三角城市群)、中原城市群、北部湾城市群、关中平原城市群、呼包鄂榆城市群、兰州—西宁城市群(简称兰西城市群)和粤港澳大湾区。11个国家级城市群已占有全国21%的土地,集聚全国58%的人口,创造全国68%的经济总量。

　　《2010中国城市群发展报告》称长三角城市群已跻身六大世界级城市群。2015年,世界银行报告显示,珠江三角洲城市群(简称珠三角城市群)成为世界人口和面积最大的城市带。2018年11月18日,《中共中央 国务院关于建立更加有效的区域协调发展新机制的意见》明确指出,以京津冀城市群、长三角城市群、粤港澳大湾区、成渝城市群、长江中游城市群、中原城市群、关中平原城市群等推动国家重大区域战略融合发展,建立以中心城市引领城市群发展、城市群带动区域发展新模式,推动区域板块之间融合互动发展。2021年3月,第十三届全国人民代表大会第四次会议表决通过《中华人民共和国国民经济和社会发展第十四个五年规划和2035年远景目标纲要》,提出"以中心城市和城市群等经济发展优势区域为重点,增强经济和人口承载能力,带动全国经济效率整体提升。以京津冀、长三角、粤港澳大湾区为重点,提升创新策源能力和全球资源配置能力,加快打造引领高质量发展的第一梯队。在中西部有条件的地区,以中心城市为引领,提升城市群功能,加快工业化城镇化进程,形成高质量发展的重要区域。破除资源流动障碍,优化行政区划设置,提高中心城市综合承载能力和资源优化配置能力,强化对区域发展的辐射带动作用"。

城市群的形成主要受到经济、交通和社会发展等因素的影响。经济上，城市群通常是一些经济发达的城市聚集地，其核心城市往往拥有较强的产业基础和创新能力，周边城市和地区则承担着辅助和支持核心城市发展的功能。交通上，城市群通常由高速公路、铁路、航空等交通网络连接，便于人员、物资和信息的流动。社会上，城市群的发展也促进了人口流动、就业机会和文化交流等方面的增长。

首先，城市群的发展可以带来许多优势，可以提高资源的利用效率。在城市群中，各个城市可以共享一些基础设施和服务，如教育、医疗、公共交通等，从而减少重复建设和浪费。其次，城市群可以促进经济的集聚和发展。由于各个城市之间的紧密联系，企业可以在更大的范围内寻找商机，从而推动经济的发展。最后，城市群可以提高人们的生活质量。在城市群中，人们可以享受到更多元化的服务和更高的生活质量。然而，城市群的发展也面临着一些挑战。例如，如何协调各个城市的发展速度，避免出现"大城市病"，如交通拥堵、环境污染等问题；如何在保持城市群内部活力的同时，吸引和留住人才；如何在全球化的背景下，保护和发扬城市群的文化特色等。这些都是城市群发展过程中需要面对和解决的问题。

《中华人民共和国国民经济和社会发展第十四个五年规划和2035年远景目标纲要》强调要加快建设交通强国，推进城市群都市圈交通一体化，加快城际铁路、市域（郊）铁路建设，构建高速公路环线系统，有序推进城市轨道交通发展。新增城际铁路和市域（郊）铁路运营里程3000公里，基本建成京津冀、长三角、粤港澳大湾区轨道交通网。新增城市轨道交通运营里程3000公里。

城镇化是现代化的必由之路，是推动区域协调发展的有力支撑。我国城市群发展迅速，新型城镇化导向下的城市群发展战略为破解大城市交通困局提供了新机遇，同时也给交通运输规划与管理提出了新挑战。

1.2 研究意义

城市群的交通难题是一个复杂且具有挑战性的问题。在当今快速发展的城市化进程下，城市群的形成和扩张带来了一系列交通方面的困扰。

首先，城市群内部各个城市之间的联系日益紧密，人口流动频繁，交通需求激增，导致出现道路拥堵、公共交通压力增大以及出行效率低下等问题。其次，城市群内部的交通规划和管理也面临着巨大的挑战。由于城市群的规模庞大，各个城市之间的交通网络错综复杂，需要统筹规划和协调管理。然而，各城市的利益和发展方向不同，往往难以达成一致意见，导致交通规划的推进困难重重。此外，城市群的交通建设也需要面对土地资源有限、环境保护等方面的限制。如何在有限的空间内合理布局交通设施，同时兼顾环境保护和可持续发展的要求，也是城市群交通建设的一大难题。

城市群的发展更是使得突发事件和自然灾害下的应急交通管理变得日益复杂，城市群背景下的综合交通系统风险辨识与应急管理成为一个亟待解决的重要研究课题。由于城市群的交通网络复杂，应急资源的分配和调度需要高度的协调和精确，但在实际操作中可能会出现资源分配不均、调度不合理的情况。应急预警系统的完善程度也有待提高。有效的预警系统能够提前预测和预防可能出现的交通问题，但是目前很多城市的交通应急预警系统还不够完善，无法做到及时、准确地发出预警信息。应急响应机制的效率也需要改进。在面对突发的交通问题时，应急响应机制的效率直接影响到问题的解决速度和效果。

解决城市群的交通难题需要综合运用各种手段和方法。一方面，可以加强城市规划和管理，建立健全跨城市的交通协调机制，优化交通网络布局，提高交通运输效率。另一方面，可以推广绿色出行方式，鼓励居民使用公共交通工具，采用步行或骑行等低碳出行方式，减少私家车的使用。科技创新也为城市群的交通难题提供了新的解决方案。例如，智能交通系统的应用可以实现交通信息的实时共享和智能调度，提高道路通行能力和交通运行效率。无人驾驶技术（或者无人机物流）的发展有望缓解道路拥堵问题，并提高交通安全性。

针对城市群交通应急管理的新问题，基于需求分析理论、风险分析理论、行为分析理论、弹性调控技术和信息技术等，以构建城市群新型应急交通管理理论体系为导向，对城市群交通网络风险辨识与弹性调控、城市群应急交通信息服务与管理策略、交通枢纽人群聚集规律及其疏散策略、突发事件下多模式交通应急协同管理理论等内容展开深入研究。发展并完善城市群交通应急管理的基础理论和技术方法，为城市群综合交通系统管理提供决策策略和应用技术，保障城市群交通系统的安全可靠运行，提升突发事件下的应对能力。

1.3 研究内容

本书围绕城市群综合交通系统风险辨识与应急管理进行研究，旨在提高城市群交通系统的风险辨识能力，实现城市群交通系统的安全可靠运行，多维度设计应急交通信息服务和管理策略，完善突发事件下城市群交通系统协同运营与应急联动，提高疏散能力和效率。本书的研究内容及结构安排如下。

第1章为引言，介绍本书的研究背景、研究意义与研究内容。

第2章为面向供需特征的城市群综合交通系统应急策略设计。该章总结研究了城市群综合交通需求特征（规模、结构、时空特征）、城市群综合交通系统特征、城市群交通应急体系设计。

第 3 章为城市群高速公路网络冗余性评估方法研究。该章针对城市群高速公路网络韧性的重要维度——冗余性进行评估，提出评估框架与方法，并针对京津冀、珠三角、长三角三个城市群的高速公路网络的冗余性进行评估和比较。

第 4 章为城际高速公路网电动汽车在途充电设施选址优化模型和算法。该章以最小化高速公路网络总出行成本为目标，先后定义非拥堵网络和拥堵网络两种情形下的城际高速公路网电动汽车在途充电设施选址优化问题，并在同一个建模框架下对这两个问题进行数学建模和设计求解算法。

第 5 章为考虑人员等待和在途阶段耗时公平的公交疏散模型。该章分析了有预警疏散的需求产生特性，建立了基于瑞利（Rayleigh）分布的疏散响应曲线，分时段规划疏散路线。在车辆供应充足的场景下，从疏散的时效性出发，以避难所为单位分区域开展疏散路线优化。建立以车辆总的疏散时间最短、不同集结地间待疏散者的等待时间差异和在途时间差异最小为目标的混合整数规划模型，该模型是一个多车场带时间窗的车辆路径问题。

第 6 章为考虑高风险集结地优先访问的公交疏散模型。该章在公交可用数量不足的场景下，从疏散的社会公平性角度出发，提出了高风险集结地优先访问的两阶段公交疏散策略。第一阶段，公交首先接载其访问列表中的高风险区域人员，在剩余运力允许的前提下，接载其他地区的人员，最终返回避难所；第二阶段，公交从避难所再次出发，接载剩余地区的人员。在系统分析了台风演变特点的基础上，给出了有预警灾害下带有优先级的公交疏散建模方法，该模型是一个多行程多车场带时间窗的车辆路径问题。

第 7 章为分级突发事件下城市轨道交通级联失效模型。该章介绍了城市轨道交通突发事件的定义以及基于发生原因、发生位置、影响范围、严重程度的突发事件的分类及分级，接着介绍了级联失效的概念构成和经典级联失效算法，结合过往 CML（coupled map lattice，耦合映像格子）级联失效算法的发展给出基于 GAT（graph attention network，图注意力网络）改进的 CML 模型的计算过程、客流分布的计算方式。

第 8 章为城市群无人机物流。该章详细介绍了城市群无人机物流中的运营与管理，概述了无人机在城市群物流中的发展和应用，对城市群无人机的交通管理问题、无人机物流路径规划问题、无人机物流系统中各种协同优化问题等进行了综述研究。

第 9 章为结论。该章对全文进行了总结，得到了结论与管理启示。

第 2 章　面向供需特征的城市群综合交通系统应急策略设计

2.1　城市群综合交通需求特征

2.1.1　需求规模特征

（1）2014~2019 年全国客运需求规模呈缓慢下降趋势，后疫情时代呈分化发展态势。

如图 2.1 所示，2014~2019 年，全国客运量降幅为 13%；受到新冠疫情的影响，2020 年和 2021 年客运量相比 2019 年下降约 45%、52.8%，呈现断崖式下降特征，疫情对出行总量造成巨大冲击。公路历来是我国主导的运输方式，客运量占比最大。受高速铁路网络扩张和私人小汽车使用增长的影响，公路客运下降态势明显。2014~2019 年公路客运量降幅为 25%，2020 年和 2021 年公路客运量相比 2019 年下降 47%、60.9%。铁路和航空客运量在 2019 年之前逐年上升，2019 年相较 2014 年分别增长 58%、68%；受疫情影响，2020 年铁路和航空客运量相比 2019 年分别下降 39.8%、75.25%。但在疫情第二年，铁路和航空客运量都有明显的恢复态势。

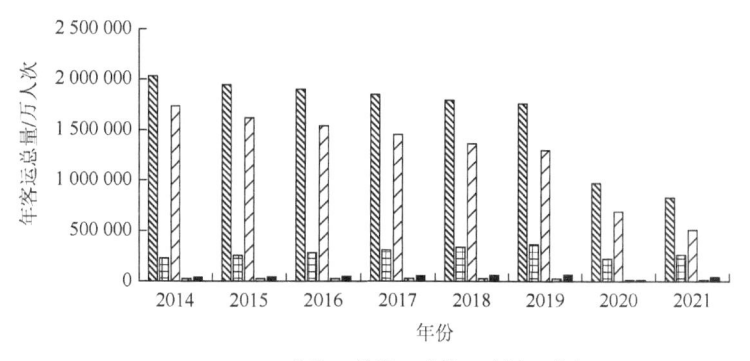

图 2.1　全国客运量

资料来源：2018~2022 年《中国统计年鉴》

(2) 全国货运量整体呈平缓上升趋势，在后疫情时代也恢复较快。

如图 2.2 所示，近几年来全国货运量总体呈平稳增长趋势，2014～2021 年全国货运量增长了 27%，2019～2020 年受疫情影响有局部波动，但恢复较快。2021 年公路货运量已恢复至 2018 年相当水平；铁路、水运和管道货运基本没有受到疫情影响，相对 2014 年都有较为稳定的增长；航空货运受到了较为明显的疫情冲击，但恢复速度较快，2021 年已经恢复至 2019 年的 97.2%。

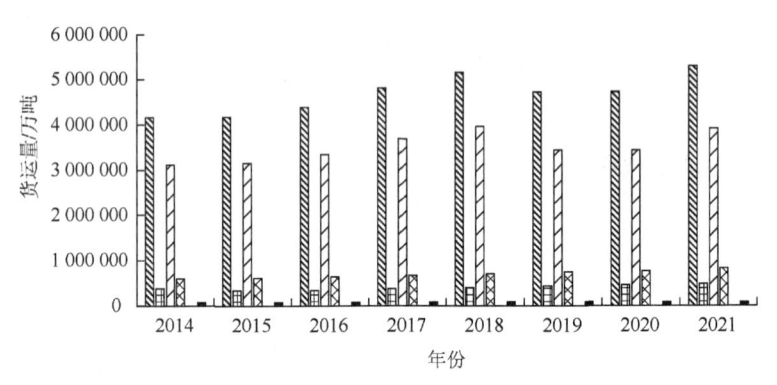

图 2.2 全国货运量

资料来源：2017～2022 年《中国统计年鉴》

(3) 新冠疫情对城市群客运需求影响显著。

如图 2.3 所示，以京津冀城市群和长三角城市群为例，2017～2019 年两个城市群的客运量均保持整体平稳态势，2020 年受到疫情波及。2020 年和 2021 年京津冀城市群客运量相对于疫情前（2019 年）下降比例分别为 52.8%、48.9%；长三角城市群在 2018 年、2019 年的客运量相对 2017 年有小幅度下降，分别下降 6.7%、5.7%，但 2020 年和 2021 年相对 2019 年的客运量下降 37.9%、48.9%。

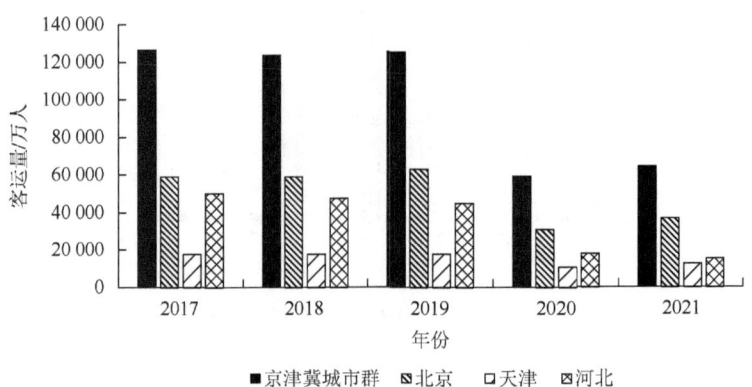

(a) 2017～2021年京津冀城市群及各省市客运量

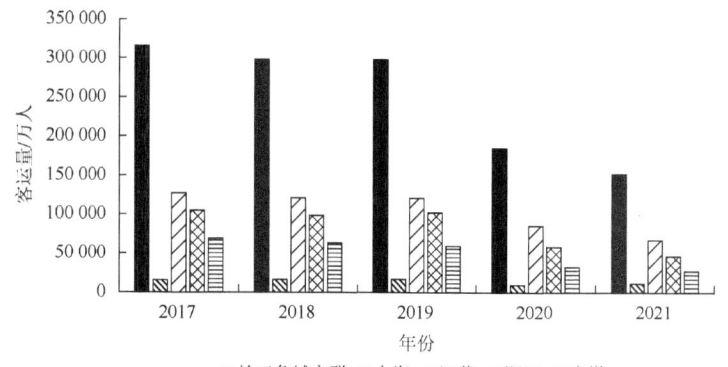

(b) 2017~2021年长三角城市群及各省市客运量

图2.3 2017~2021年京津冀城市群与长三角城市群的客运量

资料来源：2017~2022年《中国统计年鉴》
不包含航空方式

(4) 社会经济水平和人口规模对跨地区出行需求具有正向影响。

李泊霖[1]研究了长三角城市群中的各个区县跨区县的出行需求量与人口、经济指标、产业发展条件的相关性。将地区生产总值、人均地区生产总值、常住人口、第一产业产值、第二产业产值、第三产业产值与交通生成量进行了可视化分析和Pearson（皮尔逊）相关性分析，结果显示常住人口、第三产业产值、地区生产总值与跨区交通需求有显著的正向影响。具体见图2.4与表2.1。

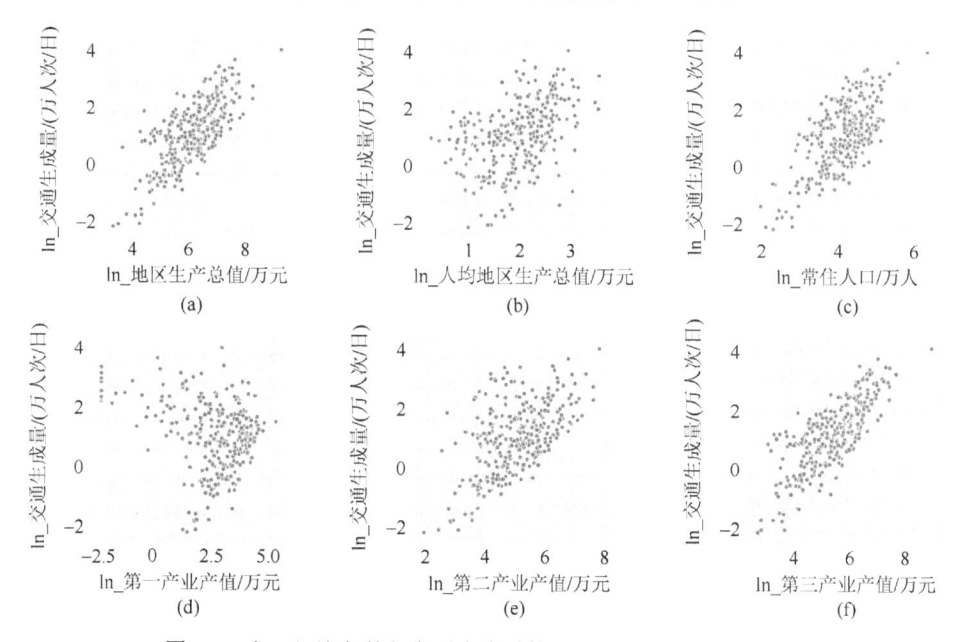

图2.4 人口经济条件与交通生成量的对数的对应关系的可视化

表 2.1 人口经济条件与交通生成量的对数之间的 Pearson 相关系数

人口经济因素	Pearson	p 值	是否相关
常住人口	0.95	6.98×10^{-22}	是
第三产业产值	0.93	4.99×10^{-18}	是
地区生产总值	0.90	1.88×10^{-15}	是
第二产业产值	0.79	1.20×10^{-9}	否
人均地区生产总值	0.39	1.13×10^{-2}	否
第一产业产值	0.20	2.02×10^{-1}	否

2.1.2 出行方式特征

城市群交通需求结构以公路为主,其次是铁路和民航。随着高铁、城际铁路网络完善和服务便捷性提升,城市群层面公路客运量占比下降是共同趋势。京津冀城市群的公路客运占比从 2018 年的 66.53%下降至 2021 年的 60.99%,长三角城市群的公路客运占比从 2018 年的 71.60%下降至 2021 年的 53.27%。与之对应,铁路客运在城市群客运中占比上升明显。京津冀城市群客运中铁路占比从 2018 年的 22.89%增长至 2021 年的 27.61%,长三角城市群铁路客运占比从 2018 年的 21.73%增长至 2021 年的 37.27%。

民航客运在城市群客运结构中稳中有升。2018 年至 2021 年京津冀城市群民航客运占比从 10.49%增长至 11.30%,同期长三角城市群民航客运占比从 4.25%增长至 5.42%(图 2.5)。

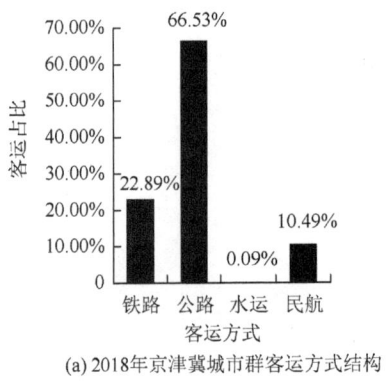

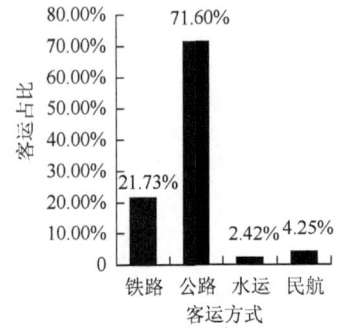

(a) 2018年京津冀城市群客运方式结构　　(b) 2018年长三角城市群客运方式结构

(c) 2021年京津冀城市群客运方式结构　　(d) 2021年长三角城市群客运方式结构

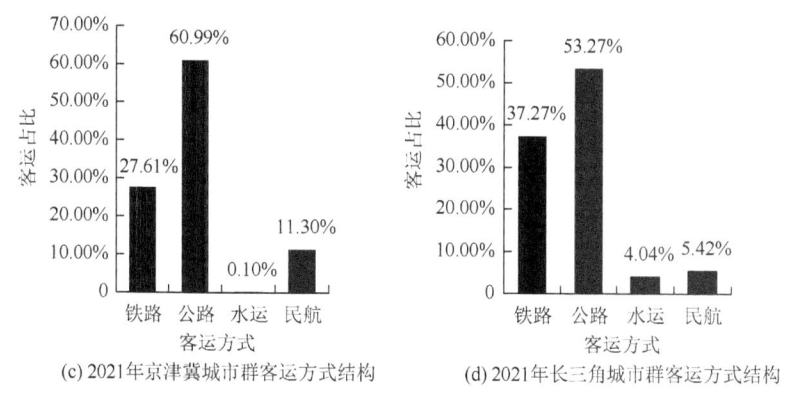

图 2.5　2018 年与 2021 年京津冀城市群、长三角城市群客运方式结构

资料来源：2018 年和 2021 年各省市统计年鉴，共研网[2]

2.1.3　出行距离特征

（1）城际出行规模随出行距离增长呈现升高—稳定—下降特征。

吴子啸[3]分析了苏州城际出行规模与城际出行距离的示意图，随着出行距离的增加出行规模明显减少；李自圆等[4]对长三角城际出行网络进行分析，得出空间距离是城市出行影响的重要因素；李涛等[5]从对内联系和对外联系两个方面分析了城际出行距离与城际出行规模之间的关系，城市群之间的城际出行距离在100 千米以内呈现比例增长趋势，在 100～200 千米区段数量占比较为稳定，超过200 千米后呈快速下降态势。

（2）公路、铁路出行距离比例结构均呈现距离衰减特征。

以 2021 年浙江省高速公路车辆日常行驶距离结构为例[6]，见图 2.6，随出行距离增长，出行数量占比呈下降趋势，其中在 60 千米及以下出行占全部出行的 62.51%。

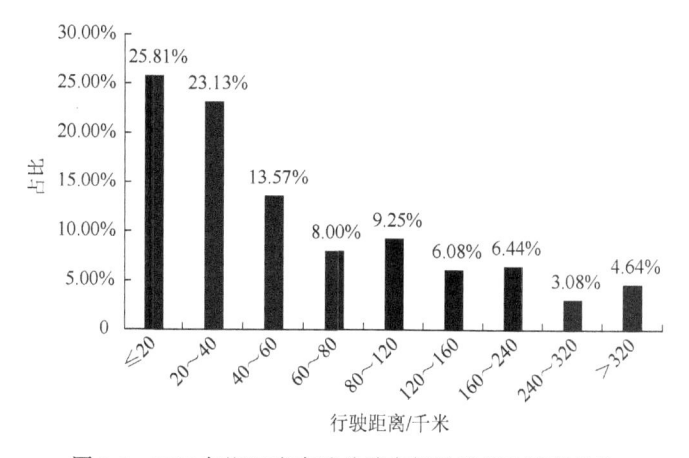

图 2.6　2021 年浙江省高速公路车辆日常行驶距离结构

以全国铁路出行距离结构为例[7]，见图 2.7，铁路出行距离在 300 千米以内占比为 60%，300~800 千米出行占比为 30%，800 千米以上出行占比为 10%。

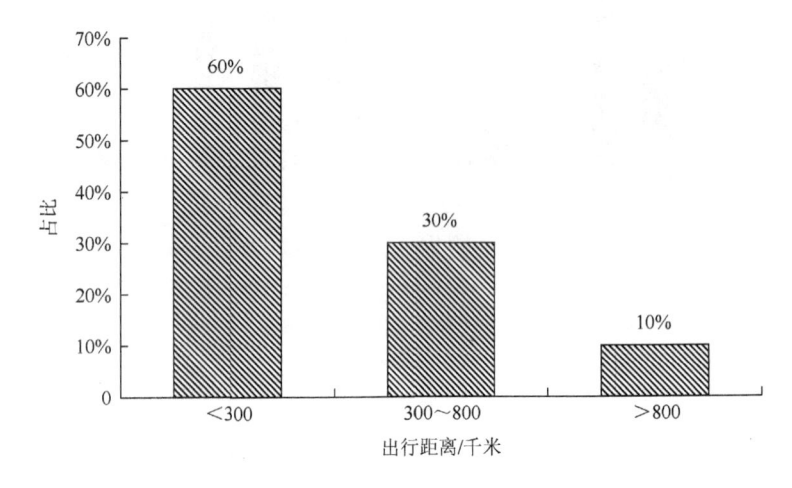

图 2.7 全国铁路出行距离结构

2.1.4 出行空间特征

城市群交通出行仍然呈现受地理空间与交通基础设施共同影响的中心-边缘结构特征。王垚等[8]利用手机信令数据分析了长三角城市群空间组织结构与城际出行的关系，运用中心流理论的城市等级和腹地划分方法确定了中心城市的辐射范围，结果显示中心城市与其周边城市产生了紧密出行需求，形成类似于"核心-边缘"结构，如图 2.8 所示。

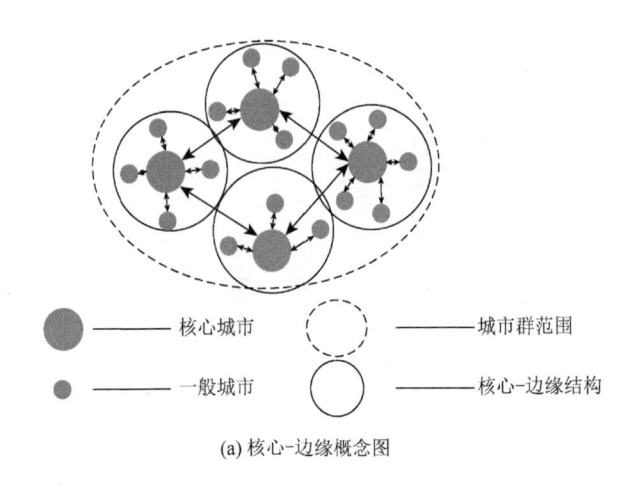

(a) 核心-边缘概念图

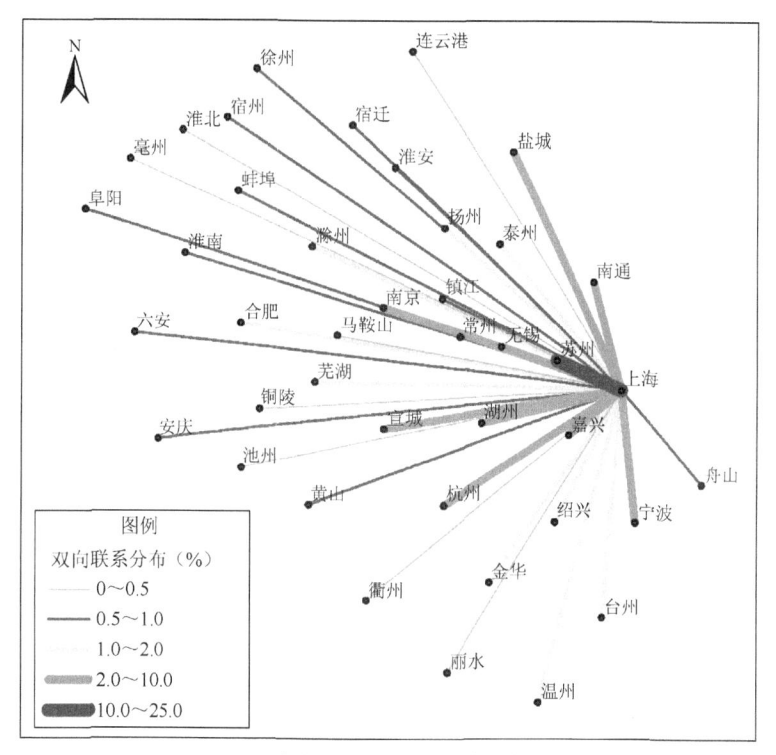

(b) 上海对外联系的核心-边缘特征

图 2.8 "核心-边缘"结构

城市群之间出行联系则主要聚焦于中心城市之间。例如，北京—上海、上海—广州或深圳等是我国城市群间的主要联系空间。李涛等[5]分析了我国城市之间的首位联系，发现我国城市群对外联系空间形成以北京—上海—广州、深圳—成都或重庆为顶点的菱形结构，潘竟虎等[9]以城际关联优势度指标分析我国城际出行联系，也验证了类似的四大中心城市群之间的菱形空间格局。

2.2 城市群综合交通系统特征

2.2.1 城市群综合交通系统构成

城市群综合交通系统的构成是由其需要承担和发挥的服务功能所决定的。在功能方面，城市群交通系统既需要承担长距离对外交通，为全国乃至全球的地区的联系提供高效运输服务，也需要为围绕中心城市的都市圈空间提供内部节点城市之间的高效联通，为高频、大容量的通勤出行及商务出行提供便捷的出行服务。例如，中共中央、国务院印发的《国家综合立体交通网规划纲要》[10]提出"到

2035 年，基本建成便捷顺畅、经济高效、绿色集约、智能先进、安全可靠的现代化高质量国家综合立体交通网，实现国际国内互联互通、全国主要城市立体畅达、县级节点有效覆盖，有力支撑'全国 123 出行交通圈'（都市区 1 小时通勤、城市群 2 小时通达、全国主要城市 3 小时覆盖）和'全球 123 快货物流圈'（国内 1 天送达、周边国家 2 天送达、全球主要城市 3 天送达）"。

多重服务功能决定着城市群交通系统通常是综合性的，由公路、铁路、民航、水运以及综合性枢纽等多类型设施构成。2020 年国家发展和改革委员会与交通运输部联合印发的《长江三角洲地区交通运输更高质量一体化发展规划》[11]，提出要适应长三角地区城镇空间布局特征，以区域内超大城市、特大城市、大城市为重点，构建区域对外、城际、都市圈等不同空间尺度高效衔接的一体化、多层次综合交通网络。以长三角城市群为例，总结城市群综合交通系统构成，见图 2.9。城市群综合交通系统按服务范围可以分成三个层次：对外联系、城际联系和都市圈联系。城市群对外联系的运输通道主要是由国家级的干线铁路、高速公路、国省干道、干线航道等组成，保障城市群对外连接和中心城市之间的快速通达。城际的联系主要由城际铁路、省际高速公路、支线航道等构成，主要支撑城市群内部城市之间的高频商务联系及生产、生活物资运输。都市圈交通系统主要由城际铁路、市郊铁路、城市轨道以及城市内部的公共交通系统等构成，主要服务都市圈范围内的高频、大容量通勤及商务联系。综合交通枢纽则是起到不同层次系统和不同方式系统之间的转换与衔接作用。

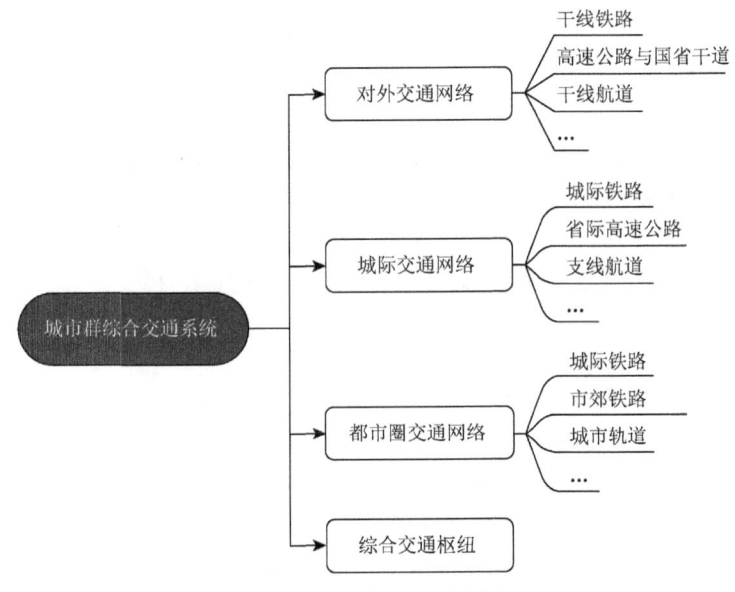

图 2.9 城市群综合交通系统组成

2.2.2 城市群综合交通网络特征

（1）主要城市群铁路路网密度水平较高。

2017~2021 年，全国铁路路网密度从 0.0132 千米/千米^2 增加至 0.0157 千米/千米^2，增长了 18.9%，如图 2.10 所示。京津冀城市群和长三角城市群的铁路路网密度呈现类似的增长趋势。京津冀城市群的铁路路网密度从 2017 年的 0.0439 千米/千米^2 增长至 2021 年的 0.0496 千米/千米^2，长三角城市群的铁路路网密度从 2017 年的 0.0467 千米/千米^2 增长至 2021 年的 0.0626 千米/千米^2。

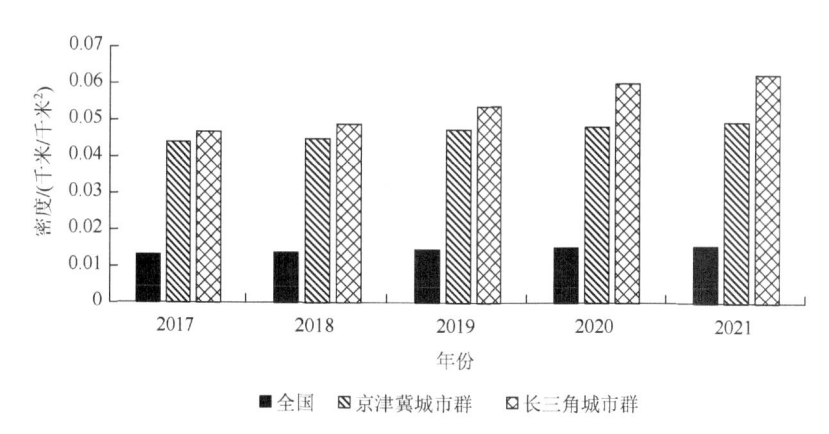

图 2.10 全国及城市群铁路路网密度

资料来源：2017~2021 年《中国统计年鉴》

（2）主要城市群公路网密度达到较高的稳定水平。

全国层面的公路网密度仍有一定幅度增长，如图 2.11 所示，从 2017 年的 0.4972 千米/千米^2 增长至 2021 年的 0.5501 千米/千米^2，增幅为 10.6%。长三角、京津冀等主要城市群公路网密度已达到较高水平，变化幅度也比较稳定。2021 年长三角城市群和京津冀城市群的公路网密度分别为 2.4423 千米/千米^2 和 1.1229 千米/千米^2，大幅度领先全国平均水平。

高速公路占公路网的里程比例代表着区域公路网的技术发展水平。全国层面高速公路里程占比持续增长，从 2017 年的 2.86%增长至 2021 年的 3.20%。长三角城市群高速公路里程占比基本稳定在 3%左右，京津冀城市群高速公路里程占比较高，从 2017 年的 3.91%增长至 2021 年的 4.33%，显著高于全国水平和长三角城市群水平，如图 2.12 所示。

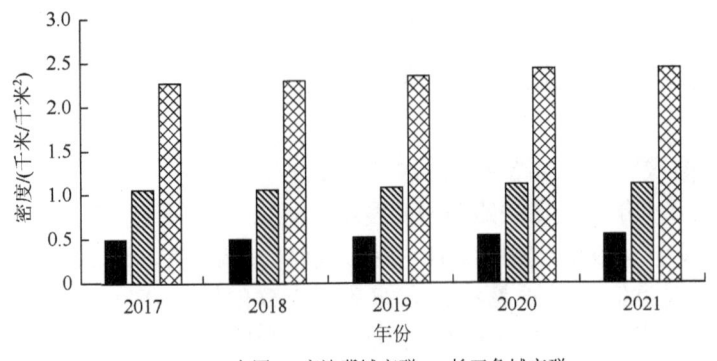

图 2.11　全国及典型城市群公路网密度

资料来源：2017～2021 年《中国统计年鉴》

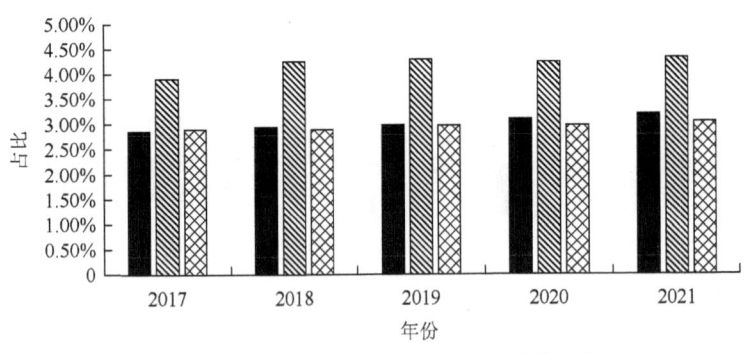

图 2.12　全国及城市群高速公路占比

资料来源：2017～2021 年《中国统计年鉴》

2.2.3　综合交通系统运行特征

（1）节假日期间公路网处于饱和运行状态。

节假日期间我国主要城市群地区公路网大多处于饱和运行状态。以 2020 年国庆节前后广东省高速公路运行状态为例，用 E 代表路段的拥堵程度，其中 100 为饱和状态。如图 2.13 所示，在非节假日期间拥堵指数在(20, 40]程度所占里程比例最高，并且几乎没有路段处于(60, 100]的重度拥堵区间，大部分路段处于通畅或者轻微拥堵状态，高速公路网总体通行顺畅。但在国庆假期，高速公路网拥堵程度显著提高，路段拥堵指数处于(40, 60]的比例最大，并且处于(60, 100]重度拥堵的里程比例显著增加。

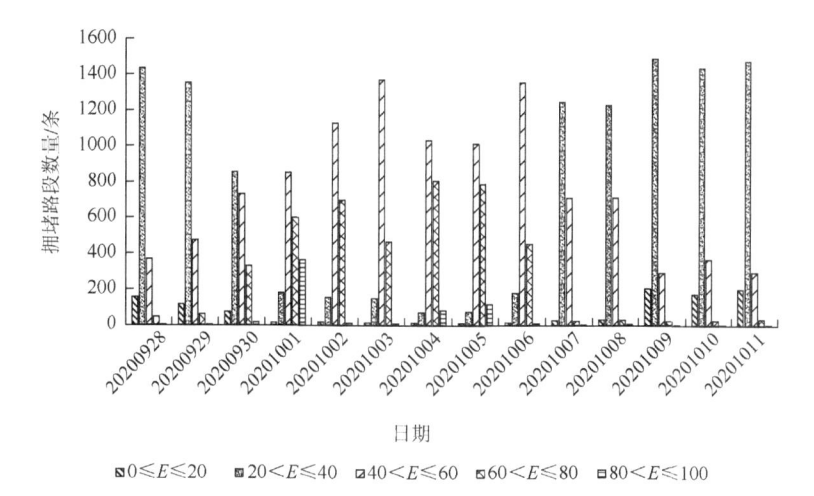

图 2.13 广东省 2020 年国庆节前后高速公路分等级拥堵情况

资料来源：金双泉[12]

（2）主要城市群大部分机场运行处于饱和状态。

以 2019 年长三角机场群的 21 个机场为例，如图 2.14 所示，其中有 12 个机场旅客吞吐量超过规划设计年旅客吞吐量。上海浦东国际机场作为长三角最大的机场之一，2019 年规划设计年旅客吞吐量为 6000 万人次，实际旅客吞吐量为 7615 万人次，实际旅客吞吐量与规划设计年旅客吞吐量之比为 1.27，超出设计吞吐量 27%。长三角机场群中的义乌机场、连云港白塔埠机场、淮安涟水国际机场和台州路桥机场实际旅客吞吐量与规划设计年旅客吞吐量比值均超过了 1.5。

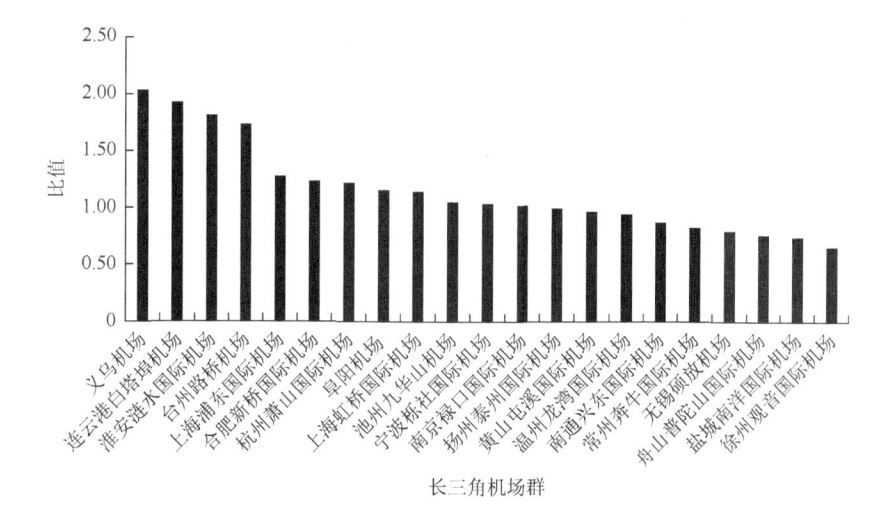

图 2.14 2019 年长三角机场群实际旅客吞吐量与规划设计年旅客吞吐量比值

资料来源：https://www.sohu.com/a/487614590_121124407，2021-09-03

以机场为代表的重大交通枢纽的常态高负荷服务，表明城市群交通的应急体系设计和疏散策略研究应以综合交通枢纽为重点对象和应用场景。

2.3 城市群交通应急体系设计

2.3.1 交通运行风险的类型分类

设计城市群交通应急体系的前提是对交通运行风险进行分类识别与分析。交通运行风险可以分为日常运行风险和突发运行风险两类。中国智能交通产业联盟在2021年12月31日发布的标准《城市群综合客运枢纽间多模式交通系统 运行风险评估方法》（T/ITS 0177—2021）[13]中将综合客运枢纽运行风险分类为雨、雪、雾、高温、地震、地质灾害等自然现象产生的风险，火灾、踩踏、公共卫生、社会安全等不可预测的突发事件产生的风险，交通线路和枢纽等处大客流聚集产生的风险。

1. 日常运行风险

不良天气是日常交通运行风险的主要来源。刘爱香等[14]分析了各种不良天气对城市群交通运行特别是道路交通的影响，如表 2.2 所示。不良天气对城市群交通的影响主要是改变居民出行需求，同时受到限制的驾驶条件使得车辆运行速度降低，变相降低了道路通行能力，严重时可能会诱发事故、导致道路通行能力严重受损，甚至是财产损失和人员伤亡[15, 16]。不良天气对人的驾驶行为也会产生影响，让驾驶员感觉不舒适，增加驾驶负荷，增加驾驶员判断、决策或操纵失误概率，导致事故发生[17, 18]。

表 2.2 各种天气造成的交通运行风险

天气	特点	主要影响
轻度降雨	1. 道路易打滑 2. 能见度降低	1. 影响车辆制动性能 2. 车间距增大
重度降雨	1. 道路易打滑 2. 能见度严重降低 3. 引发洪水、泥石流等严重危害	1. 影响车辆制动性能 2. 可能破坏行驶车辆、道路及基础设施
雾	能见度降低	严重时会造成交通事故、高速公路关闭等危害
霾	能见度降低	降低道路通行能力
降雪	1. 飘雪影响能见度 2. 积雪使路面湿滑	1. 影响行车安全 2. 严重时导致交通中断
大风	1. 产生横向风力 2. 风中粉尘影响视线 3. 强大的风具有破坏力	1. 造成车辆转弯时横移，严重时造成车辆失控、翻车 2. 可能破坏道路基础设施

续表

天气	特点	主要影响
雷暴	击中人、车辆、道路设施时造成破坏	1. 威胁道路上车辆和人员的安全 2. 存在打击危险品车辆产生爆炸和污染物扩散风险 3. 击中道路设施时会产生破坏，产生的瞬时电压对道路电子设备产生影响
冻雨、雨凇	引起路面、道路设施结冰	破坏基础设施、引起交通中断
冰雹	1. 击中人、车辆，造成危害 2. 击中地面，改变路面状况	1. 危害行人、车辆安全 2. 严重时破坏交通基础设施、导致交通中断
高温	1. 影响车辆动力性能 2. 影响人的身心状态	增加交通事故风险
低温	1. 影响车辆性能 2. 水可能结冰	1. 挡风玻璃容易产生水雾、影响视线 2. 积水路面可能结冰，影响车辆行驶安全

不良天气对于城际交通通行效率有着显著影响。王海燕等[19]通过问卷调查数据分析居民在不良天气条件下公路出行距离和出行概率，分析结果显示出行距离越长越会忽略不良天气的影响，不良天气条件最高会减少约50%的交通出行。

2. 突发运行风险

突发运行风险可以理解为运行过程中突发事件发生的风险。突发事件主要有四个方面的特征[20]：①不可预料性，突发事件通常没有特定前兆或者前兆无法被探查；②影响时间长，危害性较大；③影响范围大；④紧急性，严重且大范围的突发事件必须获得最优先处理。根据突发事件特征，定义城市群交通的突发运行风险为：在城市群交通运行过程中突然发生的、无法预见的，并对人员、设备、基础设施和环境等产生严重影响事件的风险，包括自然灾害、交通事故、公共安全事件等。这种突发风险通常具有不可预测性、严重性、广泛性和紧急性，需要采取应急措施来减少风险，保障人员和交通运输设施的安全，并确保交通的正常运行。

（1）自然灾害。自然灾害包括但不限于洪水、地震、风暴、暴雨等，可能会造成道路中断、交通运输设施和装备损毁等情况，给市民安全出行和物资运输带来影响。城市群地理因素和气候因素决定了交通系统可能受到的自然灾害的种类和可能性。台风和地震是严重影响道路运输系统的主要自然灾害，我国东南部沿海城市群容易受到台风侵害，我国北部和西南部城市群则容易受到地震灾害。1949年至2016年，我国平均每年登陆台风约7个，大部分登陆在我国东南部沿海和南部沿海省份[21]。台风带来的强风和洪水对交通基础设施造成破坏，破坏力强，破坏范围极大；地震灾害具有突发性强、破坏大、难以预测的特点，会引起大范围的交通运行服务中断，甚至造成城市功能瘫痪。

（2）公共卫生事件。突发公共卫生事件是指突然发生，造成或者可能造成社会公众健康严重损害的重大传染病疫情、群体性不明原因疾病、重大食物和职业中毒以及其他严重影响公众健康的事件。交通系统是城市群及城市内部居民出行和物资流动的载体，对疫情或疾病传播有着重要影响。城市群之间的城市连接紧密，人口流动频繁，交通网络密集，在突发公共卫生事件背景下，城市群交通面临着更大的应对压力。铁路、公路及民航等客运系统在公共卫生事件发生期间都受到了明显影响[22]。

3. 节假日大客流风险

节假日期间的旅游、探亲等活动带来城际交通出行的显著增长，叠加主要节假日期间高速公路免费通行政策的激励效应，交通流量通常呈现数倍增长。以2020年国庆假期广东省公路出行数据为例，拥堵高速公路里程占所有里程的比例超过90%，其中严重拥堵路段里程占到18%。交通拥堵会带来安全运行的风险上升。根据2013~2016年的江西某高速公路的事故数据，大部分的节假日事故数要高于平日[23]。对交通枢纽而言，大客流会带来跌倒、踩踏等安全风险事件，如1999年俄罗斯首都明斯克地铁站拥挤踩踏事件、2015年深圳地铁黄贝岭站奔逃踩踏事件等[24]。

2.3.2 应急协同机制设计

《"十四五"国家应急体系规划》[25]明确提出，到2025年，应急管理体制机制更加完善、灾害事故风险防控更加高效、大灾巨灾应对准备更加充分、应急要素资源配置更加优化、共建共治共享体系更加健全，也指出要有效遏制交通运输事故，加强应急救援、紧急运输等保障能力。当前，京津冀、长三角等城市群已经初步建立了相应的应急管理体系，其他城市群也有开展过应急联合预演等举措。各城市群应急管理体系的建设进度不相同，根据各城市群地理、天气因素等原因重点防范灾害也有差别。

1. 我国城市群应急管理建设状况

我国城市群应急管理体制机制建设进度各不相同，京津冀城市群和长三角城市群基本建立了完整的应急工作体制机制。城市群应急管理机制一般是由相关各省（市）应急管理厅（局）联合成立，由各厅（局）负责人轮流担任城市群应急管理部门（协会）牵头组织人，相关成员单位共同开展城市群应急规划、演练、预案等工作。

2014年,京津冀三地卫生计生委签署了《京津冀突发事件卫生应急合作协议》[26],

该协议对突发卫生事件信息通报、协同联动、资源共享、救灾演练、交流学习等方面做出了规定，这也是京津冀城市群协同应对突发事件的第一份协议。2017年1月发布的《京津冀协同应对事故灾难工作纲要》[27]明确指出京津冀协同应对事故灾难联席会议由京津冀三省（市）安全监管局分管应急工作的领导担任成员，应急机构负责人担任联络员。联席会议每半年召开一次，京津冀三地轮值。2019年12月，长三角地区的三省一市（上海市、江苏省、浙江省、安徽省）签订《长三角一体化应急管理协同发展备忘录》[28]，标志着长三角应急管理的协同机制建设工作正式启动。2020年6月，长三角应急管理专题合作组正式成立，由三省一市的应急管理局（厅）组成，牵头单位按主要领导的轮值顺序决定，组长由轮值省市的应急管理部门主要负责人担任[29]。

珠三角地区从2009年开始探索建立应急管理合作机制，基于签订的《泛珠三角区域内地9省（区）应急管理合作协议》[30]，每年举办泛珠三角区域中的内地九省区之间的应急管理合作联席会议，至2016年陆续形成了矿山事故预案、区域联动通报、地震预案、区域预警和联动发布等机制。2021年11月，广东省人民政府印发《广东省应急管理"十四五"规划》[31]，提出健全大湾区应急合作管理机制。2019年《粤港澳大湾区发展规划纲要》集体学习研讨会指出，应以整合粤港、粤澳应急管理联动机制专责小组为基础，建立大湾区应急协调平台[32]。2023年3月2日，广州和佛山两地应急管理局签订应急管理合作框架协议，实现广州和佛山两地的应急协同[33]。

2018年，川渝两地开展了川渝应急联动框架讨论[34]，2021年12月，重庆市应急局与四川省应急厅签订了《川渝救灾物资协同联动保障协议》，标志着川渝两地正式建立并启动应急物资协同联动保障机制。2021年10月，长沙、株洲、湘潭三市应急管理部门签订长株潭一体化应急处置协调联动合作框架协议，这标志着三地迈入"大应急"一体化时代并通过了《长株潭一体化应急处置协调联动工作方案》[35]。2023年2月，武汉都市圈的九个城市应急管理部门签署了《武汉都市圈应急联动合作机制》，九个城市的应急管理部门采取轮值方式，由轮值城市应急管理部门作为牵头人决定会议内容[36]。

2. 国家层面的应急联动机制

2007年施行的《中华人民共和国突发事件应对法》指出国家建立统一指挥、专常兼备、反应灵敏、上下联动的应急管理体制和综合协调、分类管理、分级负责、属地管理为主的工作体系。自施行以来为抗击地震、洪水、雨雪冰冻、新冠疫情等提供了重要法律制度保障，发挥了重要作用。近年来，突发事件应急管理工作遇到了一些新情况、新问题，特别是新冠疫情给应急管理工作带来新的挑战，这些都需要通过完善法律法规制度予以解决。但突发事件的不可预料性、严重危害性、经济受损范围大、紧急性，需要多地区、多方共同应对。利用多区域联动机制，实现信息同步、灾害预案制定、资源共享、多方联动、迅速救援、灾民转移安置等方式，可有效应对大型灾害及紧急事件影响，优化应急资源配置，提高区域应急处理能力和救援水平[37]。应急联动机制整体框架如图2.15所示。

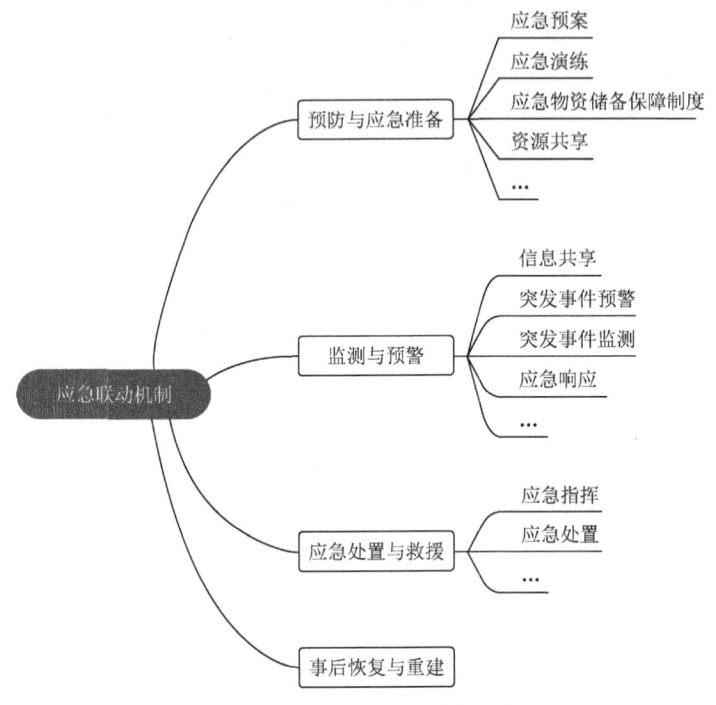

图2.15 应急联动机制整体框架

1）预防与应急准备

（1）应急预案。应急预案是对灾害发生时的行动方案，其规定了重点灾害或者在某种特定的灾害发生时，需要参与救援的组织及其分工职责、突发事件的预防与预警机制、处置程序、应急保障措施、事后恢复与重建措施。在城市群背景下，制定应急预案不仅需要考虑本城市所处的地理环境和资源配置，还需要考虑城市群中其他城市的条件。

（2）应急演练。应急演练是指针对某个应急预案，应急管理部门预想某个灾难发生，并模拟灾难发生场景，围绕灾害发生后信息传递、人员调配、应急救助和区域救灾物资协同应急保障全过程。通过应急演练，探究应急预案的协调性，开展应急救援队伍联合培训、联合演练力提高，加强应急救援队伍之间的合作。同时，应急方案和应急演练会重点关注灾难出现的可能性，如京津冀城市群地处我国北方地区，气候干燥，位于地震带上，重点针对森林火灾、地震等灾害开展演练；长三角城市群地处我国东南沿海，经常受台风袭击以及洪水、内涝等次生灾害影响，重点针对防汛防台风联合演练；粤港澳大湾区开展过海上应急搜救演习，成渝城市群则开展过突发环境应急事件联合应急演练等。

（3）应急物资储备保障制度与资源共享机制。应急物资储备保障制度是指应对突发事件建立的物资储存和保障机制，要完善包括重要应急物资的监管、生产、储备、调拨和紧急配送体系。应急联动的实质是有效调动区域内的应急资源、实施应急管理的过程。区域内应急资源的共享是指应急管理过程中所需的各种人力资源和物资资源的共享。当城市群突发事件发生时，各应急部门召集部队和投入资源，可以借助军队改革经验[38]，在突发事件发生的紧急状态下打破城市群应急部门行政隶属关系界限，根据应急需求整合资源。

2）监测与预警机制

（1）突发事件信息共享机制。《中华人民共和国突发事件应对法》要求县级以上地方各级人民政府应当建立或者确定本地区统一的突发事件信息系统，汇集、储存、分析、传输有关突发事件的信息，加强跨部门、跨地区的信息交流与情报合作。健全、时效性强的应急联动信息共享机制能够让部门之间的沟通以及与社会民众之间的危机信息交流更加高效，提高应急联动的效率，减少对社会民众造成的损失。建设应急信息协同平台，将城市群各行政单位的应急信息融合，打通信息沟通渠道，实现信息共享；除了突发事件发生时的应急信息共享，还应共享区域内各种自然条件（地理条件、天气因素）、风险因素、应急资源条件等关联数据信息[39]，支持应急预案和联动方案的制定。随着技术进步，"互联网+"和"智慧应急"有助于实现突发事件信息共享系统（平台）建设，长三角城市群[40]、京津冀城市群、粤港澳大湾区等已开展信息共享平台建设。

（2）突发事件监测机制。各应急单位，包括政府部门、专业机构、基层单位等，定期对发生突发事件的风险进行专业评估，做好应对应急事件的准备，对应急事件发生风险进行记录、上报、备案。

（3）突发事件预警机制。突发事件预警是应急信息的即时沟通形式。借助突发事件预警机制，能够提醒各方主体提前做好风险扩散或二次风险发生的应急准备，包括救援队伍进入预警状态、准备应急物资、转移重要财产和重要物资等，以及提前告知公众疏散等，如长三角地区推动的气象和海洋等灾害预警联动和多途径预警信息发布工作等。

城市群突发事件的预警发布需要根据灾害事件客观属性，包括威胁性、破坏性、影响范围、影响后果等，分为特别重大、重大、较大和一般四个等级。各城市根据灾害可能发生的位置受到的威胁可能不同，但应急响应需要协同。例如，京津冀地区大雾对三省市的具体影响可能会不同，如果应急响应不能协同，可能对跨越行政区域的车辆运行造成滞留等影响。各地设有交通运行和监测机构。北京市交通运行监测调度中心（Transportation Operations Coordination Center，TOCC）是国内较早成立的交通运行协同管控中心，TOCC 作为首都的"交通大脑"和"交通指挥中枢"，承担包括运行监测、预测预警、指挥调度、决策支撑和社会服务五大交通职能，为京津冀一体化提供支撑[41]。

3）应急处置与救援

（1）应急指挥机制。建立统一高效指挥协调机制。建立统一的指挥机制，并整合资源共享、信息共享、突发事件的检测与预警等机制，能够提高救援的协同性，提高区域的救援效率。指挥人员负责根据灾害的严重程度，组织应急部门，调动应急救援和社会力量，现场指挥机构统一管理、统一调动、统一行动，到现场参与指挥救援。指挥人员根据突发事件现场实际情况，及时调度指挥相关应急资源，开展应急处置与救援行动。

（2）应急处置。根据灾害类别的不同，提出相应处置措施：①受灾民众救助。救助受灾难影响的民众、疏散危险区域的所有人，并且为受难居民提供避难场所和医疗救助。②基础设施抢修。尽快维修交通、通信、供电、供水、供气、供热、医疗等与基本生存条件相关的基础设施。③资源保障。保障食物、饮用水、燃料等基本生存资源的供应，启动储备的应急物资。④危险区域管制。标明危险区域并对危险区域进行封锁或隔离，必要时可以实施交通管制。⑤维持社会、市场秩序。对扰乱市场和社会秩序的人依法处置，以维护社会秩序和市场秩序。⑥防护措施。做好防止灾害扩散、次生灾害发生的措施。

例如，《京津冀冰雪灾害天气交通保障应急联动预案》规定了应急联动分工职责，交通管理部门负责启动交通保障预案，负责旅客输送和物资运输保障。

2.3.3 交通应急分类策略设计

1. 交通信息监测与联动发布策略

建立交通应急信息监测、分析、评估和联动发布机制，构建快速获取应急信息、及时预警、准确发布和有效应对的能力。

（1）建立综合交通信息一体化平台，整合政府、企业、媒体等各方面的交通数据信息，实现信息共享和联动发布。国务院发布的《"十四五"现代综合交通运输体系发展规划》、《"十四五"全国道路交通安全规划》以及交通运输部印发的《数字交通"十四五"发展规划》中都对建立综合交通信息一体化平台提出了要求。《"十四五"全国道路交通安全规划》中指出要建立道路交通应急资源库，健全道路交通突发警情信息报送处置体系，打通各部门风险监测、感知、识别、预警信息链路，加强事故、灾害等突发警情信息监测分析；《"十四五"现代综合交通运输体系发展规划》中提出要建设综合交通运输信息平台；

《数字交通"十四五"发展规划》对建设综合交通运输信息平台的要求更加具体，对平台的要求是提升重大突发事件的应急处置能力和安全保障能力，完善公路管理、水路管理、运输服务等专业统筹应用，加强与铁路、民航、邮政等行业信息系统互联互通和信息共享，加强省级综合交通运输信息平台和综合交通大数据中心一体化建设，与国家平台实现互联互通；除此之外，《数字交通"十四五"发展规划》还提倡建立全国重要交通基础设施结构健康与安全风险监测网络工程，对全国各地的基础设施结构、性能和运行状态，实施动态监测、动态采集与分析评估，推进重要基础设施风险信息共享、协同管控和分级分类管理，通过建设集风险监测、感知、识别、预警功能于一身的平台实现综合交通运输信息的一体化协同。

（2）跨区域、跨部门的预警联动发布。部分突发事件或者风险可能是由交通以外的部门负责监测和发布预警，但这些事件很有可能对交通系统的运行造成影响。例如，台风是由气象局负责监测和发布预警，但会对交通系统造成严重影响，这种情况下交通运行的相关管理部门联动气象部门提前发布预警，可以提前关闭线路并引导疏散乘客，减少突发事件对交通设施以及人的威胁。除此之外，突发事件预警还需要考虑在城市群中不同城市的影响程度不同，对不同的预警等级启动不同等级的预案，预案中的交通系统也会采取不同的应对措施。不同城市采取不同的交通管制措施可能会影响城市群之间的城际交通运行，甚至是车辆的异地延迟、滞留等情况，交通运行风险发生时需要协同各地交通部门，协同确定风险预警等级和应对措施。

2. 交通跨系统联动处置策略

跨系统联动处置是建立跨系统联动和协作机制，实现应急事件的快速处置和协同应对，同时根据出行者实际需求，制定不同的出行方式选择和指导方案，确保公众安全和满足出行需求。具体来说包括以下几个方面。

（1）完善跨系统联动处置机制和预案制定，灵活高效率应对突发事件。针对各种突发事件，结合风险监测和预警发布机制，提前明确各部门分工职责以提高救援效率。《京津冀冰雪灾害天气交通保障应急联动预案》明确划分了各部门职责，由交通部门负责启动方案，其他部门如应急办负责牵头和组织队伍，公安部门维护道路秩序，宣传部门负责做好信息发布，其他行政部门负责调配物资等，各地职责相同的部门加强配合。

（2）根据突发事件类型、事发地类型等因素，事先做好人员救援与疏散方案，包括突发事件下城市脆弱节点和脆弱道路识别、救援路径规划以及避难场所布局选址等。疏散是将受灾人群从受灾地点转移至安全场所的过程，已有相当多的学者开展了突发事件下的交通疏散策略研究，江锦成[42]总结了交通应急疏散优化的目标，见表2.3。

表 2.3 突发灾害下的交通疏散目标

范围	小范围	中范围	大范围
紧急性	强	强	中
灾害类型	建筑火灾	地震、爆炸、毒气泄漏	台风、洪涝
考虑因素	人的心理活动、对环境熟悉程度、灾害风险、动态风险、疏散资源、拥挤程度	人员处于分散的复杂环境，涉及多种交通方式，可能不遵守交通规则	影响范围广、人员众多，影响范围大、疏散时间较长，步行与车辆疏散结合，以家庭为基本单元
疏散目标	个人在最短时间内逃离避开风险	提高各种交通方式的协同能力，优化群体避难路径和避难所选择	风险评估、预警、避难所选址、避难所对人群的分配等

以城市群尺度为对象，考虑中范围以上的灾害应对，交通疏散策略设计主要包括以下几种类型。

第一类：确定城市群网络关键节点或者关键路段，以模拟方式针对性地对各种突发事件进行全程预演分析，识别安全点位，规划避难场所和避难路径等。在各种突发事件下，交通网络受到攻击，对道路造成结构性损伤，或影响道路连通性和可靠性，其中脆弱点和脆弱路段就会容易失效。李健等[43]对上海豫园区域抽象成椭圆形范围并提取道路网络，模拟地震影响，得到路网中各个节点的可靠性和路径的可靠性，可以为地震时应急安全点和救援路径选择提供依据；张钊和尹俊淞[44]提出了城市群交通疏散模型构建方法，包括构建城市群路网、估计疏散人群总数、计算最优救援路径，通过仿真得到飓风到来时道路网络交通量分布、车辆疏散总时间、疏散平均速度等指标，可以为制定应急避难场所、救援路线提供帮助；聂士达等[45]对城市群客运网络被动应急策略进行了研究，提出了被动应急疏散方案评价指标，利用多智能体仿真模拟城市群客运节点失效对其他节点的影响，可以为城市群交通联动控制提供依据。

第二类：充分考虑疏散时的限制条件，对所有居民目标避难点制定可行的分配策略，以此制定合理的避难场所引导策略[46]。城市群疏散策略包括反向流策略和分区域、分时段疏散策略。反向流策略是指将通往受灾地的车道方向改成反向，变成疏散方向车道，结果表明当疏散流量较大时反向流策略能取得很好的效果；但采用反向流可能会影响其他区域的正常运行，当疏散流量较小时，疏散效率提升不明显。分区域、分时段疏散是指在突发事件时，将城市群划分成多个子区域，子区域按照划分的疏散时段有序疏散；从结果上看，分区域、分时段疏散能够让顺序在前的区域疏散效率得到显著提高，疏散速度能够提升20%以上，但顺序在后的分区域疏散效率不会有很大的提升空间，因此在划分区域时应按照人口或者紧急性因素综合考虑顺序安排[47]。

3. 交通应急路径引导处置策略

城市群交通突发事件发生后,要减少突发事件伤害进一步扩大、维持突发事件区域外的交通尽可能顺畅运行,就需要联动各部门做好道路封闭、道路管制、维持交通秩序、引导救援车辆、乘客疏散等路径引导工作。

以"路警联动"机制启动路警引导处置策略实施。《京津冀冰雪灾害天气交通保障应急联动预案》中安排交通部门和公安部门执行路径引导任务,交通部门和交管部门会商采取分段道路封闭下的铲雪作业,公安交管部门管制并疏导区域内车辆、实时路况上报、收集救援车辆信息,交通管理部门做好滞留旅客的运送和引导救援车辆。救援车辆路径引导策略需要结合路况、救援物资中心位置、物资数量等因素,以及最小救援时间、最优资源配置等目标和约束条件,综合优化确定。王付宇等[48]总结了 2017 年以前的灾害后救援车辆路线规划模型构建和算法设计,救援车辆路径规划问题可以转化为数学规划问题,求解算法包括精确解法和智能算法等,如图 2.16 所示。

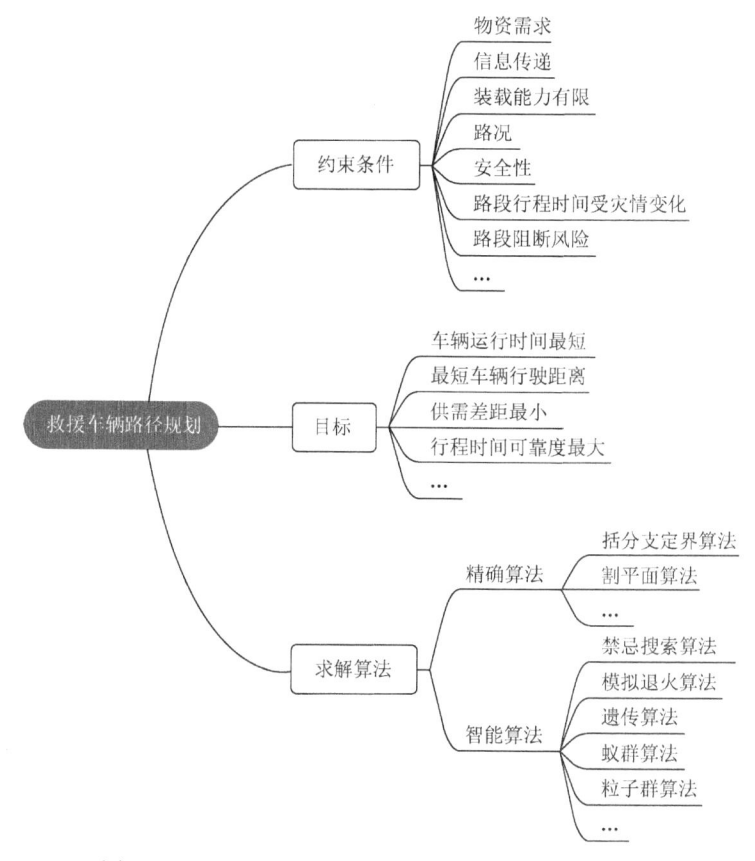

图 2.16 救援车辆路径规划约束条件、目标、求解算法

参 考 文 献

[1] 李泊霖. 城市群城际客流影响因素识别与需求估计方法[D]. 上海：同济大学，2022.

[2] 共研网. 2022 年中国枢纽机场群行业发展概述分析：京津冀机场群完成旅客吞吐量 3568.2 万人次[EB/OL]. https://www.gonyn.com/industry/1387469.html[2023-03-28].

[3] 吴子啸. 基于手机信令数据的长三角城际出行特征研究[C]//2019 年中国城市交通规划年会论文集. 成都：2019 中国城市交通规划年会，2019：1-13.

[4] 李自圆，孙昊，李林波. 基于手机信令数据的长三角全域城际出行网络分析[J]. 清华大学学报（自然科学版），2022，62（7）：1203-1211.

[5] 李涛，王姣娥，黄洁. 基于腾讯迁徙数据的中国城市群国庆长假城际出行模式与网络特征[J]. 地球信息科学学报，2020，22（6）：1240-1253.

[6] 罗曦，张永捷，孙超，等. 都市圈视角下浙江省高速公路交通运行和出行特征研究[J]. 交通与运输，2023，39（2）：5-9.

[7] 郝晓培. 基于大数据的铁路客运用户画像系统研究及应用[D]. 北京：中国铁道科学研究院，2018.

[8] 王垚，钮心毅，宋小冬. 基于城际出行的长三角城市群空间组织特征[J]. 城市规划，2021，45（11）：43-53.

[9] 潘竟虎，魏石梅，张蓉，等. 中国居民城际出行网络的空间结构特征[J]. 地理学报，2022，77（10）：2494-2513.

[10] 交通运输部. 国家综合立体交通网规划纲要[EB/OL]. https://xxgk.mot.gov.cn/2020/jigou/zhghs/202102/t20210225_3527909.html[2023-06-30].

[11] 国家发展和改革委员会，交通运输部. 关于印发《长江三角洲地区交通运输更高质量一体化发展规划》的通知[EB/OL]. https://www.ndrc.gov.cn/xwdt/ztzl/cjsjyth1/ghzc/202007/t20200728_1234712.html[2023-06-01].

[12] 金双泉. 广东省高速公路节假日交通拥堵研究[J]. 综合运输，2022，44（8）：149-155.

[13] 中国智能交通产业联盟. T/ITS 0177-2021 城市群综合客运枢纽间多模式交通系统 运行风险评估方法[S]. 北京：中国智能交通产业联盟，2021.

[14] 刘爱香，朱玉周，程家合. 不利天气对城市群交通网络的影响分析与应对措施[C]//武汉区域气象中心，湖北省气象学会. 武汉区域气象中心城市群发展气象服务工作论坛优秀论文汇编. 武汉：湖北省科学技术协会，2008：166-169.

[15] 孙洪运，杨金顺，李林波，等. 恶劣天气事件对道路交通系统影响的研究综述[J]. 交通信息与安全，2012，30（6）：26-32.

[16] 杨中良，林瑜，高霄. 恶劣天气条件下城市快速路通行能力研究[J]. 交通信息与安全，2010，28（1）：75-78.

[17] 胡江碧，李安，王维利. 不同天气状况下驾驶员驾驶工作负荷分析[J]. 北京工业大学学报，2011，37（4）：529-532，540.

[18] 祝站东，荣建，周伟. 不良天气条件下的驾驶行为研究[J]. 武汉理工大学学报（交通科学

与工程版），2010，34（5）：1040-1043.

[19] 王海燕，项乔君，陆健，等. 恶劣气候对高速公路车辆出行的影响[J]. 交通运输工程学报，2005，5（1）：124-126.

[20] 徐锡伟，王中根，许冲，等. 我国主要城市群自然灾害风险分析与防范对策[J]. 城市与减灾，2021，（6）：1-6.

[21] 康斌. 我国台风灾害统计分析[J]. 中国防汛抗旱，2016，26（2）：36-40.

[22] 周一鸣，姜彩良. "非典"和新冠肺炎疫情对我国客货运输的影响比较与分析[J]. 交通运输研究，2020，6（1）：24-32.

[23] 卢勇，姚仕伟，陈永胜，等. 高速公路交通事故短时预测及节假日交通安全特征分析[J]. 公路，2018，63（11）：224-227.

[24] 李小红. 城市轨道交通车站客流群集规律及拥挤踩踏风险研究[D]. 北京：北京交通大学，2018.

[25] 国家发展和改革委员会. "十四五"国家应急体系规划[EB/OL]. https://www.ndrc.gov.cn/fggz/fzzlgh/gjjzxgh/202203/t20220325_1320218.html[2023-05-31].

[26] 北京市卫生健康委员会. 京津冀三方携手，共同建立区域突发事件卫生应急协作机制[EB/OL]. http://wjw.beijing.gov.cn/xwzx_20031/wnxw/201912/t20191214_1172526.html[2023-06-06].

[27] 北京市安全生产监督管理局. 关于印发《京津冀协同应对事故灾难工作纲要》的通知[EB/OL]. https://www. beijing.gov.cn/zhengce/gfxwj/sj/201905/t20190522_67785.html[2023-05-30].

[28] 中国政府网. 长三角"三省一市"签订应急管理协同发展备忘录[EB/OL]. https://www.gov.cn/xinwen/ 2019-12/25/content_5464017.htm[2019-12-25].

[29] 上海市应急管理局. 长三角应急管理专题合作[EB/OL]. http://yjglj.sh.gov.cn/csj/ztgk/ [2023-05-31].

[30] 泛珠三角区域内地 9 省区联合签署应急管理合作协议[EB/OL]. http://cn.chinagate.cn/economics/2009-09/02/ content_18451894.htm[2023-06-06].

[31] 广东：健全粤港澳大湾区应急管理合作机制[EB/OL]. http://www.zlb.gov.cn/2021-11/18/c_1211451372.htm [2021-11-18].

[32] 广东省应急管理厅. 省应急管理厅召开《粤港澳大湾区发展规划纲要》集体学习研讨会[EB/OL]. http://yjgl.gd.gov.cn/xw/yw/content/post_2272929.html[2023-06-01].

[33] 努力实现"广佛同安"！广州市应急管理局局长带队到佛山调研并签订合作协议[EB/OL]. http://fssyjglj. foshan.gov.cn/yjjyzhzx/zxdt/content/post_5551890.html[2023-06-02].

[34] 2018 年川渝联合应急联动协调会在渝召开[EB/OL]. http://yjj.cq.gov.cn/zwxx_230/bmdt/sjdt/202001/ t20200114_4573970.html[2023-06-01].

[35] 迈入"大应急"一体化时代！长株潭签订应急处置协调联动协议[EB/OL]. http://fgw.zhuzhou.gov.cn/c14813/20211019/i1782997.html[2023-06-01].

[36] 武汉都市圈建立应急联动合作机制[EB/OL]. http://www.ezhou.gov.cn/zt/zxzt/wetc/ywdt/202302/t20230224_524474.html[2023-06-01].

[37] 吴晓涛. 突发事件区域应急联动机制的内涵与构建条件[J]. 管理学刊，2011，24（1）：91-93.

[38] 李成亮. 突发事件下政府部门应急联动机制研究[D]. 合肥：安徽大学，2016.

[39] 滕五晓，王清，夏剑霞. 危机应对的区域应急联动模式研究[J]. 社会科学，2010，（7）：63-68，189.

[40] 长三角一体化应急协同联动取得新成效，第二届长三角国际应急减灾和救援博览会来了！[EB/OL]. http://yjglj.sh.gov.cn/xxgk/xxgkml/zchd/xwfbh/20230411/7f009a6f1a694f9c8a7dd9182224e23e.html[2023-05-31].

[41] 高超，吴雪梅. 浅析建设交通运行监测调度中心（TOCC）必要性[J]. 公路交通科技（应用技术版），2019，15（4）：261-262.

[42] 江锦成. 面向重大突发灾害事故的应急疏散研究综述[J]. 武汉大学学报（信息科学版），2021，46（10）：1498-1518.

[43] 李健，周漪，刘威. 上海市历史城区震后应急救援路网评价与优化[J]. 交通运输系统工程与信息，2017，17（2）：227-233.

[44] 张钊，尹俊淞. 飓风下城市群应急交通疏散建模研究[J]. 中国安全科学学报，2013，23（8）：30-36.

[45] 聂士达，李成兵，李云飞，等. 城市群客运网络被动应急策略动态仿真研究[J]. 内蒙古大学学报（自然科学版），2022，53（6）：636-643.

[46] 魏本勇，董翔，谭庆全，等. 基于避难场所容量限制的地震应急疏散路径分析[J]. 地震研究，2022，45（1）：141-149.

[47] 张钊. 可预知灾难性事件下城市群应急交通疏散模型及分析[D]. 成都：西南交通大学，2013.

[48] 王付宇，王涛，叶春明. 突发灾害事件情景下应急救援车辆调度问题综述[J]. 计算机应用研究，2017，34（10）：2887-2891.

第 3 章 城市群高速公路网络冗余性评估方法研究

近些年来，城市群对于国民经济发展起到十分重要的作用。高速公路网络是城市群交通网络的骨干网络，对城市群发展起到十分重要的作用。然而，城市群高速公路网络不可避免地受到异常扰动事件带来的负面影响。因此，有必要对城市群高速公路网络的韧性（resilience）进行分析和优化，以提升其应对不确定扰动事件的能力。本章针对城市群高速公路网络韧性的重要维度——冗余性进行评估，提出评估框架与方法，并针对京津冀城市群、粤港澳大湾区、长三角城市群的高速公路网络的冗余性进行评估和比较。

3.1 研究背景与意义

近年来，城市群通过产业集群等方式，以较小的国土面积创造了较高的经济产值，对国家经济发展起到了重要的作用。以长三角城市群为例，其仅占全国总国土面积的 2.2%[1]，但其在 2019 年的地区生产总值达到 23.7 万亿元，占当年国内生产总值的 24%[2]，因此其发展得到了很多关注。中共中央政治局于 2015 年 4 月 30 日召开会议，审议通过《京津冀协同发展规划纲要》[3]；国家发展和改革委员会于 2016 年制定《长江三角洲城市群发展规划》[1]；中共中央、国务院于 2019 年印发《粤港澳大湾区发展规划纲要》，以促进粤港澳大湾区的发展[4]。

城市群交通网络是城市群发展的生命线，而高速公路网络是城市群交通网络的骨干网络，对城市群发展起到重要的作用。但是，近年来频发的自然灾害和突发的人为事故对城市群高速公路网络产生了严重的负面影响，正逐渐成为城市群可持续发展的障碍。例如，在 2008 年的中国南方雪灾中，长三角城市群中多条高速公路被迫关闭，对长三角城市群的交通网络产生了严重的负面影响；2020 年 5 月，虎门大桥出现异常抖动，导致其被迫关闭，给粤港澳大湾区民众的正常出行带来不便。由此可见，城市群高速公路网络并不能完全规避各种不确定因素带来的扰动，因此需要增强其应对不确定风险的能力。

交通网络的韧性能够反映其应对不确定风险的能力。根据美国白宫相关文件，韧性是指系统抵抗扰动，并从扰动事件中快速恢复的能力[5]。近些年来，交通网络的韧性受到了越来越多的关注。在政府层面，美国交通部曾于 2009 年将韧性纳入国家交通恢复战略中[6]；英国伦敦市政府曾于 2011 年发布政策报告《管控风险与增强韧性》[7]；美国纽约市政府于 2013 年发布城市规划《一个更强大，更有韧性的纽约》[8]；我国于 2021 年发布《国家综合立体交通网规划纲要》，将"安全可靠"作为评价交通网络性能的指标之一[9]。在学术领域中，交通网络韧性也受到了广泛的关注。例如，*Transportation Research Part A：Policy and Practice*、*Transportmetrica A：Transport Science* 等交通领域国际期刊均出版过有关交通网络韧性的专刊，交通领域的知名学术会议交通运输研究学会（Transportation Research Board，TRB）曾于 2018 年将韧性作为三大热点主题之一。许多学者（如 Bruneau 等[10]、Adams 等[11]、Freckleton 等[12]、Berle 等[13]、Wan 等[14]）对交通网络的韧性进行研究。由此可见，交通网络的韧性正在得到人们的广泛关注。

冗余性与韧性具有密切的关系。Bruneau 等[10]将交通系统的韧性定义为四个维度：冗余性、鲁棒性、资源丰富性、快速恢复性。由此可见，冗余性是评价交通网络韧性的重要维度。Wan 等[14]认为一个冗余性较高的交通网络应当具备较强的韧性。Xu 等[15]认为可以通过分析交通网络的冗余性来评价其韧性。另外，根据 Jing 等[16]，冗余性能够反映交通网络在突发扰动事件前的额外储备能力。当交通网络出现局部失效时，这些额外储备能力能够发挥作用，使得交通网络在局部失效时仍能保证一定的运行性能，帮助交通网络抵抗扰动带来的负面影响。同时，由于交通网络失效带来的经济损失大多是不可逆的，提升交通网络韧性并不能仅仅通过加快系统恢复速度来实现。提升交通网络的冗余性是有必要的。由此可见，冗余性是度量交通网络韧性的重要维度，能够反映交通网络在突发扰动事件前的额外储备能力。

近些年来，城市群交通网络得到了越来越多的关注，许多研究（如吕韬等[17]、董治等[18]、李周平等[19]、黄超等[20]、Steiner 和 Irnich[21]、李涛等[22]）开始关注城市群交通网络的性能。然而，这些研究仅关注了城市群交通网络常态下的性能指标，而较少关注其应对不确定风险的能力。目前仅有极少数研究对城市群交通网络应对不确定风险的能力进行分析。例如，李成兵等[23]使用最大连通子图大小、网络效率（efficiency）等指标评价网络运行性能，对城市群交通网络在随机破坏和蓄意破坏下的运行状态进行仿真，以分析其脆弱性；Miao 和 Ni[24]根据可达性指标评价交通网络运行性能，评估长三角城市群交通网络在不同要素失效场景中的运行性能，以分析其脆弱性；Chen 和 Lu[25]使用最大连通子图大小和网络效率作为评价网络运行性能的指标，分别分析粤港澳大湾区交通网络在随机破坏、自然灾害、蓄意破坏下的运行状态，以评价粤港澳大湾区交通网络的脆弱性和韧性。当前尚无研究对城市群交通网络的冗余性进行分析。与上述需要仿真失效场景的研究不同，冗余性能够反映交通网络在突发事件前的额外储备能力，其计算过程仅针对现状交通网络，无须进行计算时间成本高昂的失效场景枚举。考虑到高速

第3章 城市群高速公路网络冗余性评估方法研究

公路网络是城市群交通网络的骨干网络，本章拟对城市群高速公路网络的冗余性进行量化评估和分析。

根据现有研究（如 Xu 等[15]、Jing 等[16]、Zhao 等[26]），交通网络的冗余性主要根据出行者可选路径的多样性（即路径多样性）进行评估。当交通网络中部分要素失效时，出行者的路径将无法使用。如果交通网络能够在常态下为出行者提供更多的可选路径，其在不确定的失效场景中就更有可能为出行者提供替代路径，满足出行者的交通需求。但是，仅根据路径多样性难以全面刻画城市群高速公路网络的冗余性。如果许多常态下的可选路径均通过某一节点，那么在此节点失效时，大量常态下的可选路径都会失效。这会导致路网的路径多样性大幅下降，使得常态下许多的可选路径无法在失效场景中发挥作用。因此，有必要在路径多样性的基础上，进一步考虑可选路径的空间分布特征。本章通过路径多样性和可选路径集聚程度两个维度，刻画城市群高速公路网络的冗余性。

另外，考虑到城市群高速公路网络冗余性在不同地区的异质性，本章从两个空间维度评估城市群高速公路网络的冗余性：网络层面和城市层面。在网络层面，本章主要关注网络整体的冗余性；而在城市层面，本章主要针对从各城市出发（或到达各城市）的 OD［起点（origin）和讫点（destination）］对，评估其冗余性。根据上述分析，本章提出了 2×2 的城市群高速公路网络冗余性评估框架，如图3.1所示。

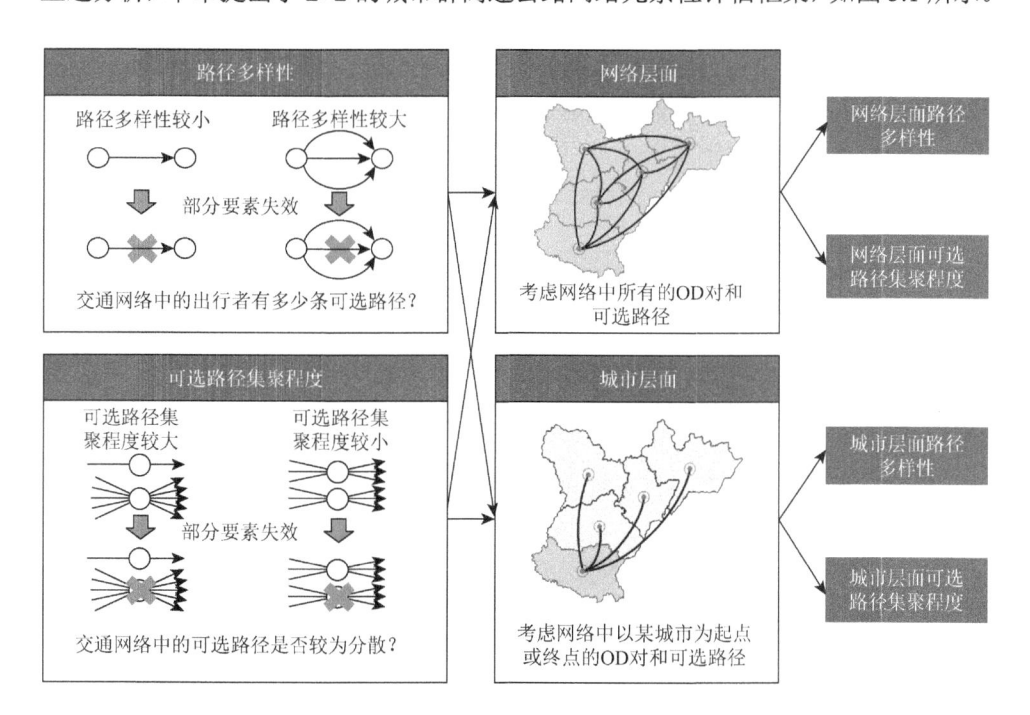

图 3.1 城市群高速公路网络冗余性评估框架

本章将基于上述框架，针对京津冀城市群、粤港澳大湾区、长三角城市群高速公路网络，评估并比较其冗余性，同时分析冗余性相对大小与网络拓扑结构的关系，为今后面向韧性提升的城市群高速公路网络规划提供理论基础。具体来说，本章将首先基于上述 2×2 的评估框架，分别在网络层面和城市层面介绍路径多样性和可选路径集聚程度的评估方法；其次，介绍城市群高速公路网络的构建方法；最后，介绍京津冀城市群、粤港澳大湾区、长三角城市群高速公路网络冗余性的评估结果。

3.2 城市群高速公路网络冗余性评估方法

本节将分别针对网络层面和城市层面，介绍路径多样性和可选路径集聚程度的评估方法。

3.2.1 城市群高速公路网络路径多样性评估方法

交通网络的路径多样性指的是出行者可选路径的数量。因此，在评估路径多样性前，需要首先确定可选路径的定义。另外，考虑到路径多样性是 OD 对层面的指标，而城市群高速公路网络中存在大量的 OD 对，若想得到网络层面或城市层面的路径多样性指标，则需要对上述 OD 对的路径多样性进行集计。因此，本节将首先介绍可选路径的定义以及可选路径数量计算的相关算法，其次介绍网络层面和城市层面的路径多样性指标（即如何将 OD 层面的路径多样性指标集计至网络和城市层面）。

1. 可选路径的定义

现有研究对可选路径的定义并不完全一致。主流的定义可分为三类：简单路径、不重叠路径、有效路径。

1）简单路径

简单路径是指任何节点都不重复出现的路径。这种定义并未考虑出行者的行为选择状况。对于出行者而言，并非所有的简单路径都是可选路径，如果其行程时间过长，出行者不会将其视为可选路径。因此，使用简单路径会导致对路径多样性的评估过于乐观。

2）不重叠路径

Kurauchi 等[27]提出不重叠路径的概念。不重叠路径要求一个 OD 对任意两条不重叠路径不能使用相同的边（或节点）。不重叠路径要求一个 OD 对的任意两条路径不能使用相同的路段（或节点）。但部分路径使用的绝大多数边都是不同的，仅在少数边会出现重叠。使用不重叠路径的概念会导致对路径冗余性的评估过于悲观。

3）有效路径

Dial[28]提出了有效路径的概念，将有效路径定义为"离起点越来越远"的路径，考虑了出行者的行为选择；同时，Leurent[29]在上述有效路径定义的基础上加入了路径长度约束，认为过长的路径不应作为有效路径，进一步考虑了出行者的行为选择状况。有效路径的定义考虑了出行者的路径选择行为，且允许路径重叠，不会导致过于乐观或过于悲观的评估结果。

综合考虑上述三种路径的定义，本章选择有效路径（含路径长度约束）作为可选路径的定义。

下文将介绍有效路径的具体约束。考虑有向图 $G = (N, L)$。其中，$N = \{i, i = 1, 2, \cdots, |N|\}$为交通网络的节点集合，$L = \{a_{ij}, i, j \in N\}$为交通网络的边集合。对于$L$中的任意一条边$a_{ij}$（$i$、$j$分别为有效路径中边$a_{ij}$的尾节点和头节点），如果其是OD对$(r, s)$有效路径的一部分，则应当满足式（3.1）：

$$c_{ri} < c_{rj} \tag{3.1}$$

其中，c_{ri}表示OD对起点到边a_{ij}尾节点的最短路长度；c_{rj}表示OD对起点到边a_{ij}头节点的最短路长度。然而，由于出行者倾向于使用行程时间较短的路径，如果某路径的行程时间过长，即使其满足式（3.1）中的约束，出行者也不会将其视为有效路径。因此，有必要对有效路径的长度进行约束。本章使用 Leurent[29]、Xu 等[15]、Jing 等[16,30]研究中的方法对有效路径长度进行约束。对于OD对(r, s)，其有效路径中的任一路段a_{ij}均应当满足式（3.2）：

$$t_{ij} \leqslant (1 + \tau_r^{a_{ij}})(c_{rj} - c_{ri}) \tag{3.2}$$

其中，t_{ij}表示边a_{ij}的权；$\tau_r^{a_{ij}}$表示对于起点r而言，边a_{ij}可接受的延长比例。根据 Leurent[29]可知，通过式（3.2）对有效路径进行约束，可保证所有有效路径的长度不超过 OD 对间最短路长度的$(1 + \tau_r^{\max})$倍（$\tau_r^{\max}$表示对于起点r而言，所有边可接受的延长比例的最大值）。证明过程见 Leurent[29]。根据 Leurent[29]的研究，对于城市交通网络，延长比例应取 1.3 至 1.5；对于城际交通网络，延长比例应取 1.6。因此，本章在判定有效路径时，将所有路段的可接受延长比例均设为 1.6。

以上即本章对可选路径的定义。在评估城市群高速公路网络的路径多样性时，本章将满足式（3.1）和式（3.2）的路径视为可选路径，计算各 OD 对的可选路径数量。

2. 可选路径数量的计算方法

在计算各 OD 对可选路径的数量时，可使用传统的图搜索算法（如深度优先算法、广度优先算法）枚举所有的可选路径，而后统计各 OD 对的可选路径数量。但是，上述算法的计算时间相对较长，且不具备多项式时间复杂度。Meng 等[31]提出了 Bell-counting 算法来计算各 OD 对的可选路径数量，其时间复杂度为 $O(|N|^3)$。由此可见，Bell-counting 算法具备多项式时间复杂度。为进一步降低可选路径数量计算的时间复杂度，Zhao 等[26]提出了 Dial-counting 算法，其时间复杂度为 $O(|L|\times|RS|)$，其中 RS 为交通网络中 OD 对的集合。为使得路径多样性的计算效率尽可能高，本章使用 Dial-counting 算法计算各 OD 对间的可选路径数量。

3. 网络层面和城市层面路径多样性指标

城市群高速公路网络中包含大量 OD 对，而不同 OD 对的路径多样性并不相同。因此，为得到网络层面或城市层面路径多样性指标，需要对不同 OD 对的路径多样性进行集计。在计算网络层面路径多样性指标时，本章使用网络中所有 OD 对路径多样性的平均值，如式（3.3）所示：

$$\text{NR} = \frac{\sum_{(r,s)\in \text{RS}} n_{rs}}{|\text{RS}|} \quad (3.3)$$

其中，NR 表示网络层面路径多样性指标；RS 表示网络中所有 OD 对的集合；n_{rs} 表示 OD 对(r, s)的路径多样性。

针对城市层面的路径多样性指标，其主要关注从某一城市出发（或到达某一城市）的 OD 对，针对这些 OD 对的路径多样性进行评估。因此，本章针对从某一城市出发（或到达某一城市）的所有 OD 对，统计其路径多样性的平均值，将其作为此城市的路径多样性指标。

$$\text{CR}_c = \frac{\sum_{(r,s)\in \text{RS}_c} n_{rs}}{|\text{RS}_c|} \quad (3.4)$$

其中，CR_c 表示城市 c 的路径多样性；RS_c 表示从城市 c 出发（或到达城市 c）的所有 OD 对构成的集合。

3.2.2　城市群高速公路网络可选路径集聚程度评估方法

本节将首先介绍网络层面可选路径集聚程度的评估方法，其次介绍城市层面可选路径集聚程度的评估方法。

1. 网络层面可选路径集聚程度评估方法

根据上文可知，可选路径集聚程度能够对失效场景中出行者的可选路径数量造成较大影响。如果较多的可选路径集聚于部分节点，当这些节点失效时，大量的可选路径也将失效，这会导致失效场景下出行者的可选路径数量大幅降低，较多出行者将无法获得替代路径。本章计算通过各节点的可选路径占全部可选路径的比例，来反映网络中所有可选路径在各节点处的集聚程度，如式（3.5）所示：

$$\mathrm{NG}^i = \frac{\sum_{(r,s)\in \mathrm{RS}} n_{rs}^i}{\sum_{(r,s)\in \mathrm{RS}} n_{rs}} \tag{3.5}$$

其中，NG^i 表示网络中所有可选路径在节点 i 处的集聚程度；n_{rs}^i 表示 OD 对 (r,s) 的可选路径中通过节点 i 的路径数量。在评估网络层面的指标时，本章关注网络中所有的 OD 对及其可选路径，因此在式（3.5）中考虑了所有属于集合 RS 的 OD 对。根据式（3.5）可知，NG^i 的取值位于 0 和 1 之间，其取值越接近于 1，可选路径在节点 i 处的集聚程度就越大。当 NG^i 等于 0 时，网络中所有的可选路径都不通过节点 i，因此节点 i 的失效不会导致任何可选路径的失效；而当 NG^i 等于 1 时，网络中所有的可选路径均通过节点 i，其失效会导致网络中所有可选路径失效，所有出行者均无法获得替代路径以满足出行需求。

上文评估了网络中所有可选路径在各节点处的集聚程度。交通网络中存在许多节点，而可选路径在不同节点处的集聚程度并不相同。为得到网络层面的可选路径集聚程度指标，有必要对网络中不同节点处的可选路径集聚程度进行集计。本章将各节点处的可选路径集聚程度视为样本，即可得到可选路径集聚程度的分布。在进行集计时，本章认为应当着重考虑位于分布尾部的样本（即可选路径集聚程度较高的节点）。这是因为这些节点的失效会导致较多出行者无法获得替代路径，所以其更有可能遭受蓄意攻击。本章基于条件风险价值（conditional value at risk，CVaR）的概念，提出了均值-超量可选路径集聚程度指标，以对不同节点处的可选路径集聚程度进行集计。网络层面的均值-超量可选路径集聚程度如式（3.6）所示：

$$\mathrm{NMEG} = \mathrm{NG}^i(85\%) + E\left\{\mathrm{NG}^i - \mathrm{NG}^i(85\%) \mid \mathrm{NG}^i > \mathrm{NG}^i(85\%)\right\} \tag{3.6}$$

其中，NMEG 表示交通网络的均值-超量可选路径集聚程度；$\mathrm{NG}^i(85\%)$ 表示 NG^i 的 85% 分位数；$E\{\cdot|\cdot\}$ 表示条件均值的算子。

式（3.6）中考虑了各节点处可选路径集聚程度的 85% 分位数，其体现了 85% 的置信度。事实上，在交通工程领域中经常使用 85% 的置信度，如在设置道路交通限速时，交通管理者通常将车速分布的85%分位数作为限速。另外，式（3.6）中使用了条件风险价值理论，而这在交通工程领域也十分常用。例如，在出行者路径选择建模、交通网络风险评估、关键地铁站点识别等研究中均使用了条件风险价值理论。式（3.6）中提出的指标能够着重关注超过85%分位数的样本，并显性考虑这些样本的均值。这表明上述指标能够着重考虑可选路径集聚程度分布尾部的信息。因此，本章使用 NMEG 指标来评估网络层面的可选路径集聚程度。

2. 城市层面可选路径集聚程度评估方法

城市层面的可选路径集聚程度主要关注从某一城市出发（或到达某一城市）的所有有效路径，分析其在空间上是否集聚于部分节点。与计算网络层面可选路径集聚程度的方法类似，本章先针对从某一城市出发（或到达此城市）的所有有效路径，评估其在各节点处的集聚程度；其次将所有节点处的集聚程度进行集计，得到城市层面可选路径集聚程度指标。

具体来说，本章先针对从某一城市出发（或到达此城市）的所有有效路径，计算其经过各节点的比例，将其作为上述有效路径在各节点处的集聚程度：

$$CG_c^i = \frac{\sum_{(r,s) \in RS_c} n_{rs}^i}{\sum_{(r,s) \in RS_c} n_{rs}} \quad (3.7)$$

其中，CG_c^i 表示从城市 c 出发（或到达城市 c）的有效路径在节点 i 处的集聚程度。对于从同一城市出发（或到达此城市）的有效路径而言，其在不同节点的集聚程度并不相同。因此，有必要对不同节点处的集聚程度指标进行集计。本章继续基于条件风险价值理论，提出均值-超量可选路径集聚程度指标。城市 c 的可选路径集聚程度计算方法如下：

$$CMEG_c = CG_c^i(85\%) + E\left\{CG_c^i - CG_c^i(85\%) \mid CG_c^i > CG_c^i(85\%)\right\} \quad (3.8)$$

其中，$CMEG_c$ 表示城市 c 的均值-超量可选路径集聚程度；$CG_c^i(85\%)$ 表示 CG_c^i 的85%分位数。本章将 $CMEG_c$ 作为城市 c 的可选路径集聚程度指标。

3.3 城市群高速公路网络构建方法

本节将介绍本章的数据准备过程，即城市群高速公路网络的构建方法。具体来说，由于 3.2 节中的冗余性评估方法需要在有向图中进行操作，因此本节将介绍如何将城市群高速公路网络抽象为有向图。具体来说，首先，本章需要确定有向图中的节点和边，以及边的权重。其次，由于路径多样性是 OD 层面的指标，本章需要明确城市群高速公路网络中的 OD 对。最后，本章将使用上述方法，构建京津冀城市群、粤港澳大湾区、长三角城市群的高速公路网络，并介绍网络构建结果。

3.3.1 确定有向赋权图中点和边

根据李岩[32]的研究，将交通网络抽象为拓扑结构的方法主要有两种：原始法和对偶法。原始法主要是将交通网络中的点状设施（如平面交叉口、立交等）抽象为图中的节点，如果两个点状设施间存在路段直接相连，则在两个节点间添加一条边。对偶法主要是将交通网络中的线状设施（如路段等）抽象为图中的节点，如果两个路段都经过某一点状设施，则在两个节点间添加一条边。根据 3.2 节的内容，本章需要确定图中各条边的权重。在使用原始法进行抽象时，由于将道路网络中的路段抽象为边，可通过路段的长度或行程时间来确定图中边的权重；而在使用对偶法时，由于将道路网络中的点状设施抽象为边，难以确定边的权重。本章选择使用原始法对道路网络进行抽象，将高速公路网络中的立交、出入口等点状设施抽象为节点，若节点间存在路段直接相连，则在节点间添加一条边。

3.3.2 确定有向赋权图中边的权重

根据 3.2 节的内容，本章需要根据边的权重来判断各条边是否满足"离起点越来越远"的要求和长度约束。因此，图中边的权重应为路段的长度或行程时间。从出行者角度看，行程时间能够直接决定其出行的效用，从而直接影响其行为选择（包括对有效路径的判断），而行驶距离则不具备此性质。因此，本章将各路段的行程时间作为有向赋权图中边的权重。

3.3.3 确定高速公路网络中的 OD 对

对于高速公路网络而言，由于其两侧是封闭的，所有车辆只能从高速公路出入口驶入或驶出高速公路，因此高速公路网络中 OD 对的起讫点即高速公路出入口。另外，由于本章对城市群高速公路网络进行分析，主要研究跨市交通的冗余性，本章要求各 OD 对的起点和终点必须位于不同的城市中。

3.3.4 城市群高速公路网络构建结果

本章从 OpenStreetMap 网站获取京津冀城市群、粤港澳大湾区、长三角城市群的高速公路地图数据，而后基于上述方法，从高速公路地图数据中抽象出高速公路网络，确定高速公路网络中的节点、路段、路段权重，以及 OD 对的空间位置。上述三个城市群的高速公路网络如图 3.2 所示，高速公路网络中节点、路段、OD 对的数量如表 3.1 所示。由此可见，长三角城市群高速公路网络的节点、路段、OD 对数量最大，而粤港澳大湾区高速公路网络的节点、路段、OD 对数量最少。这主要是因为长三角城市群所含城市最多、面积最大，所以其内部的高速公路基础设施相对较多。粤港澳大湾区所含城市最少、面积最小，所以其内部的高速公路基础设施相对较少。在 3.4 节中，将使用 3.2 节中的冗余性计算方法，评估上述三个高速公路网络的冗余性。

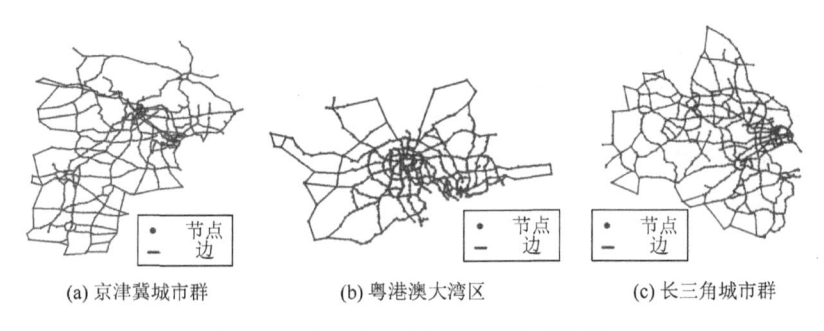

(a) 京津冀城市群　　(b) 粤港澳大湾区　　(c) 长三角城市群

图 3.2　城市群高速公路网络构建结果

表 3.1　城市群高速公路网络中节点、路段、OD 对的数量

城市群	节点数量	边的数量	OD 对数量
京津冀城市群	1 017	2 280	494 242
粤港澳大湾区	776	1 762	200 432
长三角城市群	1 143	2 576	735 210

3.4　城市群高速公路网络冗余性评估结果

本节将针对京津冀城市群、粤港澳大湾区、长三角城市群，介绍其高速公路网络冗余性的评估结果，并分析部分高速公路网络冗余性较大（或较小）的原因，为今后以韧性导向的城市群高速公路网络规划提供理论依据。

3.4.1 城市群高速公路网络路径多样性评估结果

本节将分别介绍网络层面、城市层面的路径多样性评估结果,并分析路径多样性与网络拓扑结构的关系。

1. 网络层面路径多样性评估结果

本节使用 3.2.1 节中的方法,计算各 OD 对的路径多样性,并分析网络中各 OD 对的路径多样性构成的分布,计算此分布的特征指标。除了 3.2.1 节中提到的路径多样性平均值外,本节还计算了各 OD 对路径多样性的中位数、85%分位数,以及仅有一条有效路径的 OD 对比例。上述结果如表 3.2 所示。在平均值方面,粤港澳大湾区路径多样性的平均值最大,达到了 3.08;而长三角城市群路径多样性的平均值最小,为 2.45。对于粤港澳大湾区而言,其路径多样性的中位数和 85%分位数也相对较大,仅有一条有效路径的 OD 对比例相对较低。对于长三角城市群而言,其路径多样性的中位数和 85%分位数相对较小,仅有一条有效路径的 OD 对比例相对较高。由此可见,粤港澳大湾区高速公路网络的路径多样性较高,京津冀城市群次之,而长三角城市群高速公路网络的路径多样性较低。

表 3.2 网络层面路径多样性评估结果

城市群	均值	中位数	85%分位数	仅有一条有效路径的 OD 对比例
京津冀城市群	2.54	2.00	4.00	43.72%
粤港澳大湾区	3.08	2.00	5.00	41.50%
长三角城市群	2.45	1.00	4.00	52.66%

2. 城市层面路径多样性评估结果

秦皇岛、肇庆和台州分别是京津冀城市群、粤港澳大湾区、长三角城市群中路径多样性最大的城市,其路径多样性分别达到 3.47、3.85 和 4.05。由此可见,从这些城市出发(或到达这些城市)的 OD 对有三条以上的可选路径。如果某条可选路径在失效场景中无法使用,出行者仍可使用另外两条路径作为替代路径。相比之下,保定、珠海和镇江分别是京津冀城市群、粤港澳大湾区、长三角城市群中路径多样性最小的城市,其路径多样性分别为 1.83、1.94 和 1.67,低于所在城市群的平均路径多样性。交通规划与管理者应当考虑为上述城市提供更多的替代路径。

另外,本章发现一线城市(如北京、广州、深圳和上海)不一定具备最高的路径多样性。例如，北京市的路径多样性在京津冀城市群的所有城市中仅排名第 8，上海市的路径多样性在长三角城市群的所有城市中排名第 3，广州市和深圳市的路径多样性在粤港澳大湾区的所有城市中分别排名第 7 和第 2。一线城市一般是城市群的交通中心，因此一般会有许多高速公路穿过这些一线城市。然而，这些一线城市却不一定具备最大的路径多样性。由于高速公路网络拓扑结构会对路径多样性产生影响，下文将分析网络拓扑结构与路径多样性之间的关系。

3. 路径多样性与网络拓扑结构的关系

本节主要关注交通网络中圈与路径多样性的关系。圈是交通网络中的一种路径，其第一个节点和最后一个节点相同，其他节点均不相同。在已有研究中，Derrible 和 Kennedy[33]发现若将交通网络抽象为无向图，其中的圈与网络的路径多样性存在密切的关系。如图 3.3 所示，OD 对(1, 2)只有一条有效路径。若将其有效路径对应的有向图转化为无向图，可以发现图中没有圈。而 OD 对(3, 4)有两条有效路径。若将其有效路径对应的有向图转化为无向图，可以发现图中含有圈。由此可见，如果 OD 对有效路径对应的无向图中存在圈，则说明此 OD 对存在替代路径。如果能够在交通网络中找出更多的圈，也意味着有更多的 OD 对可能存在替代路径，网络整体的路径冗余性也就更高。

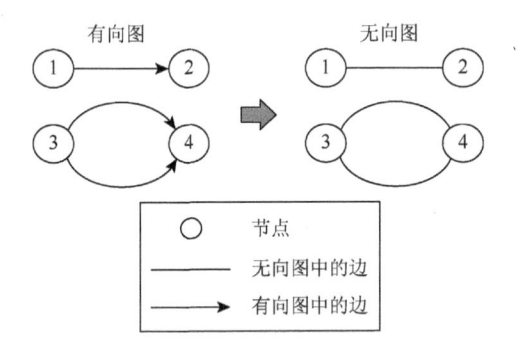

图 3.3　圈与路径多样性的关系

根据 Derrible 和 Kennedy[33]的研究，本章使用环数（cyclomatic number）指标，定量评价交通网络中圈的多少。针对有向图 $G = (N, L)$，环数 μ 的计算公式如下：

$$\mu = 0.5|L| - |N| + 1 \tag{3.9}$$

下文将基于环数指标，分别分析圈与网络或城市层面路径多样性指标的关系。

1）圈与网络层面路径多样性的关系

为分析圈与网络层面路径多样性的关系，本章计算了京津冀城市群、粤港澳大湾区、长三角城市群高速公路网络的环数，结果如表 3.3 所示。由此可见，长三角城市群高速公路网络的环数最大,达到了146;而粤港澳大湾区高速公路网络的环数最小,仅有106。但是,长三角城市群网络的平均路径多样性最小,而粤港澳大湾区网络的平均路径多样性最大。这说明:尽管圈与路径多样性存在一定的联系,但环数和路径多样性的相对大小不一定完全一致,不能直接使用环数指标解释网络平均路径多样性。造成上述现象的原因在于:环数指标仅考虑了交通网络中环的数量,并未考虑环的空间分布。对于交通网络而言,如果很多圈出现在可选路径集聚程度较高的区域,则这些圈能够被更多OD对的可选路径使用,此时交通网络的路径多样性较大;相反地,如果很多圈出现在可选路径集聚程度较小的区域,则这些圈仅能被较少的OD对使用。此时,尽管交通网络在拓扑上确实形成了很多圈,但这些圈仅能提升少量OD对的路径多样性,因此交通网络的平均路径多样性仍相对较低。

表3.3 城市群高速公路网络的路径多样性和环数

城市群	网络平均路径多样性	环数
京津冀城市群	2.54	124
粤港澳大湾区	3.08	106
长三角城市群	2.45	146

由此可见,为揭示路径多样性与圈的关系,有必要针对可选路径集聚程度较高的区域,计算其中圈的数量。本章基于网络中所有有效路径通过各节点的比例(即NG^i)来找出可选路径的集聚区域。具体来说,本章将先筛选出NG^i大于某一阈值的节点,这些节点以及连接这些节点的边能够构成一个子图。本章将上述子图视为交通网络可选路径的集聚区域,通过计算子图的环数,反映可选路径集聚区域中圈的数量。

本章将上文中NG^i的阈值分别设置为5%、10%、15%、20%,分别对京津冀城市群、粤港澳大湾区、长三角城市群高速公路网络中子图的环数进行计算,结果如图3.4所示。由此可见,当阈值为5%时,三个城市群道路网络子图的环数差别不大;但当阈值为10%时,长三角城市群子图的环数为0,这说明在长三角城市群高速公路网络中,由NG^i大于10%的节点构成的子图中没有圈。当阈值为15%、20%时,仅有粤港澳大湾区子图的环数大于0,这说明此时仅有粤港澳大湾区高速公路网络的子图中含有圈。由此可见,相比于京津冀城市群、长三角城市群道路网络,虽然粤港澳大湾区的环数较小,但有较多的圈出现在可选路径集中的区域,这使得圈能够被更多OD对使用,因此粤港澳大湾区整体的路径多样性较高。

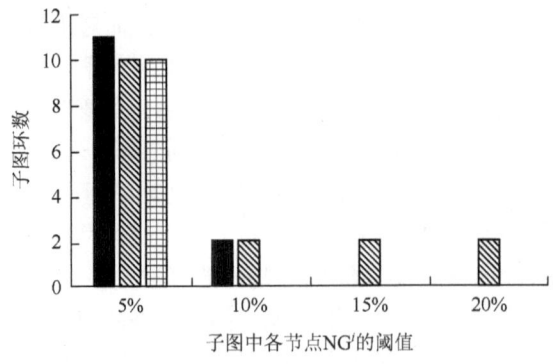

图 3.4 由 NG^i 大于某一阈值的节点构成的子图的环数

2) 圈与城市层面路径多样性的关系

城市层面路径多样性主要关注从某城市出发（或到达此城市）的 OD 对，并将这些 OD 对路径多样性的平均值作为评估指标。类似于圈与网络层面路径多样性的关系，我们做出如下假设：如果某个城市具有较高的路径多样性，那么对于从此城市出发（或到达此城市）的可选路径而言，其集聚程度较高的区域中应当存在较多的圈。在此情况下，对于从此城市出发（或到达此城市）的 OD 对而言，其能够使用更多的圈，因此这些 OD 对能够具有更高的路径多样性。下文将设计实验验证上述假设。

本章针对从各城市出发（或到达各城市）的可选路径，计算这些可选路径经过各节点的比例（即 CG_c^i），并筛选出上述比例高于某一阈值的节点。这些节点以及连接这些节点的边能够组成一个子图，本章将此子图视为上述可选路径的集聚区域。为验证上述假设，本章将计算上述子图的环数，并分析环数与城市层面路径多样性的关系。

为不失一般性，本章选取各城市群中路径多样性最大和最小的城市进行分析。另外，考虑到部分一线城市不具备较高的路径多样性，为研究这种现象的成因，本章也对这些一线城市进行分析。对于上文中提到的 CG_c^i 阈值，本章分别将其设置为 5%、10%、15%、20%。在上述阈值下，子图环数的计算结果如图 3.5 所示。当 CG_c^i 阈值为 5%时，秦皇岛的子图环数在京津冀城市群中并不是最大的，肇庆的子图环数在粤港澳大湾区中也不是最大的。但是，当 CG_c^i 阈值大于 5%时，秦皇岛的子图环数大于北京和保定，肇庆的子图环数大于深圳、广州和珠海。上述现象说明：对于从秦皇岛和肇庆出发（或到达这两个城市）的可选路径而言，其集聚程度较高的区域内存在更多的圈。因此，从秦皇岛和肇庆出发（或到达这两个城市）的 OD 对能够使用更多的圈，这使得这两个城市的路径多样性相对较大。另外,当CG_c^i阈值等于10%、15%、20%时,深圳的子图环数与肇庆十分接近。因此,深圳的路径多样性也相对较大,其在粤港澳大湾区各城市中排名第2。在长三角城市群中,不管CG_c^i阈值设置为何值,台州的子图环数都大于镇江的子图环数。这说明从台州出发(或到达台州)的OD对能够使用更多的圈,因此台州的路径多样性大于镇江。另外,当CG_c^i阈值等于10%、15%、20%时,台州和上海的子图环数相差不大。因此,上海的路径多样性也相对较大,并与台州的路径多样性较为接近(上海的路径多样性在长三角城市群各城市中排名第3)。

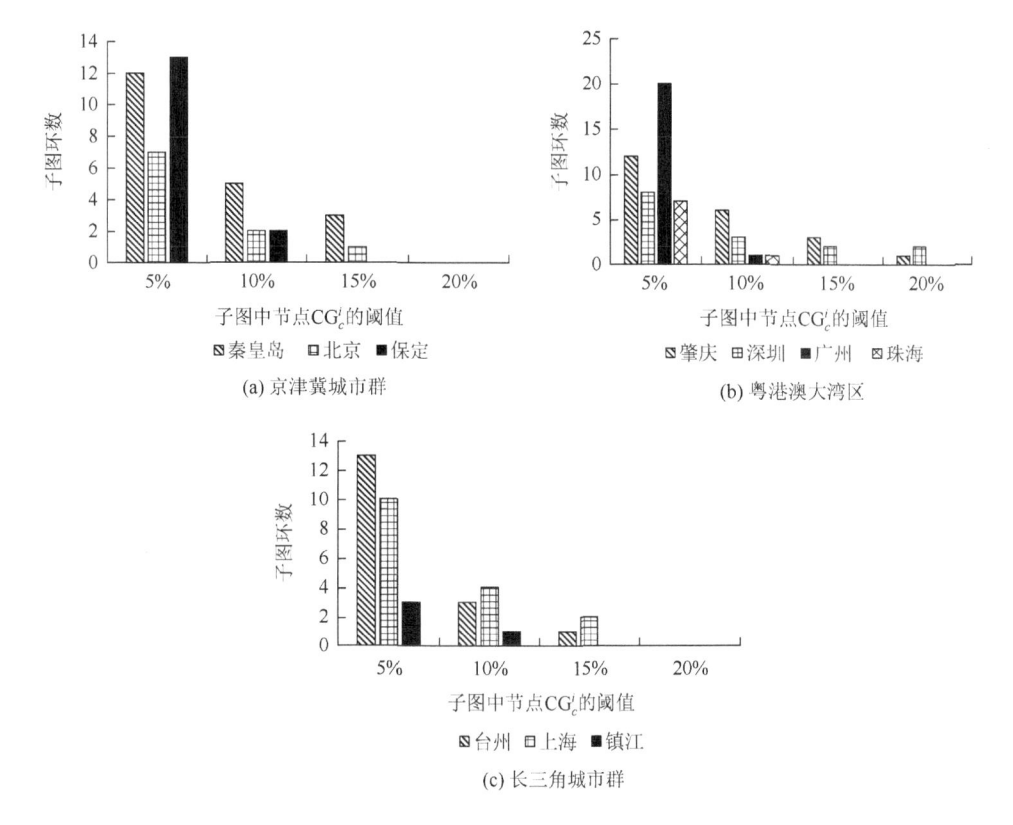

(a) 京津冀城市群

(b) 粤港澳大湾区

(c) 长三角城市群

图3.5 子图环数与城市层面路径多样性的关系

总的来说,对于某一网络所有的可选路径而言,如果有较多的圈出现在这些可选路径集聚程度较高的区域中,那么此网络具有较高的路径多样性。对于从某一城市出发(或到达此城市)的可选路径而言,如果有较多的圈出现在这些可选路径集聚程度较高的区域中,那么此城市具有较高的路径多样性。在未来的城市群高速公路网络规划中,若希望通过改善网络拓扑来提升路径多样性,则可考虑在可选路径集聚较高的区域中建设更多的圈。

3.4.2 城市群高速公路网络可选路径集聚程度评估结果

本节将分别从网络层面、城市层面介绍可选路径集聚程度的评估结果，并分析部分网络层面和城市层面的可选路径集聚程度相对较大（或较小）的原因。

1. 网络层面可选路径集聚程度评估结果

在京津冀城市群、粤港澳大湾区、长三角城市群中，粤港澳大湾区的可选路径集聚程度最大（达到0.17），京津冀城市群、长三角城市群的可选路径集聚程度相对较小（分别为0.14和0.12）。这说明在粤港澳大湾区中，许多可选路径集聚于少数几个节点处。当这些节点失效时，粤港澳大湾区中许多的可选路径将同时失效，给网络运行状态带来严重的负面影响。因此，尽管粤港澳大湾区具备较高的路径多样性，交通规划与管理者仍需对其高速公路网络的拓扑结构进行进一步的改善，以降低其可选路径的集聚程度。

粤港澳大湾区具备较高的可选路径集聚程度，其原因在于：粤港澳大湾区中存在较多的节点具有较高的可选路径集聚程度。具体来说，在粤港澳大湾区中，部分节点的可选路径集聚程度［即式（3.5）中的 NG^i］达到了 0.3（甚至达到了0.35），但在京津冀城市群和长三角城市群中，所有节点处的可选路径集聚程度都没有超过 0.3。本章筛选出了粤港澳大湾区中可选路径集聚程度大于 0.3 的节点，并分析其空间位置。由此可见，可选路径集聚程度较大的节点均位于广州和东莞的南部。这是因为这些节点承载了粤港澳大湾区西南部与东南部之间较多的交通需求。由于珠江口的地理阻隔，粤港澳大湾区西南部城市（如珠海、中山等）与东南部城市（如深圳等）并不直接相连，二者之间的出行需要先绕行到广州、东莞等城市才能抵达目的地。在考虑路径长度约束的情况下，大部分可选路径都不会绕行至广州、东莞的北部，因此存在较多的可选路径集聚于广州、东莞的南部。当此区域发生失效事件时，粤港澳大湾区路网的运行状况会受到严重影响。因此，交通管理者需要针对上述节点失效的情况制定应急预案，以提升粤港澳大湾区路网应对破坏性事件的能力。

2. 城市层面可选路径集聚程度评估结果

在京津冀城市群、粤港澳大湾区、长三角城市群中，秦皇岛、肇庆、台州三个城市分别具有最高的可选路径集聚程度。上述三个城市均位于其所在城市群的边缘，因此仅有少数几条高速公路将这些城市和城市群的其他城市连接起来（例如，仅有四条高速公路将承德和京津冀城市群内的其他城市连接起来）。因此，从这些城市出发（或到达这些城市）的可选路径大多集聚于上述的少数几条高速公路，这会导致这些城市的可选路径集聚程度相对较大。

另外，本章发现廊坊、广州、嘉兴三个城市的可选路径集聚程度是各自所在城市群中最小的。这些城市位于城市群的中心区域，因此存在较多的高速公路将这些城市和城市群中的其他城市连接起来。例如，共有 7 条高速公路将廊坊和京津冀城市群中的其他城市连接起来。因此，从廊坊出发（或到达廊坊）的可选路径并不会集聚于少数几条高速公路上。当某条高速公路失效时，出行者仍可使用其他高速公路，其出行需求仍可得到满足。

3.5 小　　结

本章针对中国三个典型的城市群——京津冀城市群、粤港澳大湾区、长三角城市群，评估并比较其高速公路网络的冗余性。具体来说，本章使用两个指标（即路径多样性和可选路径集聚程度），从两个空间维度（即网络层面和城市层面）对城市群高速公路网络的冗余性进行评估和分析。在两个评估指标中，路径多样性主要关注可选路径的数量，而可选路径集聚程度主要关注可选路径的空间分布。在评估城市群高速公路网络的冗余性时，上述两个指标具有互补的关系。在两个空间维度中，网络层面主要关注城市群高速公路网络中所有的 OD 对和可选路径，而城市层面主要关注从某一城市出发（或到达某一城市）的 OD 对和可选路径。冗余性较小的网络和城市应当引起交通规划与管理者的重视，在未来的高速公路网络规划中应当致力于提升这些网络和城市的冗余性。

在路径多样性评估中，本章发现粤港澳大湾区具有最高的路径多样性，而长三角城市群具有最低的路径多样性。在城市层面，保定、珠海、镇江的路径多样性在其所在城市群中是最低的。在未来的高速公路网络规划中，应当优先为上述路径多样性较低的网络和城市建造更多的可选路径。另外，本章发现如果某网络的路径多样性较大，那么在此网络的可选路径集聚区域内一般会存在较多的圈。在城市层面路径多样性的评估结果中也能发现类似的现象。因此，在未来的高速公路网络规划中，可通过在可选路径集聚区域建设更多的圈，来高效地提升网络的路径多样性。

在可选路径集聚程度评估中，本章发现粤港澳大湾区具有最高的可选路径集聚程度。在粤港澳大湾区中，存在许多可选路径集聚于广州、东莞的南部。如果此区域内高速公路失效，则会导致许多可选路径失效，给网络性能带来严重的负面影响。因此，在未来的交通网络规划中，应当考虑在广州、东莞的南部修建平行的高速公路，以避免大量可选路径集聚于已有的少数高速公路，从而降低粤港澳大湾区的可选路径集聚程度。在城市层面的评估中，本章发现具有最高可选路径集聚程度的城市一般位于城市群的边缘。一般来说，仅有少数几条高速公路将这些城市与城市群中的其他城市连接起来。为降低这些城市的可选路径集聚程度，未来应当修建更多经过这些城市的高速公路，将这些城市和城市群中的其他城市连接起来。

对于未来在城市群交通网络冗余性方面的研究，本章认为可从以下几个角度进行深入研究。

（1）本章主要针对城市群高速公路网络（单模式交通网络）进行冗余性评估。未来研究可考虑评估城市群多模式综合立体交通网络的冗余性。

（2）本章主要从网络拓扑层面评估城市群交通网络的冗余性，并未考虑城市群交通网络的供需关系。事实上，剩余容量也是交通网络冗余性的重要维度。未来研究可针对城市群交通网络的剩余容量进行评估。

（3）本章主要针对中国三个典型的城市群（即京津冀城市群、长三角城市群、粤港澳大湾区）开展交通网络冗余性评估工作，但本章提出的冗余性评估框架并不局限于上述三个城市群。未来研究可使用本章提出的冗余性评估框架，来评估其他城市群交通网络的冗余性，并进一步验证本章发现的规律（如路径多样性大小与圈的关系）。

参 考 文 献

[1] 国家发展和改革委员会. 长江三角洲城市群发展规划[EB/OL]. https://www.ndrc.gov.cn/xxgk/zcfb/ghwb/ 201606/W020190905497826154295.pdf[2023-10-01].

[2] 王红茹. 城市群：世界级城市群逆势崛起[EB/OL]. https://www.ceweekly.cn/mag/2020/1231/327085.html[2020-12-31].

[3] 邓琦，金煜，饶沛. 京津冀协同发展规划纲要获通过[EB/OL]. http://politics.people.com.cn/n/2015/0501/ c1001-26935006.html[2015-05-01].

[4] 中共中央、国务院印发《粤港澳大湾区发展规划纲要》[EB/OL]. http://www.gov.cn/zhengce/2019-02/18/ content_5366593.htm#allContent[2019-02-18].

[5] Critical infrastructure security and resilience[EB/OL]. https://www.cisa.gov/topics/critical-infrastructure-security- and-resilience[2023-10-01].

[6] U.S. Department of Transportation（USDOT）. Recovering from disasters：the national transportation recovery strategy[EB/OL]. https://www.transportation.gov/sites/dot.gov/files/docs/Disaster_National_Transportation_Recovery_ Strategy.pdf[2023-10-01].

[7] Greater London Authority. Managing risks and increasing resilience[EB/OL]. https://www.london.gov.uk/sites/
default/files/gla_migrate_files_destination/Adaptation-oct11.pdf[2023-10-01].

[8] A stronger, more resilient New York[EB/OL]. https://www.nyc.gov/html/sirr/downloads/pdf/final_report/Ch18_Southern_Manhattan_FINAL_singles.pdf?epi-content=GENERIC#:~:text=These%20densely%20developed%20areas%20contain%20a[2023-10-01].

[9] 中共中央 国务院印发国家综合立体交通网规划纲要[EB/OL]. https://www.gov.cn/zhengce/2021-02/24/content_5588654.htm[2023-10-01].

[10] Bruneau M, Chang S E, Eguchi R T, et al. A framework to quantitatively assess and enhance the seismic resilience of communities[J]. Earthquake Spectra, 2003, 19 (4): 733-752.

[11] Adams T M, Bekkem K R, Toledo-Durán E J. Freight resilience measures[J]. Journal of Transportation Engineering, 2012, 138 (11): 1403-1409.

[12] Freckleton D, Heaslip K, Louisell W, et al. Evaluation of resiliency of transportation networks after disasters[J]. Transportation Research Record, 2012, 2284 (1): 109-116.

[13] Berle Ø, Norstad I, Asbjørnslett B E. Optimization, risk assessment and resilience in LNG transportation systems[J]. Supply Chain Management, 2013, 18 (3): 253-264.

[14] Wan C P, Yang Z L, Zhang D, et al. Resilience in transportation systems: a systematic review and future directions[J]. Transport Reviews, 2018, 38 (4): 479-498.

[15] Xu X D, Chen A, Jansuwan S, et. al. Transportation network redundancy: complementary measures and computational methods[J]. Transportation Research Part B: Methodological, 2018, 114: 68-85.

[16] Jing W W, Xu X D, Pu Y C. Route redundancy-based network topology measure of metro networks[J]. Journal of Advanced Transportation, 2019, 2019: 4576961.

[17] 吕韬, 姚士谋, 曹有挥, 等.中国城市群区域城际轨道交通布局模式[J]. 地理科学进展, 2010, 29 (2): 249-256.

[18] 董治, 吴兵, 王艳丽, 等.中国城市群交通系统发展特征研究[J]. 中国公路学报, 2011, 24 (2): 83-88.

[19] 李周平, 韩景倜, 杨坚争, 等.基于分层复杂网络的城际路网空间结构特征[J]. 公路交通科技, 2014, 31 (12): 98-103.

[20] 黄超, 刘苏, 吕颖. 基于网络演化方法的城市群城际铁路线网规划模型研究[J]. 交通运输系统工程与信息, 2016, 16 (1): 123-128.

[21] Steiner K, Irnich S. Schedule-based integrated intercity bus line planning via branch-and-cut[J]. Transportation Science, 2018, 52 (4): 882-897.

[22] 李涛, 张维阳, 曹小曙, 等. 珠江三角洲城际轨道网络结构：基于连接、容量和流量的对比[J]. 地理研究, 2019, 38 (11): 2730-2744.

[23] 李成兵, 郝羽成, 王文颖. 城市群复合交通网络可靠性研究[J].系统仿真学报, 2017, 29 (3): 565-571, 580.

[24] Miao Y, Ni A N. Vulnerability analysis of intercity multimode transportation networks: a case study of the Yangtze River Delta[J]. Sustainability, 2019, 11 (8): 2237.

[25] Chen M Y, Lu H P. Analysis of transportation network vulnerability and resilience within an urban agglomeration: case study of the Greater Bay Area, China[J]. Sustainability, 2020, 12 (18): 7410.

[26] Zhao R, Xu X D, Chen A. Alternative method of counting the number of efficient paths in a transportation network [J]. Transportmetrica A: Transport Science, 2022, 18 (3): 1207-1233.

[27] Kurauchi F, Uno N, Sumalee A, et al. Network evaluation based on connectivity vulnerability[C]//Transportation and Traffic Theory 2009: Golden Jubilee. Berlin: Springer, 2009: 637-649.

[28] Dial R B. A probabilistic multipath traffic assignment model which obviates path enumeration[J]. Transportation Research, 1971, 5 (2): 83-111.

[29] Leurent F M. Curbing the computational difficulty of the logit equilibrium assignment model[J]. Transportation Research Part B: Methodological, 1997, 31 (4): 315-326.

[30] Jing W W, Xu X D, Pu Y C. Route redundancy-based approach to identify the critical stations in metro networks: a mean-excess probability measure[J]. Reliability Engineering & System Safety, 2020, 204: 107204.

[31] Meng Q, Lee D H, Cheu R L. Counting the different efficient paths for transportation networks and its applications[J]. Journal of Advanced Transportation, 2010, 39 (2): 193-220.

[32] 李岩. 城市骨干路网风险评估: 以上海市中环事故为案例[D]. 上海: 同济大学, 2018.

[33] Derrible S, Kennedy C. The complexity and robustness of metro networks[J]. Physica A: Statistical Mechanics and Its Applications, 2010, 389 (17): 3678-3691.

第 4 章 城际高速公路网电动汽车在途充电设施选址优化模型和算法

4.1 概 述

面对关乎人类社会生存与发展的能源危机和全球变暖等问题,大规模使用可再生能源替代传统化石燃料已被认为是一种有效的解决方案。在交通运输领域,大规模采用新能源汽车替代传统燃油汽车将有助于推动这一替代进程。根据目前世界各国的科技发展水平,不论是从技术可靠性还是从经济适用性的角度来看,纯电动汽车都被认为是最具前景的新能源汽车方案[1]。尽管在过去的十年里,各国政府已积极出台了多项行政和财政政策以鼓励大众购买电动汽车,但其中大部分国家的电动汽车普及率仍然较低。国际能源署[2]的研究数据显示,截至 2019 年,电动汽车在全球汽车市场的销售额仅占 2.6%,而电动汽车的保有量仅占全球汽车总保有量的 1%。

考虑到目前的电动汽车技术水平和充电设施配套情况,影响驾驶者购买和使用电动汽车的因素之一是里程焦虑[3]。里程焦虑是指使用电动汽车时驾驶者会担心车辆在行驶过程中车载电池的剩余电量不足以支撑完成行程并安全到达目的地,而因此产生的一种焦虑心理[4]。在中国、欧洲和美国的许多大中城市地区,主流电动汽车的续航里程通常足以满足日常通勤需求,因此城市内的出行电动汽车驾驶者很少会出现里程焦虑[5-7]。然而,在城际的长途出行场景下,目前主流电动汽车的续航里程仍然不足以达到一次出行总距离。通常情况下,为完成城际长途出行,电动汽车需要多次在途充电。目前在大多数地区的城际公路网上,充电站的分布密度仍然相对较低,这使得使用电动汽车进行长途出行的驾驶者在一定程度上会面临里程焦虑的压力。

通常情况下,为电动汽车提供足够的在途充电机会被认为是缓解或解决里程焦虑的有效手段[5]。从个体驾驶者的出行和路径选择行为角度来看,增加在途充电机会有助于降低里程焦虑、减少出行费用、增加使用频次[8]。这种影响在路径选择层面主要体现在两个方面:首先,在途充电地点的数量是否足够保证电动汽车驾驶者能够找到至少一条依靠在途充电站来完成出行需求的可行路径;其次,在途充电地点的数量是否足够保证电动汽车驾驶者能够选择一条接近出行成本最低路径的可行路径。本章内容将基于第二个方面的个体选择行为,以最小化交通网络总出行费用为目标,构建和求解城际高速公路网络中电动汽车充电站选址优化问题。

近年来,电动汽车充电站选址问题已经成为交通工程、电气工程、城乡规划、地理学、运筹学和管理科学等不同学术领域中备受关注的研究热点,吸引了众多研究团队的关注。例如,Kchaou-Boujelben[9]对充电站选址问题的数学模型和求解算法进行了全面的综述,对相关研究进行了分类和比较评价。Shen 等[10]也对电动汽车充电站选址和运营问题进行了详细的综述。由于这些综述文献已经对充电站选址问题做了出色的总结,我们仅介绍与本章内容紧密相关的参考文献。

首先,我们从问题的个体路由和充电行为出发对相关文献进行概述。此处所讨论的充电站选址问题中,包含一个"路径-充电决策"子问题,其目标是寻找网络中两个节点之间满足续航里程约束下的最低成本路径,并同时确定路径上的所有充电地点。该子问题,Laporte 和 Pascoal[11]、Smith 等[12]将其建模为一个带中继节点的最短路径问题,并对该模型进行求解。同时,一些研究[13, 14]通过在充电站选址问题中引入各种显式或隐式的约束,以反映电动汽车驾驶者对绕行的容忍程度。在某些研究中[13],这种容忍度被描述为零容忍,即所有电动汽车驾驶者都选择最短路径完成出行。此外,交通网络中存在拥堵效应时,这一问题可以被视为拥堵网络中带中继节点的最短路径问题。在这种情况下,驾驶者不再简单地沿着最小费用路径前进(因为路径流量的变化将导致路径费用的变化),而是形成一种均衡状态。此时,对同一起讫点的出行者而言,任何出行者单方面改变自己的出行路径都不能降低自身的出行时间或费用。此外,若路径上存在交通流,那么,该路径的长度不应超过电动汽车的续航里程极限,并且该路径的出行费用应相等,且不大于同一起讫点间的任何未被使用的路径的费用[15, 16]。需要注意的是,在上述两个子问题中(非拥堵网络和拥堵网络中的带中继点的最短路问题),交通流的具体分布都受到充电站位置的影响。因此,充电站选址优化问题至关重要。例如,He 等[17]考虑了交通拥堵对充电站选址的影响,提出了一种联合的"分布-分配模型"来描述"交通-电力耦合网络"中电动汽车驾驶者的目的地和路径选择行为。随后,He 等[18]进一步研究了在考虑驾驶者能够自行调整其出行链中的出行和充电决策的情况下,如何优化充电站的布局。此外,Xie 和 Jiang[19]定义并解决了拥堵网络中的带中继点的最短路径问题。基于这一研究,He 等[20]首次提出了拥堵网络中的在途充电站选址问题,并构建了一个双层规划模型,旨在最大化充电站可服务的交通流量。其假设每辆车最多可以在途充电一次。Chen 等[21]对该问题进行了扩展,允许电动汽车在途进行多次充电,并考虑了电动汽车可能在充电站排队充电的现象,但他们的模型并没有充分阐明路径的可行性与续航里程之间的关系,也没有详细说明如何确定可行的路径。

此外，我们从问题的优化目标角度出发，将在途充电站选址问题分为两大类：覆盖流量最大化和系统成本最小化（或系统利润最大化）。在学术文献中，选择充电站的位置以最大限度地覆盖充电需求范围已经受到广泛关注。最早的相关研究可以追溯到 20 世纪 90 年代初[22,23]，他们提出的截流选址模型旨在优化服务设施的选址，以最大限度地提高交通网络中可截取的客流量。尽管该模型在许多研究中得到了广泛应用[24-26]，但这些模型未考虑车辆的续航里程约束。为解决这一问题，Kuby 和 Lim[13]提出了考虑充电需求的流量选址模型，该模型考虑了车辆在途可能需要多次充电的情况，以最大限度地提高交通网络中充电的车辆数量。随后，该模型被应用于佛罗里达州的交通网络，以确定在奥兰多大都会区域和全州范围内修建充电设施的最佳策略[27]。此外，学者还研究了考虑充电需求的流量选址模型的多个变体，其中包括带容量约束的考虑充电需求的流量选址模型[28]，以及考虑了绕路（当沿途没有足够的充电站时，驾驶者选择绕路前往充电站）和充电需求的流量选址模型[14,29]。此外，对充电站选址的优化以实现系统成本的最小化（或系统利润的最大化）是另一个重要的研究方向。在这些研究中，一些学者关注充电站容量[30]，而其他一些研究则侧重考虑电动汽车的绕行行为[31]。从系统成本的构成角度来看，一些研究的重点在于最小化充电基础设施的总投资[30]，而另一些研究者试图降低用户成本（即出行和充电成本的总和）[32]。还有一些学者选择以同时最小化基础设施投资和用户成本为目标[33]。值得注意的是，除上述两个常用的优化目标外，还有一些研究采用了其他目标作为优化对象。例如，一些研究将服务质量最大化作为目标之一，其中，"服务质量最大化"可以描述为最小化未完成行程的总数[34]，或在已知充电站位置和电动汽车续航里程的情况下，最大化可完成行程的百分比[35]。此外，一些学者专注于减小电动汽车绕路程度[36-38]。还有一些研究提出了以最小化总换电时间的换电站部署优化模型[39]。

在本章中，我们首先分别定义了非拥堵网络和拥堵网络两种场景下的城际高速公路网电动汽车在途充电设施选址优化问题。其次，对这两个问题分别进行了数学建模，并设计了相应的求解算法。再次，我们将这些数学模型和求解算法应用于非拥堵高速公路网络和拥堵地区公路网络，并对这两个算例的计算结果进行详细的分析和比较。最后，对本章内容进行总结，并提出了关于未来研究工作的建议。

4.2 优化模型

4.2.1 问题阐述与模型假设

本章所定义的充电站选址问题涉及电动汽车驾驶者在城际长途出行中由于在

途充电需求而导致的路径选择、充电决策以及充电站选址决策之间复杂的关联。本节将介绍在非拥堵和考虑拥堵效应两种情形下的数学模型，以表征这种特殊关系。在权衡模型的可解性和模型与现实等价性的基础上，我们首先提出了一些两个模型的公共模型假设。

第一，我们假设交通网络中的所有车辆均为纯电动汽车，并且它们在充电完毕后具有相同的续航里程。当然，若有必要，此假设可以放松，因为交通分配问题既可以扩展到同时包含电动汽车和内燃机汽车的混合流交通网络[16]，也可以考虑电动汽车具有不同的续航里程的情况[8]。

第二，我们假设电动汽车的耗电量与其行驶距离成正比。一方面，这一假设已经得到了学术界的广泛认可[8, 15, 16, 19]；另一方面，也有研究通过实验数据证实了二者之间的近似线性关系。

第三，我们的模型中不考虑充电成本（包括充电费用、充电时间、停车费等），而是假设电动汽车驾驶者主要关注出行的可行性和行驶时间。这是因为相较于充电成本，充电机会对电动汽车驾驶者的路径选择影响更大[40]。

第四，我们假定所有电动汽车在行程开始前或在充电站充电后都处于满电状态。这一假设一方面可以使驾驶者尽可能地选择个人最优路径，另一方面则是考虑到我们的模型中并不包括充电成本。

第五，假设所有电动汽车驾驶者均仅关注最小化其出行时间的路径，而不考虑其他固定成本，如车辆磨损折旧等。尽管这可能会对路径选择造成轻微影响，但此假设并不会改变简化后模型的数学性质。

第六，假设在给定的充电站建设预算极限下，路径选择结果至少存在一个解。也就是说，在至少一种充电站布局方案下，所有电动汽车都能找到至少一条路径以完成出行。因此，在这一问题中，所有出行需求均可以被满足。

4.2.2 集合、参数与变量的定义

如前文所述，在非拥堵情形下，充电站选址问题可以建模为一个混合整数线性规划模型，该模型包含一个"带中继节点和里程限制的最小费用路径子问题"；而在考虑拥堵效应的情况下，该问题被建模为一个双层混合整数非线性规划模型，下层模型为一个交通分配问题，同样包含一个"带中继节点和里程限制的最小费用路径子问题"。为方便起见，表 4.1 列出了这两个模型所需的符号。除非特别说明，表中的符号在两个模型中具有相同的含义。

表 4.1 数学模型中相关集合、参数与变量的定义

项目		定义
集合	N	节点集合
	L	充电站候选点集合
	A	路段集合
	W	起讫点集合
	K_{rs}	起讫点 (r,s) 之间的路径集合
	U_k^{rs}	起讫点 (r,s) 之间的路径 k 上的充电站点对集合
	H	距离约束最小费用子路径集合,其中 $H=\{h\}$,针对非拥堵的交通网络
	H_{pq}	连接节点对 (p,q) 的距离约束最小费用子路径集合,其中 $H_{pq}=\{h\}$,针对非拥堵的交通网络
参数	ζ	修建充电站的预算极限
	D	电动汽车续航里程极限
	M	一个足够大的常数
	e_l	在节点 l 修建充电站所需的费用
	g_{rs}	起讫点 (r,s) 之间的出行需求
	v_{ij}	路段 (i,j) 的容量,针对拥堵的交通网络
	α_{ij}, β_{ij}	路段 (i,j) 的行驶时间函数中的参数,针对拥堵的交通网络
	$c_{0,ij}$	自由流场景下路段 (i,j) 的行驶时间,针对拥堵的交通网络
	c_{ij}	路段 (i,j) 的行驶时间,针对非拥堵的交通网络
	d_{ij}	路段 (i,j) 的长度
	$d_k^{rs,pq}$	起讫点 (r,s) 之间的路径 k 上的子路径 (p,q) 的长度,针对拥堵的交通网络
	$\delta_{ij,k}^{rs}$	路段-路径关联因子,当路段 (i,j) 是起讫点 (r,s) 之间的路径 k 的一部分时,其值为 1,否则为 0
	$\delta_{ij,k}^{rs,pq}$	子路径-路径关联因子,当子路径 (p,q) 是起讫点 (r,s) 之间的路径 k 的一部分时,其值为 1,否则为 0
	$\delta_{pq,k}^{rs}$	距离约束最小费用子路径-路径关联因子,当起讫点 (r,s) 之间的距离约束最小费用子路径是路径 k 的一部分时,其值为 1,否则为 0,针对非拥堵的交通网络
变量	f_k^{rs}	起讫点 (r,s) 之间的路径 k 上的交通流量
	x_{ij}	路段 (i,j) 上的交通流量

续表

项目		定义
变量	f_{pq}	距离约束最小费用路径 k^{pq} 上的交通流量，针对非拥堵的交通网络
	y_l	选址决策变量，如果决定在节点 l 处修建充电站，其值为 1，否则为 0
	y_k^{rs}	起讫点 (r,s) 之间的路径 k 的激活因子，只有当其值等于 1，才有 $f_k^{rs} \geq 0$，若其值为 0，则有 $f_k^{rs} = 0$
	$y_k^{rs,pq}$	起讫点 (r,s) 之间的路径 k 上子路径 (p,q) 的激活因子，若 $y_k^{rs} = 0$，则 $y_k^{rs,pq} = 0$，否则，其值为 0 或 1
	u_{ij}	路段 (i,j) 的激活因子，针对非拥堵的交通网络
	$c_{ij}(x_{ij})$	路段 (i,j) 的行驶时间，与该路段上的交通流量有关，针对拥堵的交通网络

我们使用有向图 $G = (N, A)$ 来表示城际高速公路网络，其中 N 代表城市节点的集合，A 代表高速公路有向路段的集合。此外，集合 N 的子集 L 表示修建充电站的候选节点的集合。有向路段通过其起始节点 i 和终止节点 j 来表示，即 $(i,j) \in A$。我们引入集合 $W = \{(r,s)\}$，用于表示起讫点集合，其中 r 和 s 分别代表起点和终点。另外，我们定义了集合 K_{rs}，用于表示连接起讫点 (r,s) 的路径集合，以及集合 U_k^{rs}，用于表示连接起讫点 (r,s) 的路径 k 上的节点对 (p,q) 的集合，其中节点 p 和 q 均为修建充电站的节点。

在参数方面，我们用 e_l 表示在节点 l 上修建充电站的成本，用 ζ 表示整个网络的总投资预算极限。此外，电动汽车的续航里程极限用 D 表示。其他重要参数还包括路段 (i,j) 的长度 d_{ij}、行驶时间 c_{ij}（非拥堵网络中）、自由流行驶时间 $c_{0,ij}$（拥堵网络中）、容量 v_{ij}（拥堵网络中）以及行驶时间函数相关的参数 α_{ij}（拥堵网络中）和 β_{ij}（拥堵网络中）。最后，各起讫点 (r,s) 之间的出行需求用 g_{rs} 表示。

另外，我们引入了子路径[19]的概念，以便于在后续步骤中建立充电站位置与路径可行性之间的解析关系。具体而言，我们将子路径定义为：由一条路径中的多条连续路段组成，是路径的一部分，其起始节点和终止节点均为修建充电站的节点。以图 4.1 为例，假设节点 r、p、q、s 都是充电站所在位置，我们可以列举出连接 r 和 s 的路径上的 6 条子路径：$k^{rs,rp}$、$k^{rs,rq}$、$k^{rs,rs}$、$k^{rs,pq}$、$k^{rs,ps}$ 和 $k^{rs,qs}$。若子路径的长度不超过给定的续航里程极限 D，则称该子路径为可行子路径。例如，当 $D = 12$ 时，$k^{rs,rp}$、$k^{rs,rq}$、$k^{rs,pq}$、$k^{rs,ps}$ 和 $k^{rs,qs}$ 都是可行子路径；而当 $D = 6$ 时，可行子路径仅包括 $k^{rs,rp}$、$k^{rs,pq}$ 和 $k^{rs,qs}$。在此基础上，我们给出可行路径的定义：如果可以找到至少一组连续且不重叠的可行子路径，恰好构成一条完整路径，那么，我们将这条路径称为可行路径。

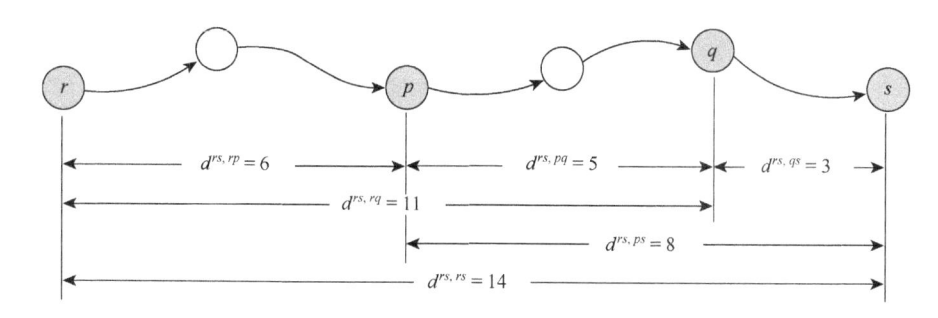

图 4.1 子路径示意图

$d^{rs,rp}$ 为子路径 $k^{rs,rp}$ 的长度，余同

4.2.3 非拥堵网络充电站选址优化模型

在本节中，我们首先探讨了在不考虑网络中的拥堵效应情况下，采用基于元网络的方法对问题进行建模。在给定了上述集合、参数和变量的定义后，我们进一步引入了两个特殊的子路径概念，即"距离约束子路径"和"距离约束最小费用子路径"。基于这些子路径的概念，我们构建了站点-子路径元网络，这将作为基于元网络模型的建模基础。

距离约束子路径：若在起讫点 r 和 s 之间的路径 k 上连接充电站节点 p 和 q 的子路径 $k^{rs,pq}$ 的长度不超过电动汽车续航里程极限，即 $d^{rs,pq} \leq D$，其中 $d^{rs,pq}$ 为子路径 $k^{rs,pq}$ 的长度，那么，路径 $k^{rs,pq}$ 为距离约束子路径。

距离约束最小费用子路径：若在任意起讫点间任意路径上连接充电站节点 p 和 q 的距离约束子路径中，起讫点 r 和 s 之间的路径 k 上距离约束子路径 $k^{rs,pq}$ 的出行费用最低，即 $c_k^{rs,pq*} = \min\{c_l^{uv,pq}, \forall uv, l\}$，其中 $c_l^{uv,pq}$ 为起讫点 u 和 v 之间的路径 l 上连接充电站 p 和 q 的距离约束子路径 $l^{uv,pq}$ 的出行费用，$c_k^{rs,pq*}$ 为 $k^{rs,pq*}$ 的出行费用，则 $k^{rs,pq*}$ 为距离约束最小费用子路径。

元网络通常被视为一种比原网络更加简约的网络结构，通过从原网络中提取特定类型的实体及其相互关系而产生。在不同的问题背景下，元网络的形式可能会有显著差异。在这里，我们定义一个由距离约束最小费用子路径构成的元网络。

站点-子路径元网络 $G^M = (N^M, A^M)$ 可以从原始的节点-路段网络 $G = (N, A)$ 中通过某种算法产生。元网络的节点包括原网络中的充电站节点、起点节点和终点节点，有 $N^M \subseteq N$，而其路段则表示两个充电站节点之间或充电站节点与起点/终点节点之间的距离约束最小费用子路径（若存在），有 $A^M \subseteq N^M \times N^M$。需要注意的是，元网络中的任何路段都必须是原网络中的纯子路径，即子路径上除首尾节点是充电站节点外，不包含其他的充电站节点。

该模型将最优路径选择分解为两个阶段，分别在原始节点-路段网络和站点-

子路径元网络上进行。第一阶段在原网络上，重复求解每对充电站之间、充电站与起点或终点之间、起点和终点之间的距离约束最小费用子路径；第二阶段在元网络中执行，求解起讫点之间的最小费用路径。基于元网络的模型，第一阶段可以找到所有距离约束最小费用子路径，从而构建起元网络；第二阶段的目标仅为从第一阶段得到的元网络中找到起讫点间的最小费用路径。

在非拥堵场景下，城际高速公路网电动汽车在途充电设施选址优化问题中，通过路段 (i,j) 所需要的时间 c_{ij} 为一个不变的参数，方便我们使用基于元网络的方法建模。

$$\min \sum_{(p,q)} f_{pq} c_{pq}^* \tag{4.1}$$

subject to

$$\sum_{l \in L} e_l y_l \leqslant \zeta \tag{4.2}$$

$$\sum_k f_k^{rs} = g_{rs} \quad \forall (r,s) \in W \tag{4.3}$$

$$f_k^{rs} \geqslant 0 \quad \forall (r,s) \in W, k \in K_{rs} \tag{4.4}$$

$$y_l \in \{0,1\} \quad \forall l \in L \tag{4.5}$$

$$f_{pq} = \sum_{(r,s)} \sum_k f_k^{rs} \delta_{pq,k}^{rs} \quad \forall k^{pq} \in H \tag{4.6}$$

$$f_{pq} \leqslant M y_{l=p,q} \quad \forall k^{pq} \in H \tag{4.7}$$

这里对于每一对 (p,q)，$\forall p,q \in L$：

$$c_{pq}^* = \min_u \sum_{(i,j)} c_{ij} u_{ij} \tag{4.8}$$

$$\sum_{\{j:(i,j) \in A\}} u_{ij} - \sum_{\{j:(j,i) \in A\}} u_{ji} = \begin{cases} 1 & i = p \\ 0 & i \in N \setminus \{p-q\} \\ -1 & i = q \end{cases} \tag{4.9}$$

$$\sum_{(i,j)} d_{ij} u_{ij} \leqslant D \tag{4.10}$$

$$u_{ij} \in \{0,1\} \quad \forall (i,j) \in A \tag{4.11}$$

式（4.1）为目标函数，其旨在最小化网络中所有电动汽车驾驶者的总出行费用，即最小化出行人的总绕路费用。式（4.2）表示建设预算约束，以确保充电站建设的总成本不超过预算极限。式（4.3）和式（4.4）分别代表需求守恒约束和路径流量非负约束，以分别确保起讫点之间的电动汽车出行需求得到满足，以及路径流量不会为负值。式（4.5）为二元决策变量约束，用于表示是否修建充电站。式（4.6）用于基于续航里程约束的最小费用子路径流量与路径流量之间的关系。式（4.7）表示只有距离约束最小费用子路径首尾两个充电站候选点均修建充电站，那么该子路径流量才能取正。式（4.8）~式（4.11）阐释了距离约束最小费用子路径的确定过程，构成模型的第一阶段。具体来讲，式（4.8）中的目标函数旨在寻找每个充电站对(p,q)之间出行费用最小的子路径。式（4.9）中的约束为流量守恒约束。式（4.10）中的约束为续航里程约束，确定了连接一对充电站的任何距离约束最小费用子路径的长度不能大于电动汽车的续航里程极限。式（4.11）中的路段激活因子二元变量表示路段是不是距离约束最小费用子路径的一部分。

上述模型是一个混合整数线性规划问题。其中，整数变量包括充电站选址决策二元变量和路段激活因子二元变量，而距离约束最小费用子路径流量和路径流量则属于连续变量。

需要注意的是，由式（4.8）~式（4.11）组成的第一阶段子模型是一个标准的距离约束最短路径问题，该混合整数规划问题的求解较为耗时。另外，在求解电动汽车充电站选址问题时，可能会涉及反复获取充电站节点间的距离约束最小费用子路径的信息，将导致原问题的求解时间进一步提升。因此，将原模型进行拆分，分为两个部分：一是在原网络中求解$|L|(|L|-1)$个由式（4.8）~式（4.11）组成的第一阶段子问题，以构建元网络；二是在元网络中求解一个由式（4.1）~式（4.7）组成的第二阶段最小费用路径问题，将显著降低问题的求解时间。

4.2.4 拥堵网络充电站选址优化模型

若我们考虑网络的拥堵效应，可以在模型中考虑路段层面上的拥堵效应，采用下列常用函数来建模：$c_{ij}(x_{ij}) = c_{0,ij}[1+\alpha_{ij}(x_{ij}/v_{ij})^{\beta_{ij}}]$，其中，$x_{ij}$表示路段$(i,j)$上的交通流量，而$c_{ij}(x_{ij})$表示通过路段$(i,j)$所需要的时间，由于拥堵效应的存在，该时间与路段上的流量相关。

在这种情况下，基于元网络的两阶段模型不再适用。因为在最终的路段流量确定之前，路段费用是无法确定的，这导致充电站节点对之间的距离约束最小费用子路径无法确定。因此，我们必须采用基于原始节点-路段网络的方法来对拥堵网络中电动汽车在途充电设施选址优化问题进行建模。

考虑前述给定的集合、参数和变量的定义，拥堵的城际高速公路网络中电动汽车在途充电设施选址优化问题的数学规划模型如下所示：

$$\min \sum_{(i,j)} x_{ij} c_{ij}(x_{ij}) \tag{4.12}$$

subject to

式（4.2），式（4.5）

$$x_{ij} \in \mathrm{argmin} \sum_{(i,j)} \int_0^{x_{ij}} c_{ij}(\tau) \mathrm{d}\tau \quad \forall (i,j) \in A \tag{4.13}$$

subject to

式（4.3），式（4.4）

$$My_k^{rs} \geqslant f_k^{rs} \quad \forall (r,s) \in W, k \in K_{rs} \tag{4.14}$$

$$y_k^{rs,pq} \leqslant (y_p + y_q)/2 \quad \forall (r,s) \in W, k \in K_{rs}, (p,q) \in U_k^{rs} \tag{4.15}$$

$$\delta_{ij,k}^{rs} y_k^{rs} = \sum_{(p,q) \in U_k^{rs}} \delta_{ij,k}^{rs,pq} y_k^{rs,pq} \quad \forall (r,s) \in W, k \in K_{rs} \tag{4.16}$$

$$d_k^{rs,pq} y_k^{rs,pq} \leqslant D \quad \forall (r,s) \in W, k \in K_{rs}, (p,q) \in U_k^{rs} \tag{4.17}$$

$$y_k^{rs} \in \{0,1\} \quad \forall (r,s) \in W, k \in K_{rs} \tag{4.18}$$

$$y_k^{rs,pq} \in \{0,1\} \quad \forall (r,s) \in W, k \in K_{rs}, (p,q) \in U_k^{rs} \tag{4.19}$$

$$x_{ij} = \sum_{(r,s)} \sum_k f_k^{rs} \delta_{ij,k}^{rs} \quad \forall (i,j) \in A \tag{4.20}$$

$$d_k^{rs,pq} = \sum_{(i,j)} d_{ij} \delta_{ij,k}^{rs,pq} \quad \forall (r,s) \in W, k \in K_{rs}, (p,q) \in U_k^{rs} \tag{4.21}$$

该模型为一个双层的混合整数非线性规划模型，式（4.12）和式（4.13）分别给出了上下层模型的目标函数。具体来说，式（4.12）为上层充电站选址模型的目标函数，旨在最小化网络中所有电动汽车驾驶者的总出行费用。需要注意的是此处 $c_{ij}(x_{ij})$ 与路段流量 x_{ij} 相关。在下层求解网络交通流分布的模型中，由于考虑了网络的拥堵效应，对于电动汽车驾驶者而言，绕路并不一定会增加总出行时间，但有可能影响那些本不需绕路的驾驶者的路径选择。一般地，网络中每个人的路径选择都将影响其他人的路径选择，从而影响整个网络的拥堵状况。在这种情况下，我们采用式（4.13）中的贝克曼方程[41]来描述网络交通流的分布[19]。

式（4.2）~式（4.5）的含义已经详细阐释，无须再赘述。式（4.14）用于表达路径流量与路径激活因子之间的关系，即只有当路径激活因子等于1时，路径流量才可能为正。式（4.15）明确了子路径激活因子与两个充电站选址决策变量之间的关系，只有当充电站同时位于节点 p 和 q 时，连接这两个节点的子路径才可能是激活的。式（4.16）阐述了路径激活因子和子路径激活因子的关系：若一条路径被激活，则至少存在一组激活的子路径可以完整地组成这条路径，既不缺少也不重叠。式（4.17）中的约束确保任何一条激活的子路径的长度都不超过电动汽车的续航里程极限。式（4.18）和式（4.19）中的约束为路径激活因子和子路径激活因子的二元约束，分别表示路径和子路径上是否存在交通流量。式（4.20）定义了路段流量与路径流量之间的关系，而式（4.21）定义了路段长度与子路径长度之间的关系。

总的来说，上述模型为一个复杂的双层混合整数非线性规划模型。在上层模型中，包含充电站选址决策的二元变量，而下层模型则涵盖了路径激活因子、子路径激活因子、路段流量、路径流量等多个变量。需要注意的是，一旦充电站选址决策确定，该模型将转化为一个带中继节点和里程限制的交通分配问题，可通过多种交通分配算法来求解[19]。

4.3 求解算法

在本节中，我们将首先分别介绍前述所提出的两个模型的求解算法框架。随后，我们将详细讨论算法框架中所涉及的车辆路径选择算法[19]、车流网络分配算法[8,15-20]以及充电站选址优化算法[42,43]。

4.3.1 非拥堵交通网络充电站选址优化问题求解算法框架

在解决这一问题时，我们将其分为两个阶段。第一阶段在原网络中进行，其目标是寻找所有充电站候选节点对之间的距离约束最小费用子路径，以构建基于站点-子路径的元网络。在该阶段，需要求解 $|L|(|L|-1)$ 个带有距离约束的最小费用路径问题，可以通过双标准标签修正算法来完成[43]。值得注意的是，这些求解得到的距离约束最小费用子路径都是纯子路径，这意味着除首尾节点外子路径上不存在其他的充电站候选节点。

第二阶段涉及在构建的元网络中寻找所有起讫点对之间的最小费用路径。这是一个标准的最短路径问题，可直接使用标签设定算法来求解。在该阶段，在给定充电站选址方案的情况下，可得到交通流分布的结果，从而计算出交通网络的总出行费用。因此，对于每个充电站选址方案，可以根据其对应的交通网络总费用来评估其最优性。此时，充电站选址问题被转化为一个 0～1 整数规划问题，可通过分支定界算法求解[42,43]。

非拥堵交通网络充电站选址优化问题的求解框架如图 4.2 所示。

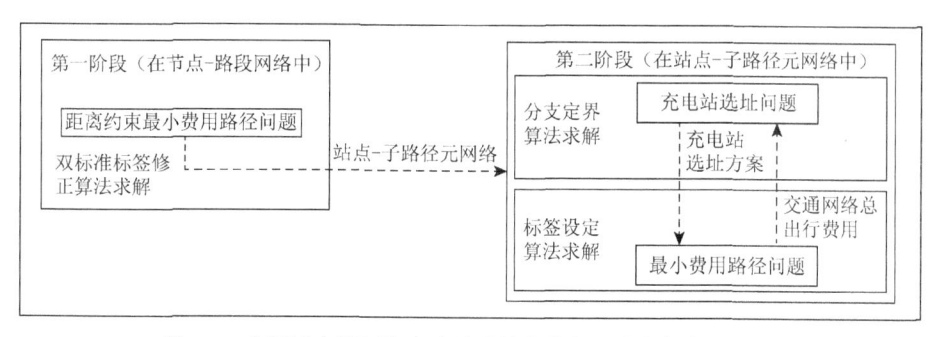

图 4.2 非拥堵交通网络充电站选址优化问题求解框架示意图

下面，我们先介绍在原网络 $G=(N,A)$ 基础上构建站点-子路径元网络的双标准标签修正算法的流程。

步骤一（初始化）：初始化节点集合 $N^L := L \cup \{r\}$，其中 L 为修建充电站的候选节点集合，而 $\{r\}$ 为原网络中所有起点组成的集合。初始化路段集合 $A^L := \varnothing$。至步骤二。

步骤二（帕累托最优路径搜索）：从 N^L 中取出一个未探索节点 i，并初始化该节点的标签集合 $L^{(0)}(i) = \{(c,d)\} := \{(0,0)\}$，其中 c 代表出行费用，d 代表行驶距离。同时，对任意节点 $n \in N \setminus \{i\}$，初始化其标签集合 $L^{(0)}(n) := \{(+\infty, +\infty)\}$，其中 N 为原网络的节点集合。然后，更新每一个节点 $n \in N$ 的帕累托最优路径集合，并根据以下步骤生成辅助路段。

（1）若 $i \in L$，并且对 $N^L \setminus \{i\}$ 中的任意节点 j，其帕累托最优标签集合中至少存在一个标签满足 $d \leq D$，则生成辅助路段 (i,j)。在节点 j 的帕累托最优标签集合中，寻找满足 $d \leq D$ 要求的最小费用的标签 c_φ，并将辅助路段 (i,j) 的费用设置为 c_φ，最后将辅助路段 (i,j) 添加到集合 A^L 中。

（2）若 $i \in \{r\}$，并且对任意节点 $j \in L \cup \{s|(r,s) \in W\}$，其帕累托最优标签集合中至少存在一个标签满足 $d \leq D$，则生成辅助路段 (i,j)，其中 s 为原网络中的终点节点，W 代表原网络中的起讫点对集合。在节点 j 的帕累托最优标签集合中，寻找满足 $d \leq D$ 要求的最小费用的标签 c_φ，并将辅助路段 (i,j) 的费用设置为 c_φ，最后将辅助路段 (i,j) 添加到集合 A^L 中。

至步骤三。

步骤三（路径搜索终止条件）：若已完成对 N^L 中所有节点的探索，则进入步骤四，否则返回到步骤二。

步骤四（元网络构建）：令 P 为分支定界算法中给定的充电站选址方案的节点集合，那么元网络的节点集合表示为 $N^M := P \cup \{r\} \cup \{s\}$。令路段集合 $A^\Psi := N^M \times N^M := \{(u,v), \forall u \in N^M, v \in N^M, u \neq v\}$，则元网络路段集合表示为 $A^M := A^L \cap A^\Psi$。

由此，第一阶段模型的求解过程结束。接下来开始第二阶段模型的求解，即在所构建的元网络中，利用标签设定算法求解最小费用路径。标签设定算法的流程如下。

步骤一（初始化）：初始化永久标签集合为 $S^P := \varnothing$，临时标签集合为 $S^T := N^M$。为起点 r 设置初始标签 $c(r) := 0$，为 N^M 中除起点外的其他节点 n 设置初始标签 $c(n) := +\infty$。至步骤二。

步骤二（最优路径搜索）：在临时标签集合 S^T 中，寻找标签值最小的节点 i，即 $c(i) = \min\{c(j), \forall j \in S^T\}$。将节点 i 从永久标签集合中移出并加入临时标签集合，即 $S^P := S^P \cup \{i\}$，$S^T := S^T \setminus \{i\}$。对于任意路段 $(i,j) \in A^M$，如果 $c(j) > c(i) + c_{ij}$，则更新 $c(j) := c(i) + c_{ij}$。至步骤三。

步骤三（终止条件）：若 $|S^P|=|N^M|$，则终止算法，并将最终解保留为最优解，否则返回到步骤二。

由此，两阶段标号算法实施完毕。若读者对算法的详细步骤感兴趣，可参考书后的附录[43]，其中提供了两个算法的伪代码。基于这两个算法，可以为任意给定的充电站选址方案求解相应的交通网络总费用，以评估该方案的优劣。至于用以求解充电站选址问题的分支定界算法，我们将在讨论完拥堵交通网络充电站选址优化问题求解算法框架后统一讨论。

4.3.2 拥堵交通网络充电站选址优化问题求解算法框架

如前文所述，由于在拥堵交通网络充电站选址优化问题中，路段费用与路段流量相关，而路段流量又受到路段费用的影响，因此无法采用两阶段法进行建模，也无法采用双标准标签修正-单标准标签设定两阶段算法求解。

基于式（4.2）~式（4.5）和式（4.12）~式（4.21）给出的双层规划数学模型，在算法设计时，我们同样可以将其求解过程拆分为两个部分进行。具体来说，我们将其分为充电站选址上层模型和在给定充电站选址方案的情形下，带有中继节点和里程限制的交通流分配[19,42]下层模型。

关于交通分配问题，已经有大量的文献研究了其求解算法，包括基于路段的弗兰克-沃尔夫算法、基于路径的投影梯度算法、基于丛的网络均衡算法等。在本章中，我们将介绍基于路段的弗兰克-沃尔夫算法。如果读者对其他算法感兴趣，可以查阅相关文献[8,15-20]。值得注意的是，当使用弗兰克-沃尔夫算法框架来处理交通流量分配问题时，通常需要求解最短路径问题。在本章中，该最短路径问题是带有中继节点和里程限制的最小费用路径问题。为求解该子问题，我们设计了一种多标准标签修正算法，将在后文详细介绍。

拥堵交通网络充电站选址优化问题的求解算法框架如图 4.3 所示。

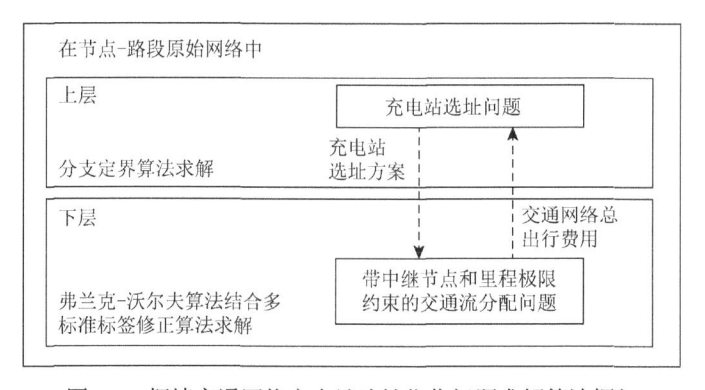

图 4.3 拥堵交通网络充电站选址优化问题求解算法框架

在图 4.3 的算法框架中，我们涵盖了三种算法：多标准标签修正算法、弗兰克-沃尔夫算法以及分支定界算法。前两者用于求解下层模型，而分支定界算法则用于求解上层模型。

下层模型即对于任意给定的充电站选址方案，其任务是求解相应的拥堵交通网络流量分布和总出行费用，以评估所给定的充电站选址方案的优劣。同样地，求解充电站选址上层模型的分支定界算法，我们将在后文详细讨论。

下面介绍求解下层模型的弗兰克-沃尔夫算法的步骤。

步骤一（初始化）：基于自由流路段费用 $c_{ij} = c_{ij}(0)$，使用多标准标签修正算法求解路段流量 $x^1 = \{x_{ij}^1\}$。初始化迭代轮次 $n := 1$。至步骤二。

步骤二（寻找下降方向）：基于路段流量 $x^n = \{x_{ij}^n\}$ 更新路段出行费用 $c_{ij} := c_{ij}(x_{ij})$。然后基于更新后的路段出行费用，使用多标准标签修正算法求解得到辅助路段流量 $y^n = \{y_{ij}^n\}$。至步骤三。

步骤三（寻找步长）：针对以下单变量凸优化问题求解变量 α 的值：

$$\min \sum_{(i,j)} \int_0^{x_{ij}^n + \alpha(y_{ij}^n - x_{ij}^n)} c_{ij}(\omega) d\omega, \quad \alpha \in [0,1]$$

找到最优解 α 后，按照以下标准更新路段交通流：$x_{ij}^{n+1} := x_{ij}^n + \alpha(y_{ij}^n - x_{ij}^n)$，$\forall (i,j) \in A$。至步骤四。

步骤四（收敛准则）：检验以下收敛标准是否满足：

$$\frac{\sqrt{\sum_{(i,j)}(x_{ij}^{n+1} - x_{ij}^n)^2}}{\sum_{(i,j)} x_{ij}^n} \leqslant \kappa$$

其中，κ 表示精度，通常取为 10^{-4}。如果上述条件满足，则停止算法，当前解 $x^{n+1} = \{x_{ij}^{n+1}\}$ 为最优解。否则，令 $n := n+1$，然后返回到步骤二。

通过上述算法求得的路段流量对应于用户均衡条件下的交通网络流量分布。交通网络总费用可通过对所有路段费用和流量之积求和得到。

需要注意的是，弗兰克-沃尔夫算法也能用于求解系统最优条件下的交通网络流量分布，只需对上述步骤二和步骤三稍作修改即可。具体来说，在步骤二中，应基于更新后的路段出行费用与路段边际费用之和 $\{c_{ij}^n + (\partial c_{ij}^n / \partial x_{ij}) x_{ij}^n\}$，而不是路段费用本身 $\{c_{ij}^n\}$ 来计算辅助路段流量 $y^n = \{y_{ij}^n\}$。在步骤三中，最小化的目标函数变为 $\sum_{(i,j)} c_{ij}^n [x_{ij}^n + \alpha(y_{ij}^n - x_{ij}^n)]$。

在弗兰克-沃尔夫算法的每个迭代轮次中，路段费用保持不变。在这种情况下，需要采用多标准标签修正算法来解决带有中继节点和里程约束的最小费用路径子问题。此处，我们将标签设置为包含三个属性的元组 $(c_j, d_j, \bar{d}_j)$。对于这些标签所对应的路径，c_j 代表起点到节点 j 所需的费用，d_j 代表了上一个充电站节点到节点 j 的距离，$\bar{d}_j$ 表示从起点到节点 j 的这条路径上，连续的两个充电站节点（或从起点到第一个充电节点）之间的距离的最大值。换句话说，$\bar{d}_j$ 代表了组成这条路径的所有子路径中的最长子路径长度。以下是多标准标签修正算法的具体步骤。

步骤一（初始化）：为每个节点 j 赋予初始标签 $(c_j, d_j, \bar{d}_j) := (c_{rj}, d_{rj}, d_{rj})$，并将这些标签放入到各自节点的帕累托最优标签集合中。此处，c_{rj} 和 d_{rj} 分别表示连接起点 r 和节点 j 的路段的出行费用和长度。如果起点 r 和节点 j 在交通网络中不相连，则将 c_{rj} 和 d_{rj} 的值都视为无穷大。至步骤二。

步骤二（标签修正）：在每次标签修正过程中，对于节点 j 的帕累托最优标签集合中的每个标签 $(c_j, d_j, \bar{d}_j)$ 和每条路段 (i, j)，我们可以生成一个新的标签 $(c_i + c_{ij}, d_i + d_{ij}, \max(d_i + d_{ij}, \bar{d}_i))$，然后将这个新标签添加到节点 j 的帕累托最优标签集合中。如果节点 j 恰好是充电站节点，则对于该节点的帕累托最优标签集合中的任意一个标签，如果 $d_j > \bar{d}_j$，则将 d_j 的值赋予 $\bar{d}_j$，然后将 d_j 设为 0。如果存在 $D < \bar{d}_j$，即该标签所表示的路径所需里程极限超过了电动汽车的续航里程极限，那么该路径不可行，直接将该标签删除。最后，基于标签的三个属性 $(c_j, d_j, \bar{d}_j)$，对标签集合中的任意两个标签进行帕累托最优检验，若存在一个标签被另一个标签支配，则将被支配的标签从集合中删除。在每一次迭代轮次中都重复执行以上操作，直到所有节点的帕累托最优标签集合都不再改变，或每个节点的标签至少被修正了 $|N|-1$ 个迭代轮次为止。在此阶段，可得到关于出行费用、距离和所需续航里程极限的帕累托最优标签集合。至步骤三。

步骤三（流量加载）：对于任意终点节点 s 的帕累托最优标签集合，选取具有最小 c_s 值的标签，其所对应的路径即从起点 r 到终点 s 的带有中继节点和里程限制的最小费用路径。因此，将出行需求 q_{rs} 分配到该路径上。结束算法。

需要注意的是，以上步骤仅分配了单个起点 r 到各终点的流量。为获得网络中的总出行费用，我们可以对网络中的每个起点 r 重复此过程，即可得到交通网络路段流量分布及总出行费用。根据以上算法步骤，任何给定充电站选址方案，可求解相应的总出行费用，用于评价该方案的优劣性。

4.3.3 分支定界算法

4.3.1 节和 4.3.2 节分别探讨了在不考虑拥堵和考虑拥堵的情况下，给定充电站选址方案后，求解交通流分布的方法。根据求解的交通流分布，可计算对应的网络中总出行费用，以用于评估充电站选址方案的优劣。另外，确定充电站是否要在候选节点建设可视为一个 0~1 整数规划问题，可采用分支定界算法求解[42, 43]。

在充电站选址方案确定之后，我们可以轻松地使用 4.3.1 节和 4.3.2 节中所提到的算法来求解交通流分布，从而评估该方案的性能。分支定界算法通过对所有候选解的隐式枚举来搜索解空间，其中整数变量通过分支过程被强制取整数值，并且使用上下界估计来探索解的子空间。求解过程通常表示为一棵二叉树，树中的每个节点代表一个选址解 $y = (\hat{y}_1, \hat{y}_2, \cdots, \hat{y}_m, y_{m+1}, \cdots, y_{|L|})$，解中的每个元素均为 0~1 整数变量，表示每个充电站候选节点 l 的充电站建设状态，$y_{m+1}, \cdots, y_{|L|}$ 表示暂时未确定是否在这些点修建充电站，$\hat{y}_1, \hat{y}_2, \cdots, \hat{y}_m$ 则代表已经做决策，若修建，则值为 1，否则为 0。

在详细阐述该算法的步骤之前，我们首先给出两个重要的结论：①对于一个非拥堵的交通网络，若在原本没有充电站的节点 l 处建立一个充电站，那么在新的充电站布局方案下，所对应的总费用将保持不变或者减小；②对于一个拥堵的交通网络，系统最优状态下的交通流量所对应的总费用将小于用户均衡状态下的交通流量所对应的总费用。这两个结论的证明细节可以在相关文献[42, 43]中找到，在此不再详细赘述。

结合以上两个结论，在分支定界算法的运用过程中，针对树中任意一个顶点所对应的解 $y = (\hat{y}_1, \hat{y}_2, \cdots, \hat{y}_m, y_{m+1}, \cdots, y_{|L|})$，我们可以轻松地计算出以该顶点为根的子树中所有解的下界：①对于非拥堵交通网络，将原解中 $y_{m+1}, \cdots, y_{|L|}$ 的值全部设为 1，新解对应的交通流总费用将成为最优解的下界；②对于拥堵交通网络，在令 $y_{m+1}, \cdots, y_{|L|}$ 所有值变为 1 的基础上，新解对应的系统最优状态下的交通流总费用可作为最优解的下界。应用以上分支定界算法求解这两个充电站选址问题的具体步骤如下所示。

分支定界算法步骤

步骤一：初始化

设二叉树中未检测的顶点集合 $Y := (y_1, y_2, \cdots, y_m, y_{m+1}, \cdots, y_{|L|})$，即所有的建设充电站的候选节点的建站决策变量均不确定。

同时取一个可行解 $y = (\hat{y}_1 = 0, \hat{y}_2 = 0, \cdots, \hat{y}_m = 0, \hat{y}_{m+1} = 0, \cdots, \hat{y}_{|L|} = 0)$，将其对应的网络流费用（非拥堵交通网络）或用户均衡状态下的网络流费用（拥堵网络下）设置为最优解上界 UB。

步骤二：搜索

If $Y \neq \varnothing$ then

　　从 Y 中取出一个解 $y = (\hat{y}_1, \hat{y}_2, \cdots, \hat{y}_m, y_{m+1}, \cdots, y_{|L|})$；

If $\sum_{i\leq m}e_iy_i \leq \zeta$ then
 计算 y 对应的网络流费用，并设为下界 LB；
 If LB > UB then
  将 y 剪支，返回步骤二；
 Else if 解 y 中存在未确定值的二元变量 then
  跳转至步骤三；
 Else
  计算 y 对应的网络流费用（拥堵网络中为用户均衡下的网络流费用）并设为 UB'；
  If UB' < UB then
   UB := UB' 并记录最优解 y；
   返回步骤二；
  Else
   将 y 剪支，返回步骤二；
  End if
 End if
Else
 将 y 剪支，返回步骤二；
End if
Else
 跳转至步骤四；
End if
步骤三：分支
取一个解 $y = (\hat{y}_1, \hat{y}_2, \cdots, \hat{y}_m, y_{m+1}, \cdots, y_{|L|})$，其中变量 $\hat{y}_1, \hat{y}_2, \cdots, \hat{y}_m$ 都是已经确定了值的变量，而变量 $y_{m+1}, \cdots, y_{|L|}$ 都是未确定值的变量；
将 $y = (\hat{y}_1, \hat{y}_2, \cdots, \hat{y}_m, y_{m+1}, \cdots, y_{|L|})$ 分支为两个新解 $y_0 = (\hat{y}_1, \hat{y}_2, \cdots, \hat{y}_m, y_{m+1}=0, y_{m+2}, \cdots, y_{|L|})$ 和 $y_1 = (\hat{y}_1, \hat{y}_2, \cdots, \hat{y}_m, y_{m+1}=1, y_{m+2}, \cdots, y_{|L|})$，并将两者添加到集合 Y 中，同时将 y 从集合 Y 中删去；
跳转至步骤二；
步骤四：终止
输出此时的最优解上界 UB 和对应的充电站选址布局解 y

4.3.4 两个问题的对比

表 4.2 给出了面向非拥堵与拥堵公路网络两种场景下的电动汽车在途充电站选址问题特征的对比。

表 4.2 面向非拥堵与拥堵公路网络的充电站选址优化模型和算法特征对比

	特征	非拥堵交通网络中的电动汽车 在途充电设施选址问题	拥堵交通网络中的电动汽车 在途充电设施选址问题
优化模型	类型及数量	第一阶段：$\|L\|(\|L\|-1)$ 个整数规划模型 第二阶段：单个混合整数线性规划模型	单个双层混合整数非线性规划模型
	网络类型	充电站-子路径元网络	节点-路段网络
	目标函数	第一阶段：最小化有距离约束的子路径费用 第二阶段：最小化网络中总出行费用	最小化网络中总出行费用

特征		非拥堵交通网络中的电动汽车在途充电设施选址问题	拥堵交通网络中的电动汽车在途充电设施选址问题
求解算法	充电站选址优化算法	分支定界算法	分支定界算法
	网络流分布算法	第一阶段：双标准标签修正算法 第二阶段：单标准标签设定算法	弗兰克-沃尔夫算法结合多标准标签修正算法

从数学模型的角度来看，当不考虑拥堵效应时，问题的建模采用了基于元网络的二阶段方法。具体而言，第一阶段涉及解决原网络中 $|L|(|L|-1)$ 个充电站候选节点对之间的距离约束最小费用子路径问题，其中 $|L|$ 表示原网络中充电站候选节点的数量。第二阶段则需要解决一个在元网络中的最小费用路径问题。然而，一旦考虑拥堵效应，元网络的方法不再适用，我们只能基于原网络建立一个双层混合整数非线性规划模型。其中，上层模型的目标是最小化网络中的总出行费用，而下层模型则用于描述网络车流的均衡状态。

就求解算法而言，不论是否考虑拥堵效应，充电站选址问题均使用分支定界算法求解。但是，两种情况下计算交通流分布的方法有所不同。当不考虑拥堵效应时，第一阶段在原网络中进行，使用双标准标签修正算法建立元网络。第二阶段则在元网络中进行，直接使用标签设定算法来求解最小费用路径，并加载交通流量。当考虑拥堵效应时，使用弗兰克-沃尔夫算法求解均衡交通流分布问题。在该算法框架下，需要解决一个带中继节点和里程限制的最小费用路径子问题，而这个子问题需采用多标准标签修正算法求解。

4.4 实 例 分 析

本节将呈现两个算例，分别涵盖了非拥堵和拥堵效应的两种交通网络场景。本节旨在验证前述提出的求解方法的有效性，并对结果进行深入分析。为方便且不失一般性，我们假设在所有位置修建充电站的投资费用均相等，即 e_l 相同。此时，预算极限可以视为允许在交通网络中建设的充电站的最大数量。

4.4.1 非拥堵网络应用实例——长三角城际公路网

长三角城际高速公路网如图 4.4 所示。从该图可以清晰地看出城市节点与高速公路路段之间的拓扑结构、路段长度、建设充电站的候选节点以及重要城市节点的名称。在网络中，我们标注了 18 个城市的名称，它们均为出行需求的起点和终点。此外，我们设置了 2 种不同的预算极限（4 个和 10 个），以及 3 种不同的续航里程极限（150 千米、200 千米和 250 千米）。这共同构成了 6 种不同的网络场景。

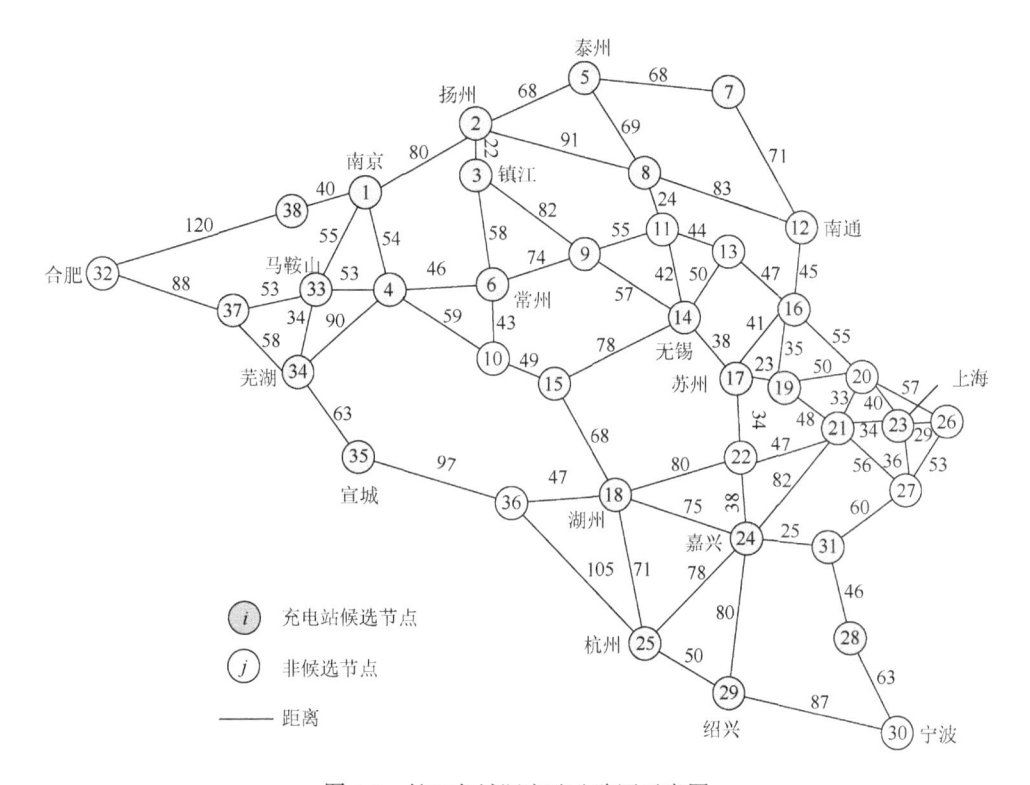

图 4.4 长三角城际高速公路网示意图

6 种不同场景下的充电站最优选址方案如图 4.5 所示，其中，黑色标记的节点为充电站节点。可以明显看出，预算极限和续航里程极限对最优选址方案产生了显著的影响。在图 4.5 中，加粗的黑色线条表示各最优选址方案下从宁波到宣城的出行路径。可以看到，随着充电站选址方案的变化，路径选择也会发生显著的变化。例如，当预算极限为 10 个，续航里程极限为 250 千米时，从宁波至宣城的最优路径经过绍兴和杭州，最终到达宣城。然而，当预算极限为 4 个，续航里程极限为 150 千米时，路径会经过嘉兴、苏州、无锡、常州、马鞍山和芜湖，最终到达宣城。这种驾驶者绕路的行为是为了获得更多的充电机会，以避免电池电量耗尽。通过比较这两种场景，可以看出电动汽车驾驶者的行驶时间差距可达约 41%，相当于 1.9 小时。

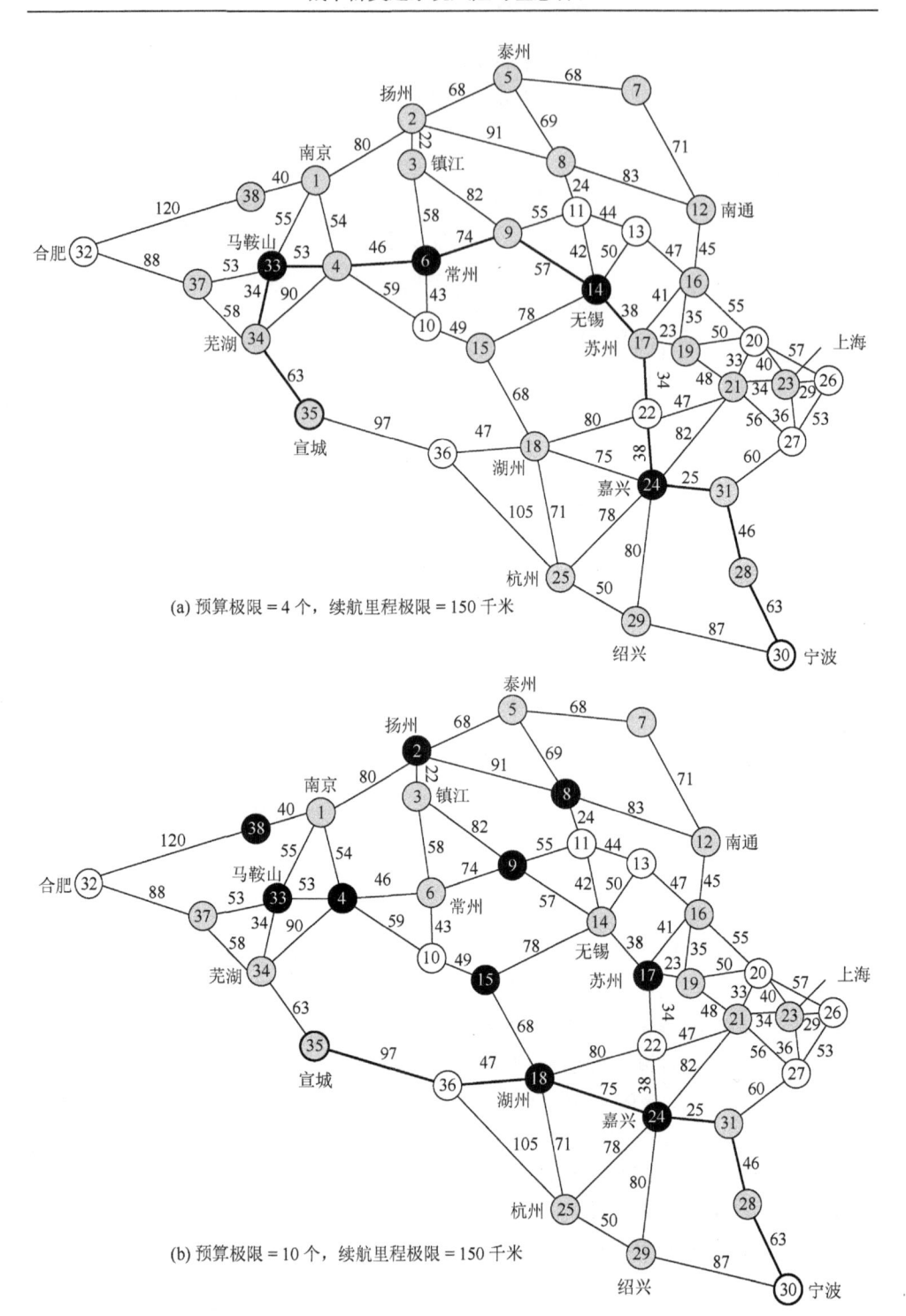

(a) 预算极限 = 4 个，续航里程极限 = 150 千米

(b) 预算极限 = 10 个，续航里程极限 = 150 千米

第4章 城际高速公路网电动汽车在途充电设施选址优化模型和算法 ·69·

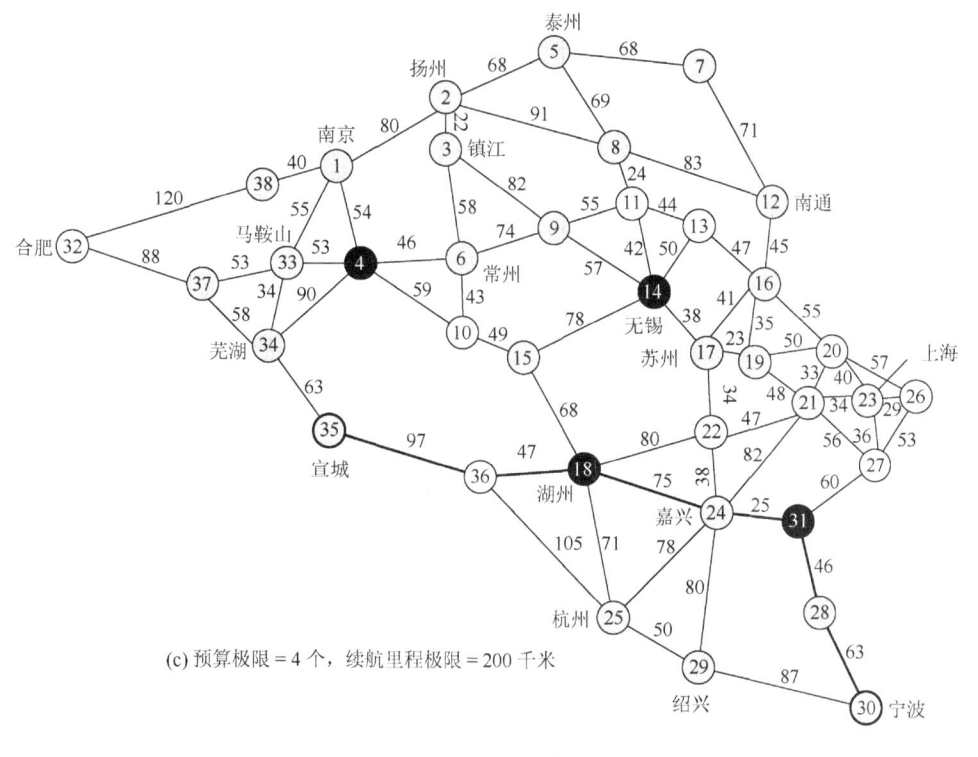

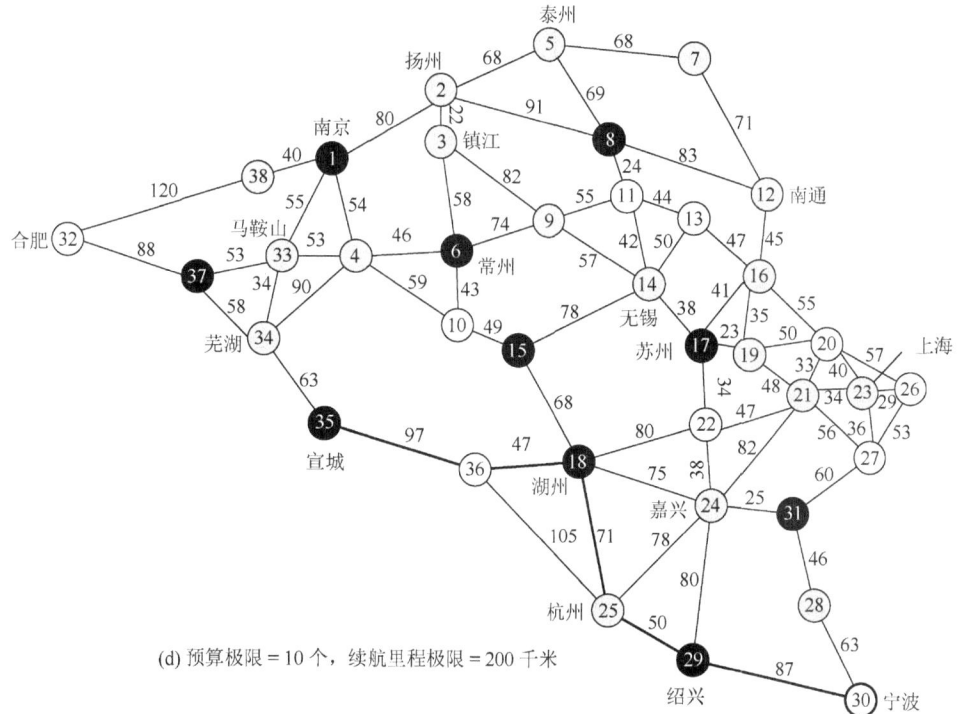

(c) 预算极限=4个，续航里程极限=200千米

(d) 预算极限=10个，续航里程极限=200千米

(e) 预算极限=4个，续航里程极限=250千米

(f) 预算极限=10个，续航里程极限=250千米

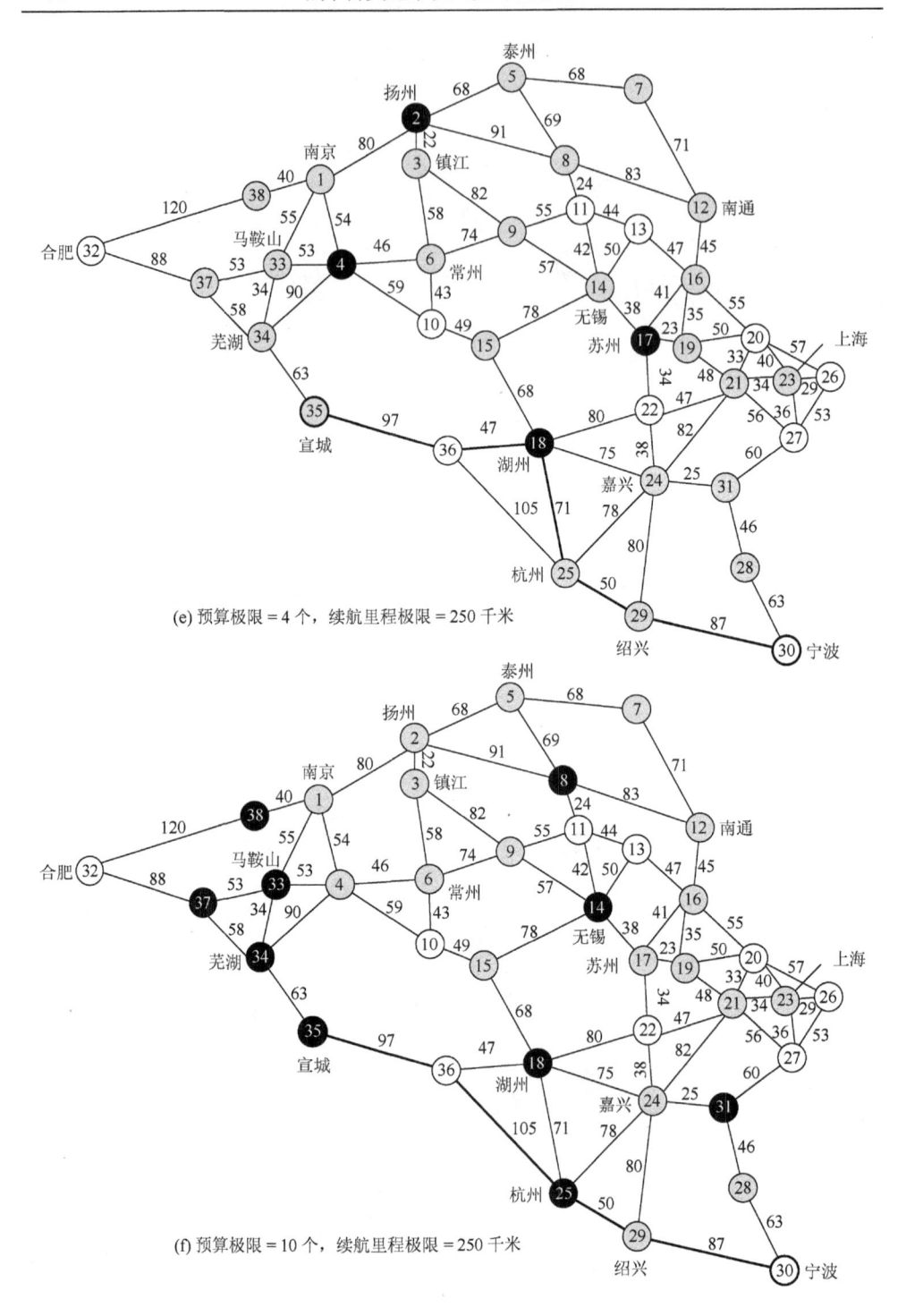

图4.5 长三角网络中最优充电站选址方案和宁波—宣城最优路径

除此之外，我们还对预算极限和续航里程极限对整体出行费用的影响进行了深入研究。如图 4.6 所示，总出行费用随着预算极限的增加而递减。特别是在续航里程极限较低的情况下，这种递减趋势更加显著。同样地，图 4.7 揭示了随着续航里程极限的提高，总出行费用呈现下降趋势。尤其是在预算极限较低的情况下，这种下降趋势更为明显。需要注意的是，根据图 4.6 和图 4.7，在不同的网络场景下，总出行费用会随着预算极限或续航里程极限的提升而逐渐减少，并最终趋于一个稳定值。换句话说，当预算极限充足且续航里程极限足够大时，网络中的总出行费用将不再发生变化。在这种情况下，所有电动汽车都将选择沿着其最小费用路径行驶，无须绕行其他路径。

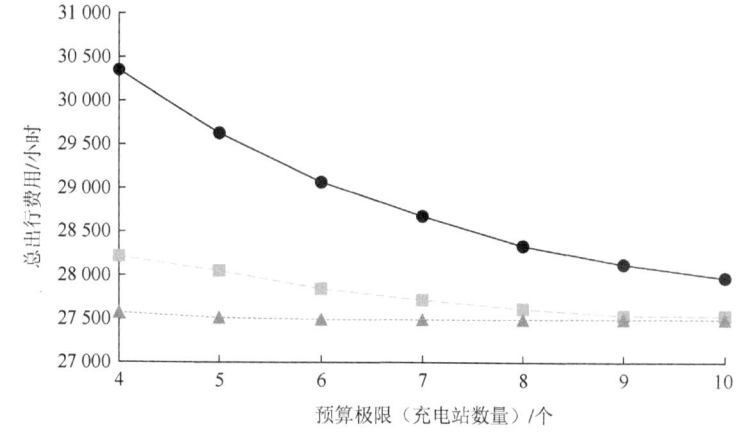

图 4.6 预算极限的变化对长三角城际高速公路网总出行费用的影响

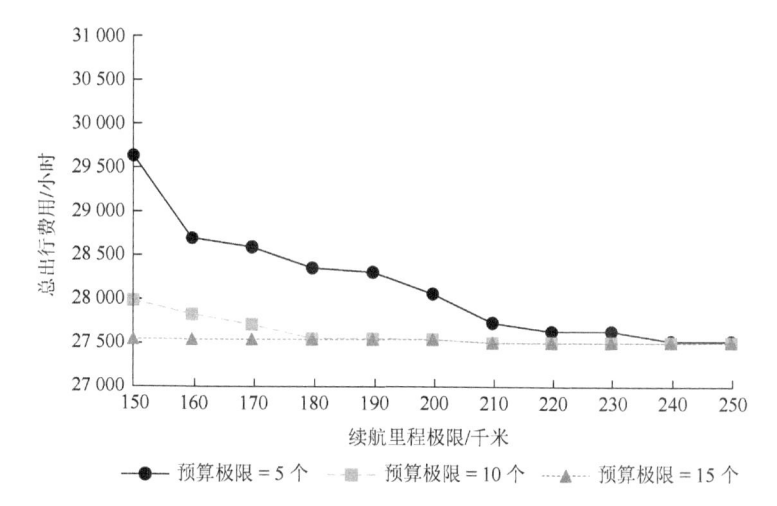

图 4.7 续航里程极限的变化对长三角城际高速公路网总出行费用的影响

更一般地，总出行费用随着预算极限或续航里程极限的增加而降低的现象并非仅限于长三角地区高速公路网络，而是一个与充电站选址问题相关的普遍现象。相关的详细证明可参考文献[43]。

4.4.2 拥堵网络应用实例——苏福尔斯地区公路网

图 4.8 呈现了苏福尔斯地区公路网的详细信息。该网络包含 24 个节点、76 条路段和 576 对起讫点对。路段长度的数据可参考文献[42]，而有关路段的自由流费用、路段容量、网络拓扑结构和出行需求等数据可从以下网站获取：https://github.com/bstabler/TransportationNetworks/tree/master/SiouxFalls。

在苏福尔斯地区公路网中，本章将建设充电站的候选节点集合设为以下包含 12 个节点的集合：$L = \{1, 4, 6, 8, 10, 12, 13, 15, 17, 20, 23, 24\}$。这些节点已在图 4.8 中以灰色标记。此外，我们考虑了不同的网络场景，其中续航里程极限分别为 200 千米、250 千米、300 千米和 350 千米，而预算极限分别为 5 个、7 个和 9 个，总共形成 12 种不同的网络场景。

最佳的充电站选址方案如图 4.9 所示，其中黑色标记的节点表示充电站位置。显然，在考虑拥堵效应的情况下，预算极限和续航里程极限仍对最佳选址方案产生显著影响。特别地，从预算极限的角度来看，当预算极限为 5 时，建设的充电站数量始终等于预算极限数，如图 4.9（a）～图 4.9（d）所示。换句话说，在苏福尔斯地区公路网中，如果充电站数量不足 5 个，电动汽车将面临充电机会不足的风险。然而，如果预算极限提高到 7 个或 9 个，只要电动汽车续航里程极限大于等于 350 千米，最终的选址方案中，充电站的数量可能小于相应的预算极限数，如图 4.9（h）以及图 4.9（l）所示。

此外，本节还深入分析了拥堵交通网络中预算极限和续航里程极限对整体出行费用的影响。如图 4.10 所示，总出行费用随着预算极限的递增而呈现单调递减的趋势。特别是在预算极限较为有限的情况下，续航里程极限的提升对目标函数值的影响更加显著。例如，当预算极限为 5 个时，续航里程极限从 200 千米增加到 350 千米，导致总出行费用从 14 757 695.4 小时急剧下降至 7 480 158.7 小时。相较之下，当预算极限为 9 个时，随着续航里程极限的提升，总出行费用仅呈现轻微下降趋势。同时，图 4.11 也展示了相较于在较高的预算极限的情况下，在续航里程极限较低的情况下改变预算极限，总出行费用的变化也更为显著。需要注意的是，在图 4.10 和图 4.11 中，不同的网络场景下总出行费用随着预算极限或续航里程极限的增加而逐渐减小，并最终趋于一个稳定值。换言之，当预算极限充足且续航里程极限足够大时，网络中的总出行费用不再变化。这些结论与非拥堵交通网络中的分析结果一致。

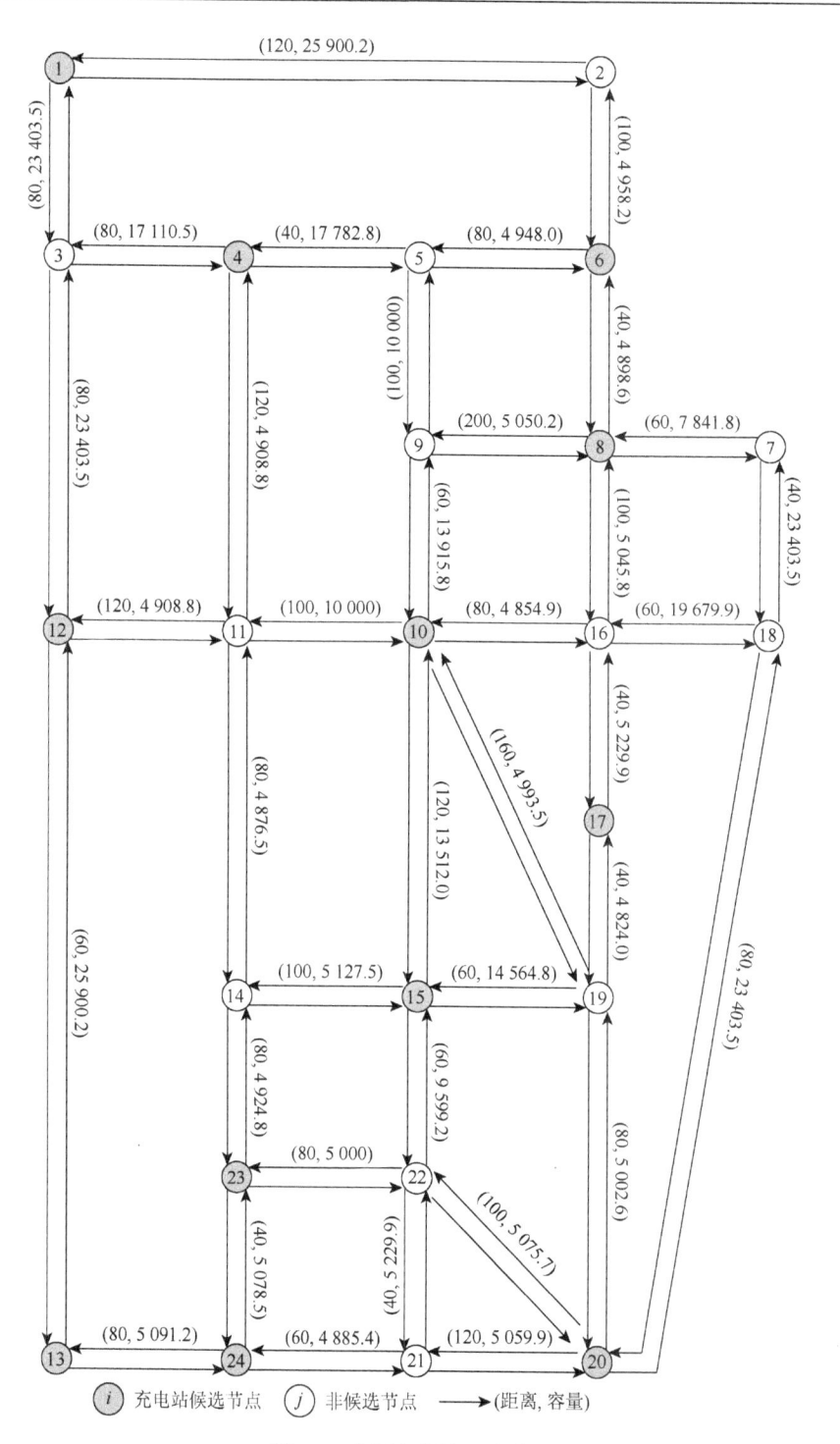

第4章 城际高速公路网电动汽车在途充电设施选址优化模型和算法

图 4.8 苏福尔斯地区公路网

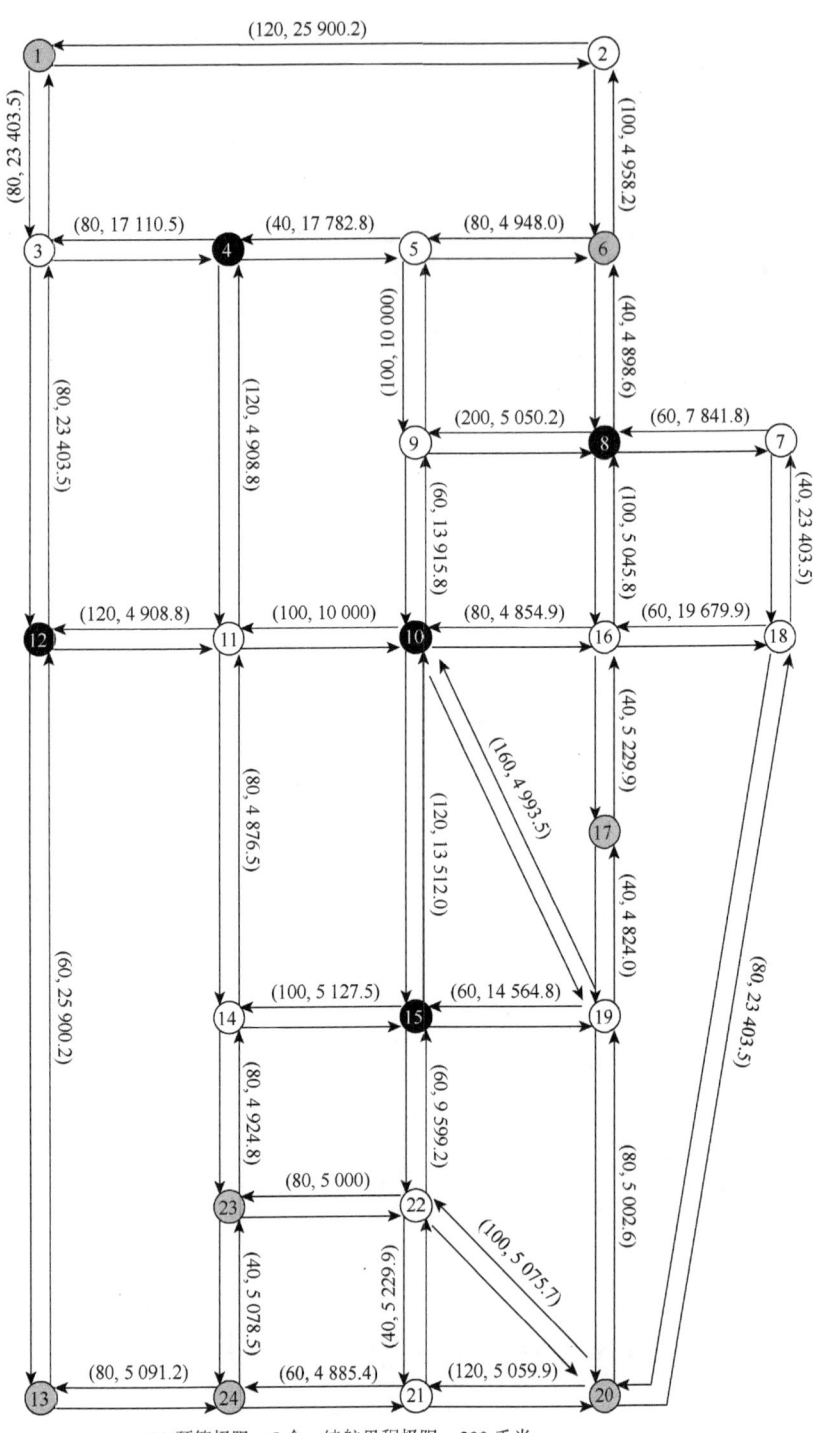

(a) 预算极限 = 5 个，续航里程极限 = 200 千米

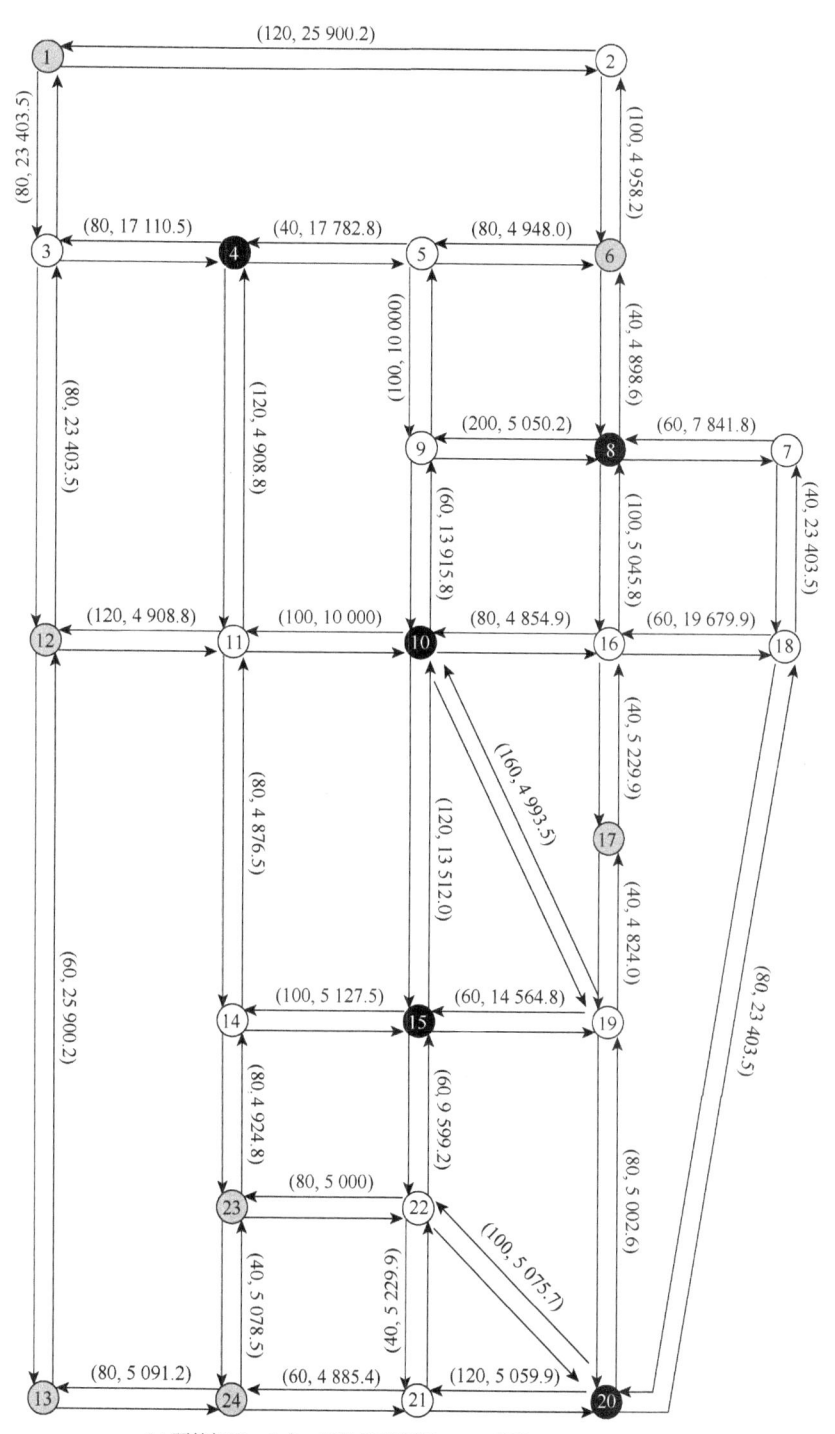

第 4 章 城际高速公路网电动汽车在途充电设施选址优化模型和算法

(b) 预算极限 = 5 个，续航里程极限 = 250 千米

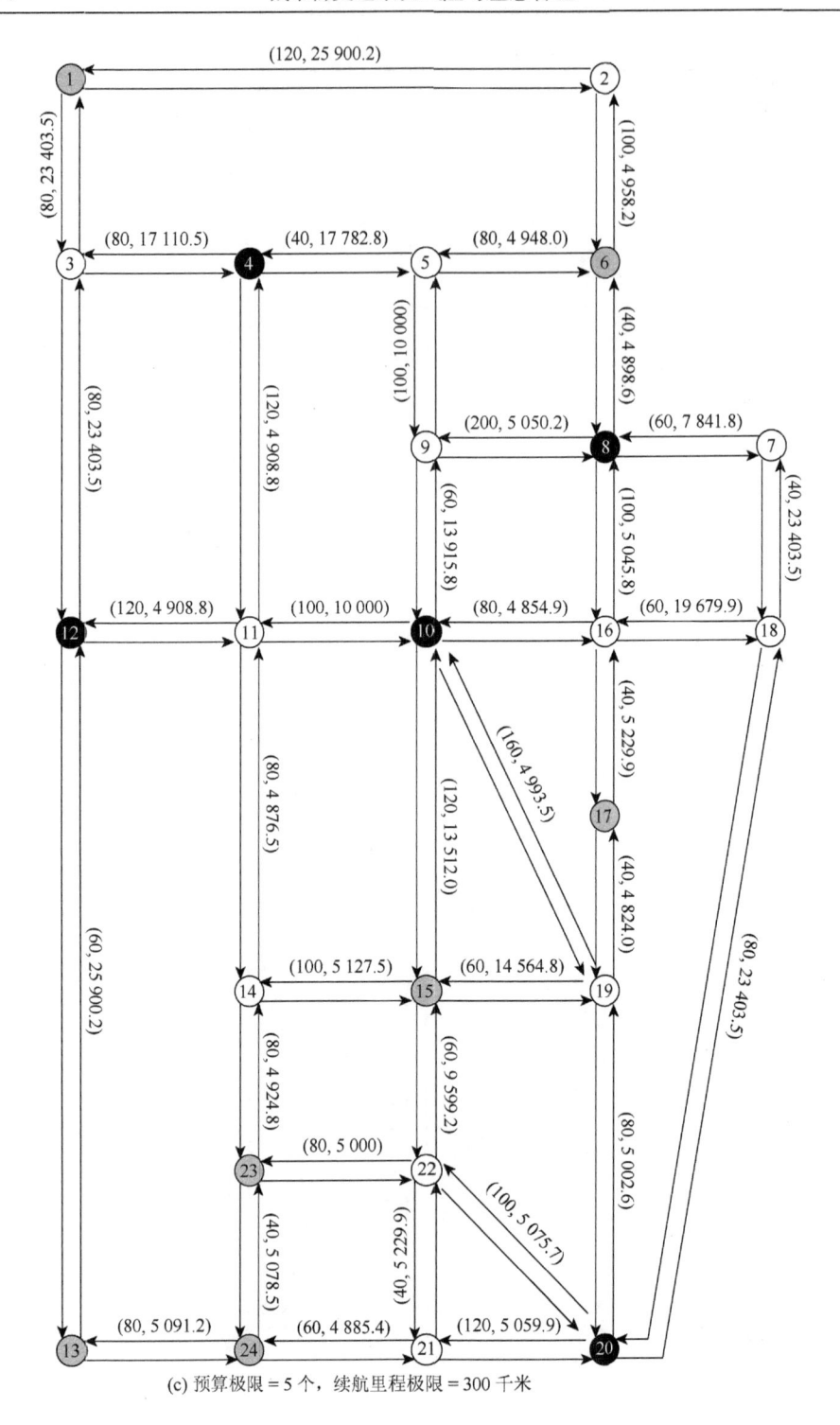

(c) 预算极限 = 5 个，续航里程极限 = 300 千米

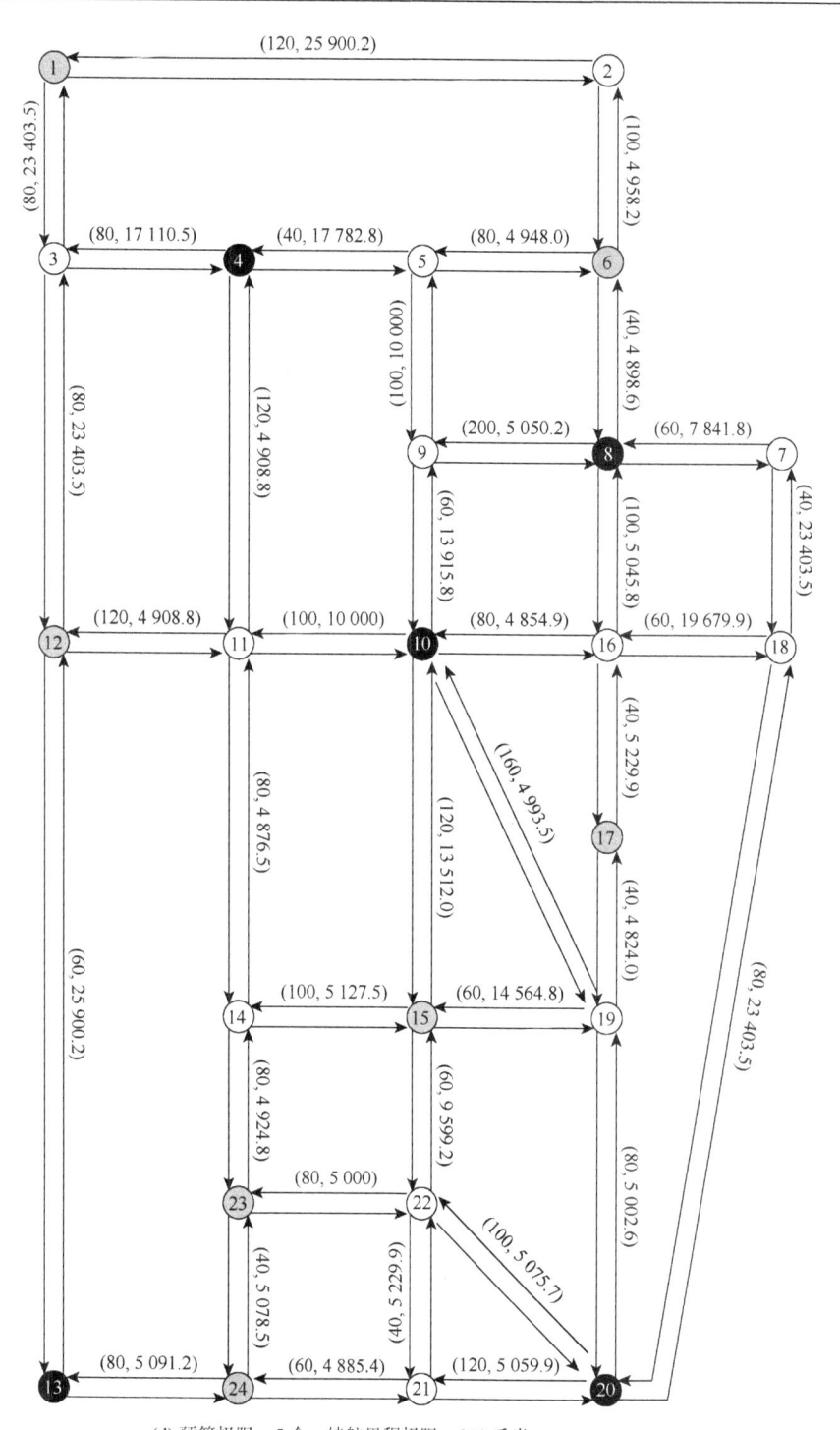

第4章 城际高速公路网电动汽车在途充电设施选址优化模型和算法

(d) 预算极限 = 5 个，续航里程极限 = 350 千米

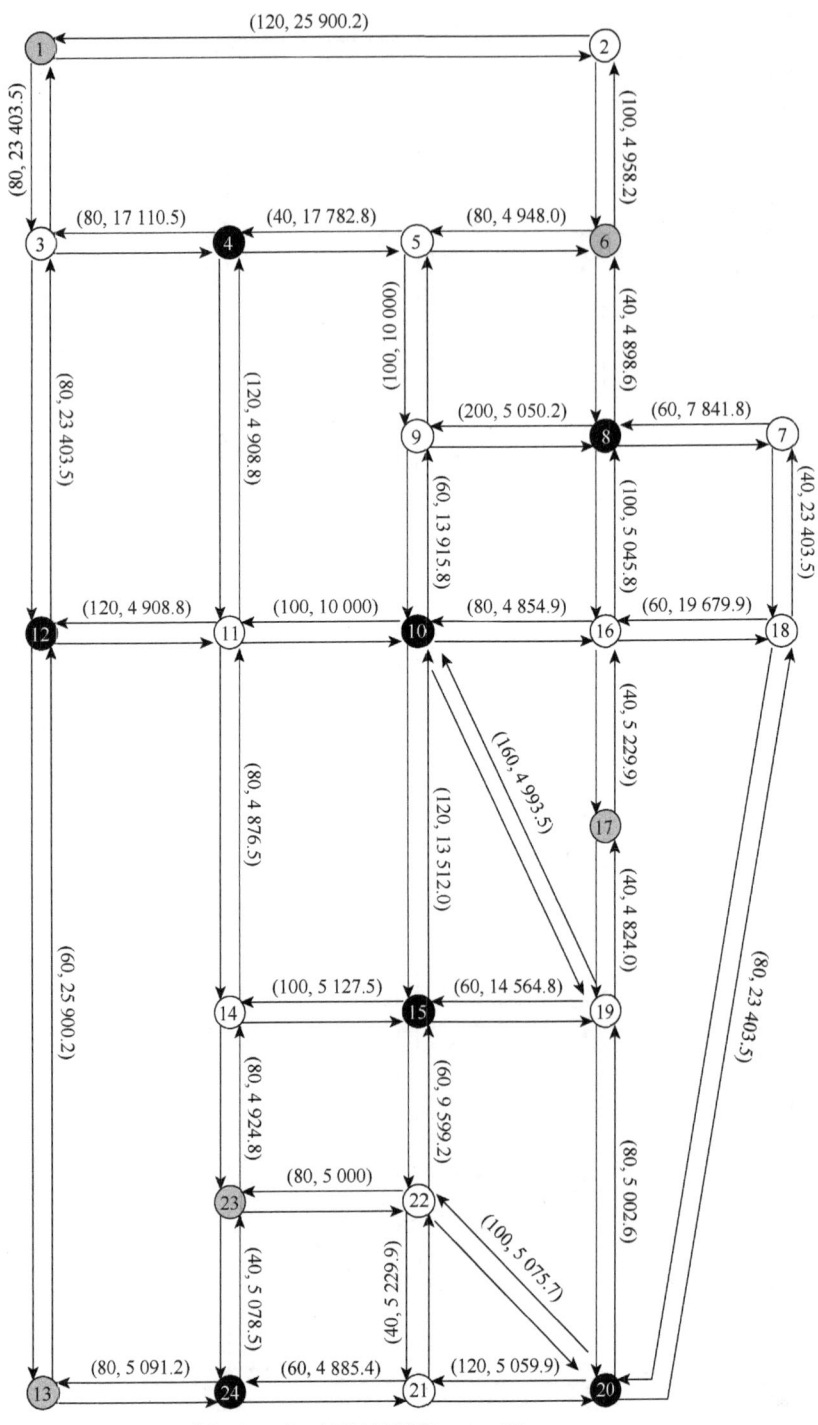

(e) 预算极限 = 7 个，续航里程极限 = 200 千米

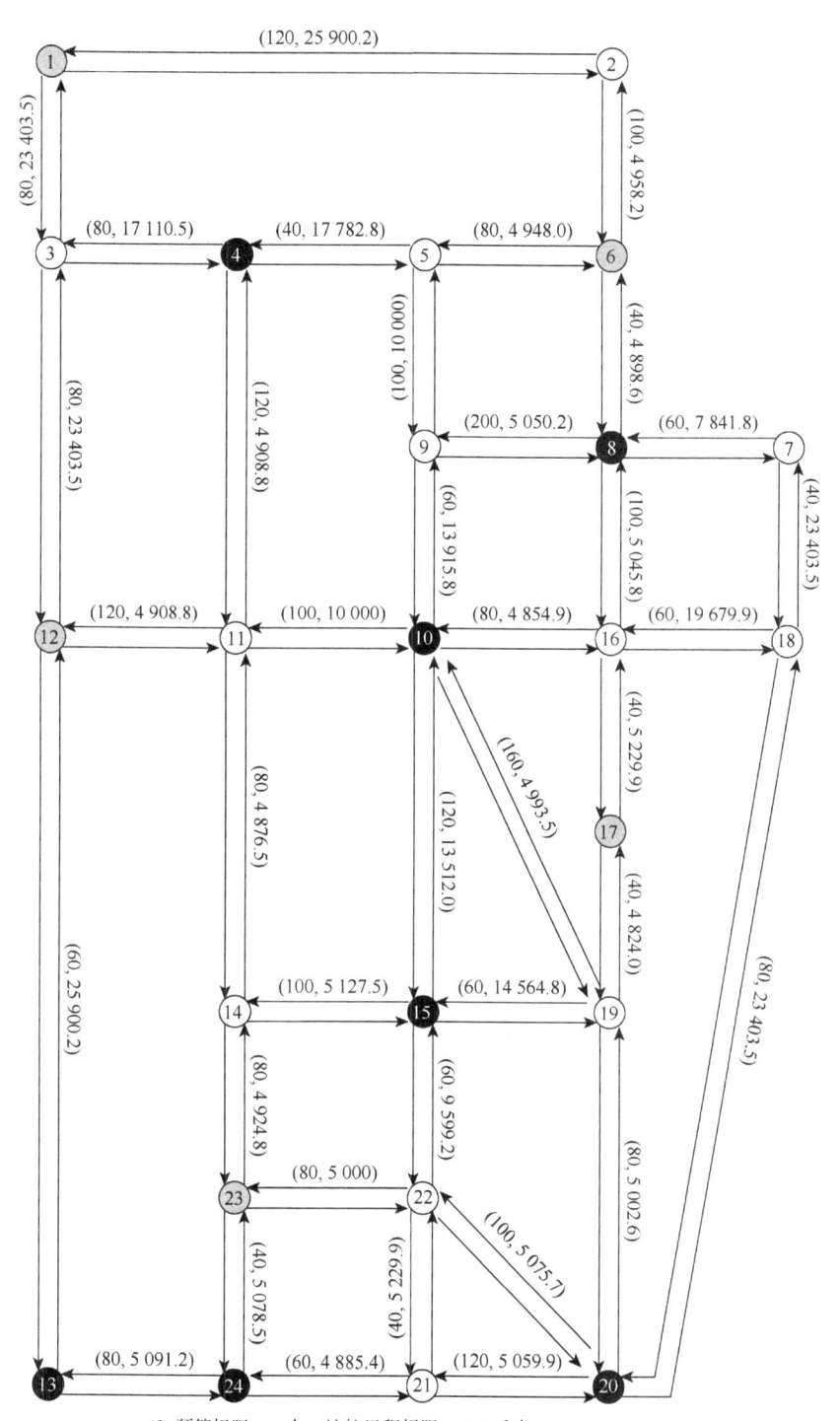

(f) 预算极限 = 7 个，续航里程极限 = 250 千米

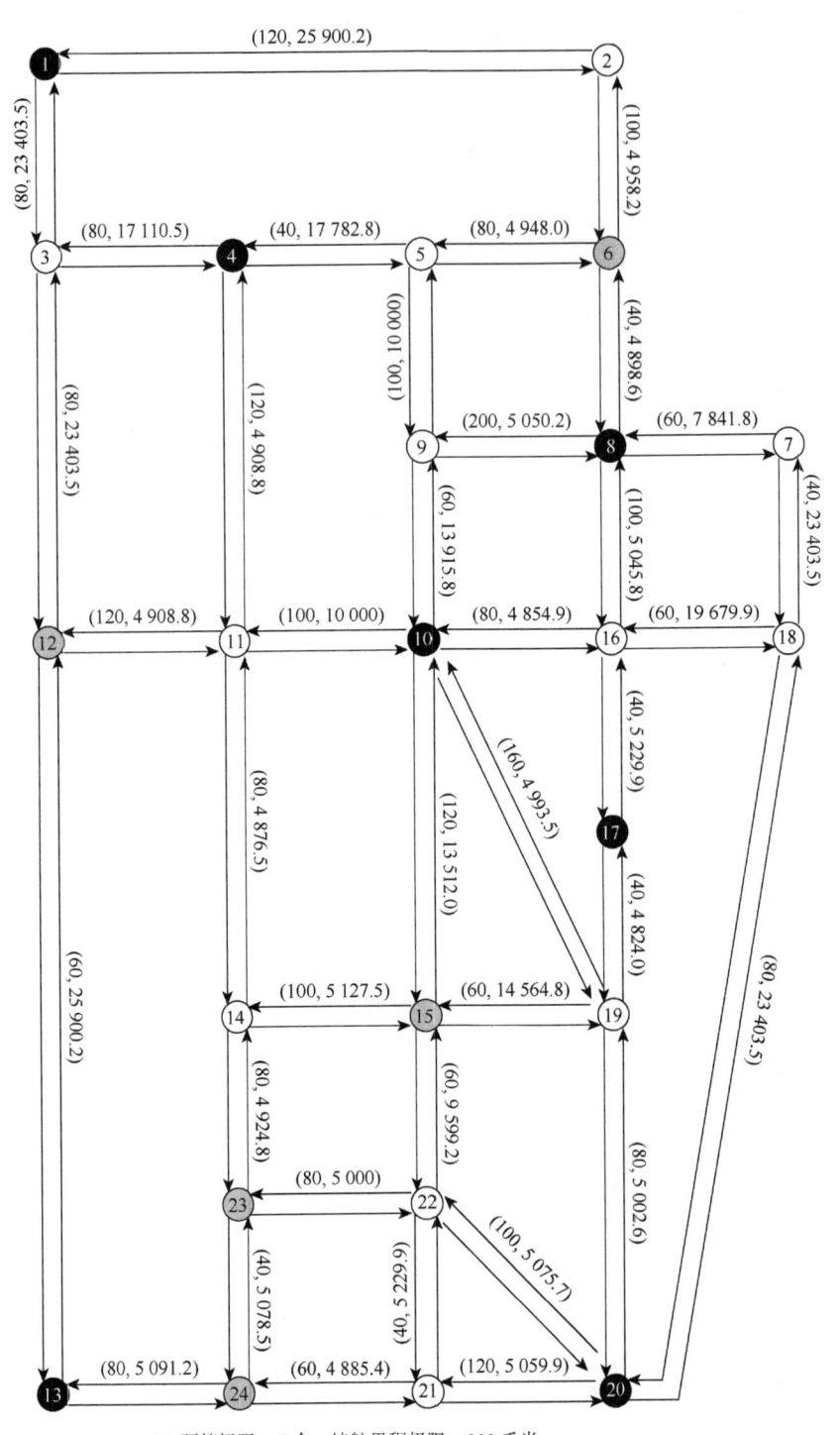

(g) 预算极限 = 7 个，续航里程极限 = 300 千米

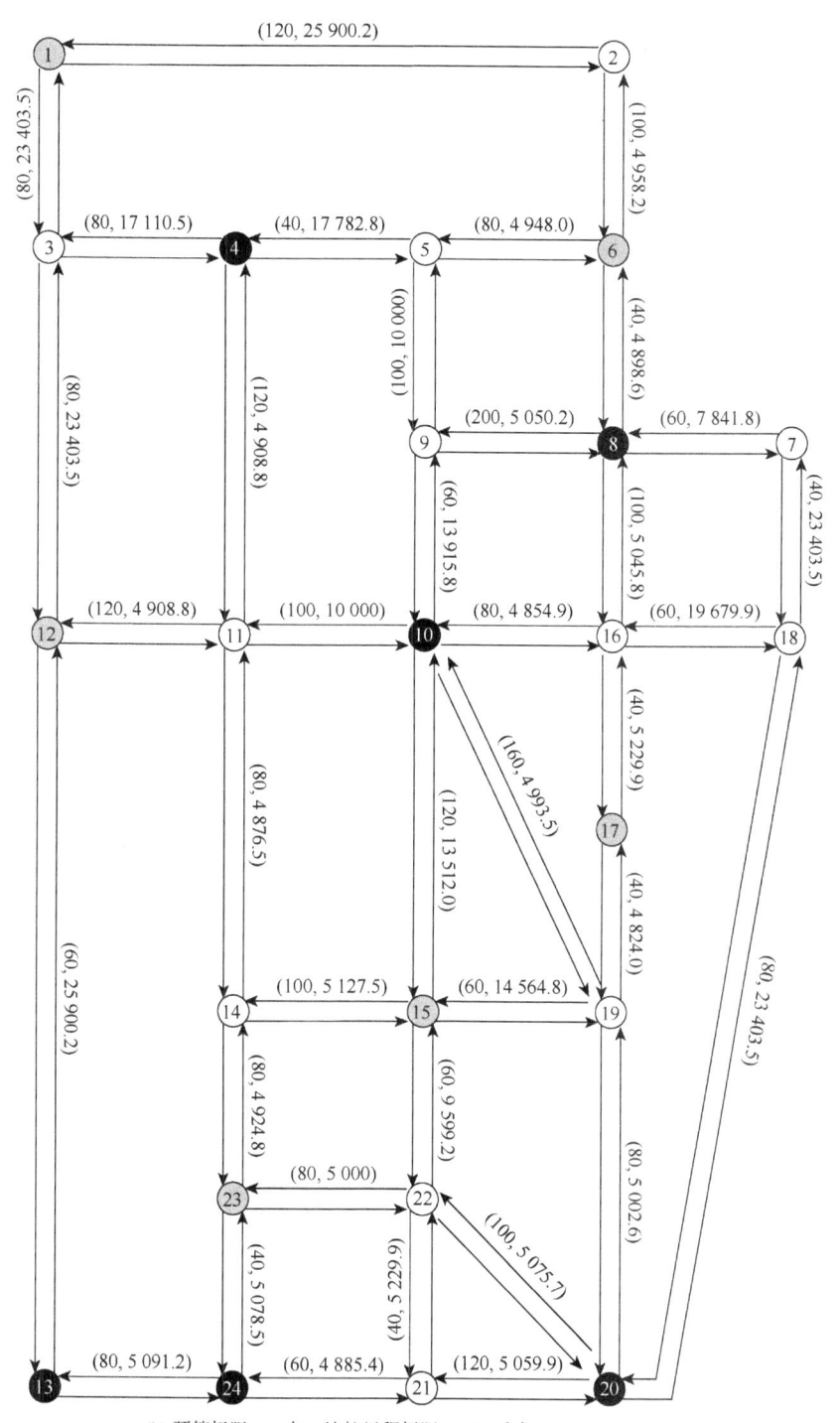

第4章 城际高速公路网电动汽车在途充电设施选址优化模型和算法

(h) 预算极限 = 7 个，续航里程极限 = 350 千米

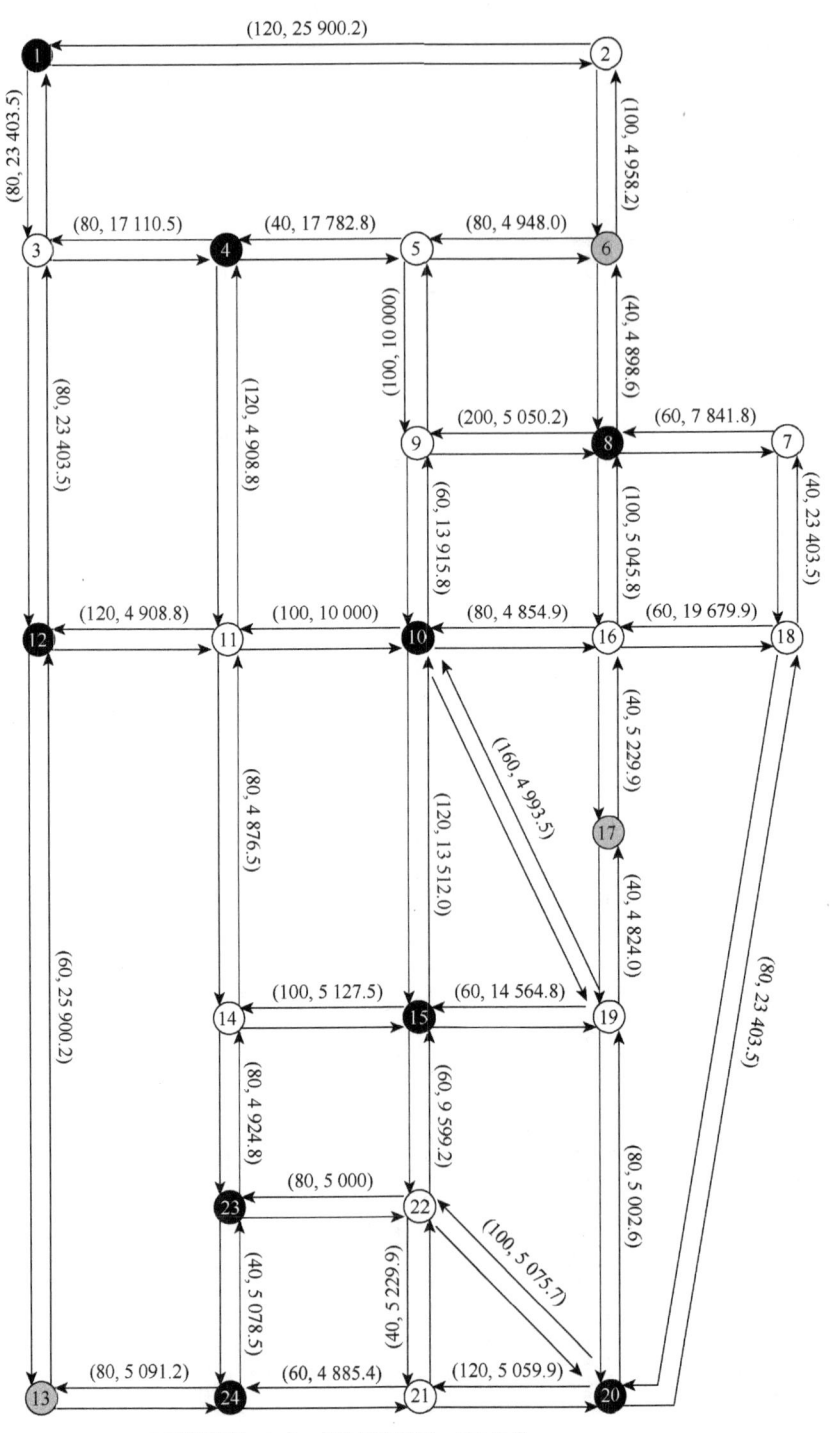

(i) 预算极限=9个，续航里程极限=200千米

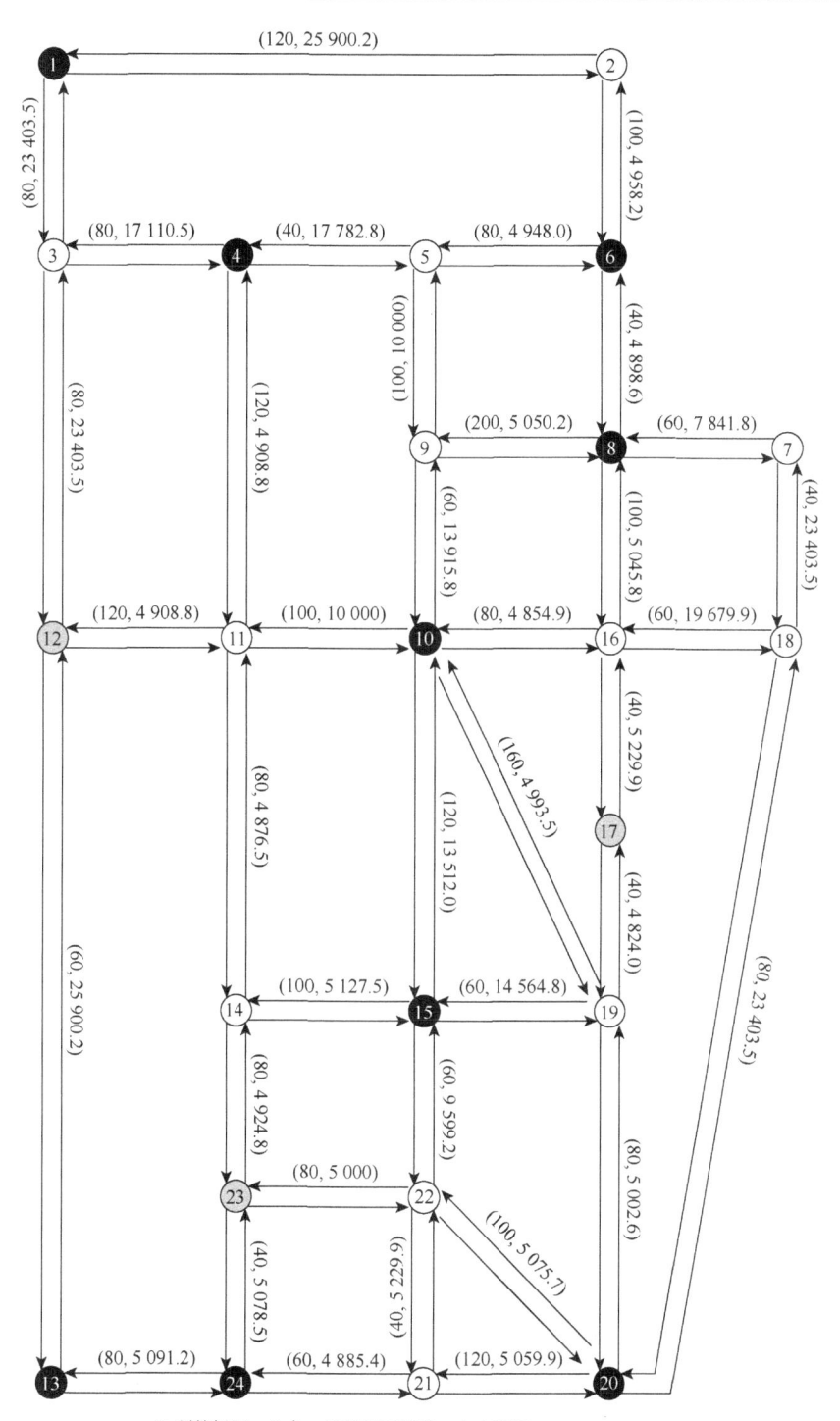

(j) 预算极限=9个，续航里程极限=250千米

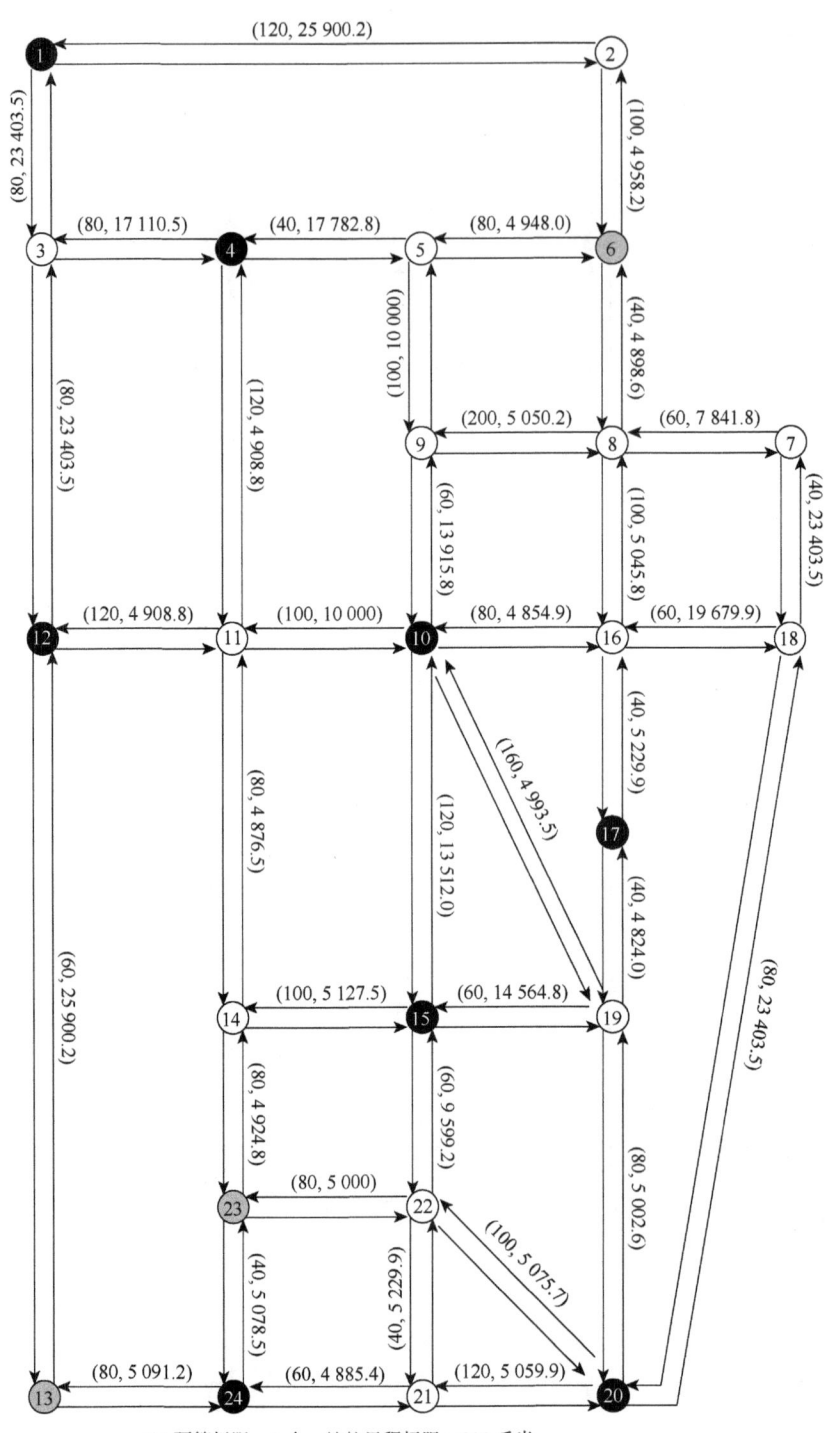

(k) 预算极限 = 9 个，续航里程极限 = 300 千米

第4章 城际高速公路网电动汽车在途充电设施选址优化模型和算法

(I) 预算极限 = 9 个，续航里程极限 = 350 千米

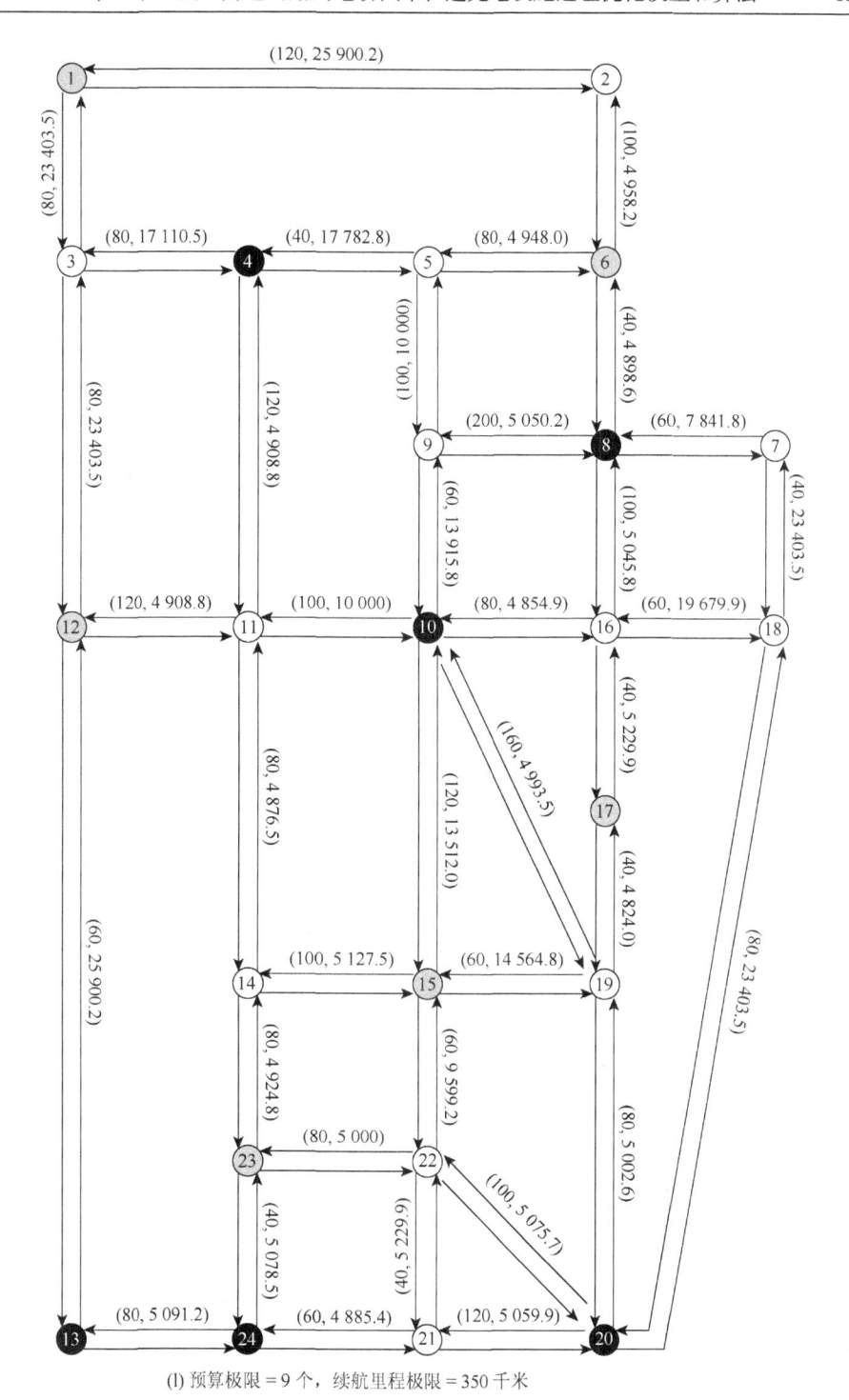

图 4.9 苏福尔斯地区公路网中最优充电站选址方案

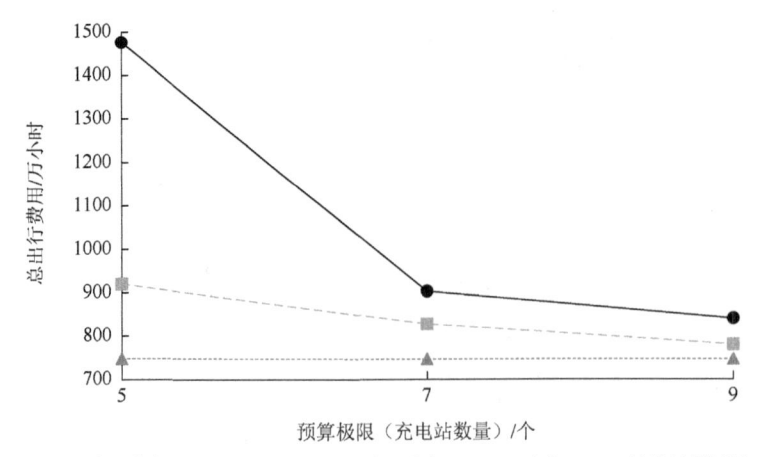

图 4.10　预算极限的变化对苏福尔斯地区公路网总出行费用的影响

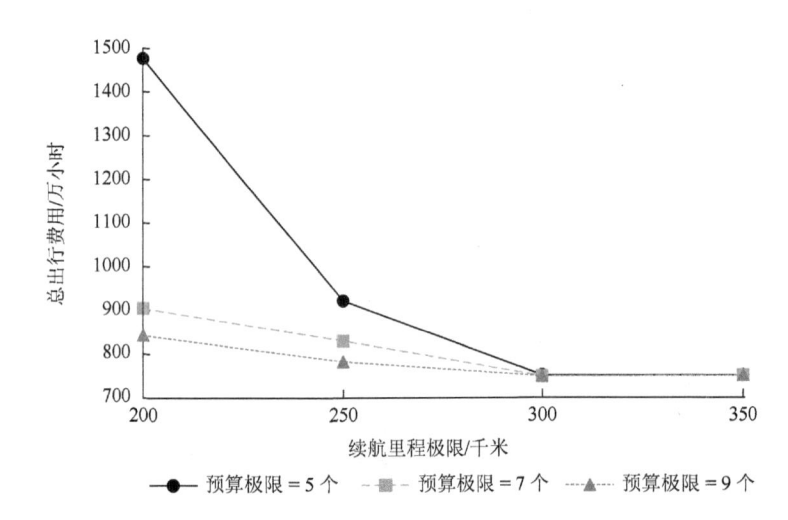

图 4.11　续航里程极限的变化对苏福尔斯地区公路网总出行费用的影响

4.5　小　　结

在城际高速公路网络中建设一定数量的充电站是缓解电动汽车驾驶者在进行城际出行中里程焦虑以及提高电动汽车市场渗透率的重要措施。不论是否考虑交通网络中的拥堵效应，充电站的数量和位置以及电动汽车的续航里程极限都是决定电动汽车驾驶者里程焦虑程度和路径选择（以及其他出行选择）的主导因素。前者受到既定的预算极限和投资政策的限制，预算极限的提高有望为电动汽车驾驶者提供更多的在途充电机会，减少绕路的可能性，并降低出行费用；后者主要依赖于车载动力电池技术的发展水平以及电动汽车电动机和能源管理技术的发展水平。更大容量的电池或更先进的节能技术可以降低在途充电的需求，从而减少对充电站的依赖。

在本章中，我们定义、分析并求解了在非拥堵状况和拥堵状况两种场景下的城际高速公路网络中的电动汽车充电站选址问题，在确保电动汽车在出行过程中有足够的在途充电机会而不陷入电量耗尽的情况下，找到一个最优的充电站选址方案使得网络中电动汽车的总出行费用最小化。

在电动汽车充电站密度和电动汽车续航里程极限无法彻底消除里程焦虑的情况下，电动汽车驾驶者可能会采取绕路策略以寻找在途充电机会。因此，合理的充电站布局显得尤为关键。本章专注于两种不同场景下的在途充电站选址优化问题，分别建立了相应的数学规划模型并开发了求解算法。其中，拥堵网络场景下的充电站选址问题的优化模型和求解算法基于原网络，而非拥堵网络场景下充电站选址问题的优化模型和求解算法基于更加简洁高效的元网络。此外，尽管这两种场景在选址问题求解时均采用了分支定界算法，但它们在求解交通流网络分布时存在明显差异：当不考虑拥堵效应时，网络中各电动汽车驾驶者均选择自身的最小费用可行路径完成出行；而考虑拥堵效应后，网络中驾驶者的路径选择行为将相互影响从而达到网络均衡状态。

通过对在非拥堵的长三角城际高速公路网和考虑拥堵效应的苏福尔斯地区公路网的求解结果的深入分析，我们得出以下结论：首先，随着预算极限或续航里程极限的增加，一般情况下总出行费用逐渐减少，虽然在拥堵条件下可能会有某些例外情况发生。这两个因素的增加导致网络中的可行路径数量的增加，其中包括一些费用较低的路径，从而促使电动汽车驾驶者改变其当前路径，选择费用更低的路径。其次，当预算极限较低的情况下，续航里程极限的增加对目标函数值的影响更加显著；而在续航里程极限较低的情况下，改变预算极限，总出行费用的变化更加明显。

本章研究的城际高速公路网络中电动汽车在途充电设施选址优化问题在未来研究中，可以引入更多的有实际意义的影响因素或约束条件，或者基于此问题研究更高层次的决策优化或政策制定问题。以下是一些可能的未来研究方向：①考虑电池容量、驾驶行为和环境等各种因素，将电动汽车的连续或离散的异质续航里程极限纳入充电站选址问题中，将使得此问题的建模和求解需要寻求新的方法。②如果从其他可能的充电设施选址优化目标，如从最大化满足出行需求或者最大化不同出行起讫点的公平性的角度重新定义问题，将产生多目标的充电站选址问题。③目前在大部分高速公路网中，其在途充电站数量仍旧相对不足，电动汽车在充电站排队等待充电的情况十分常见，因此将排队时间和充电时间等因素考虑在内，充电站选址问题将更能够反映实际的充电需求。④如果政府部门希望将有限的资金用于投资充电站建设、支持电池技术发展及补贴电动汽车的购买或租赁，那么在促进实现电动汽车普及和使用目标的情况下，如何优化资金分配的形式和体量也是一个十分重要的研究方向。

参 考 文 献

[1] Wang Y, Shi J, Wang R, et al. Siting and sizing of fast charging stations in highway network with budget constraint[J]. Applied Energy, 2018, 228: 1255-1271.

[2] Global EV outlook 2020: entering the decade of electric drive[EB/OL]. https://www.iea.org/reports/global-ev-outlook-2020[2023-10-18].

[3] National Research Council. Overcoming barriers to electric vehicle deployment: interim report[EB/OL]. https://www.electric-vehicles.info/library/rapport/rapport109.pdf#:~:text=Overcoming%20Barriers%20to%20 Electric-Vehicle[2024-09-04].

[4] Franke T, Krems J F. What drives range preferences in electric vehicle users?[J]. Transport Policy, 2013, 30: 56-62.

[5] Pearre N S, Kempton W, Guensler R L, et al. Electric vehicles: how much range is required for a day's driving?[J]. Transportation Research Part C: Emerging Technologies, 2011, 19(6): 1171-1184.

[6] Stark J, Link C, Simic D, et al. Required range of electric vehicles—an analysis of longitudinal mobility data[J]. IET Intelligent Transport Systems, 2015, 9(2): 119-127.

[7] Shi X, Pan J, Wang H W, et al. Battery electric vehicles: what is the minimum range required?[J]. Energy, 2019, 166: 352-358.

[8] Xie C, Wang T G, Pu X T, et al. Path-constrained traffic assignment: modeling and computing network impacts of stochastic range anxiety[J]. Transportation Research Part B: Methodological, 2017, 103: 136-157.

[9] Kchaou-Boujelben M. Charging station location problem: a comprehensive review on models and solution approaches[J]. Transportation Research Part C: Emerging Technologies, 2021, 132: 103376.

[10] Shen Z J, Feng B, Mao C, et al. Optimization models for electric vehicle service operations: a literature review[J]. Transportation Research Part B: Methodological, 2019, 128: 462-477.

[11] Laporte G, Pascoal M M B. Minimum cost path problems with relays[J]. Computers & Operations Research, 2011, 38(1): 165-173.

[12] Smith O J, Boland N, Waterer H. Solving shortest path problems with a weight constraint and replenishment arcs[J]. Computers & Operations Research, 2012, 39(5): 964-984.

[13] Kuby M, Lim S. The flow-refueling location problem for alternative-fuel vehicles[J]. Socio-Economic Planning Sciences, 2005, 39(2): 125-145.

[14] Kim J G, Kuby M. The deviation-flow refueling location model for optimizing a network of refueling stations[J]. International Journal of Hydrogen Energy, 2012, 37(6): 5406-5420.

[15] Jiang N, Xie C, Waller S. T. Path-constrained traffic assignment[J]. Transportation Research Record, 2012, 2283 (1): 25-33.

[16] Jiang N, Xie C. Computing and analyzing mixed equilibrium network flows with gasoline and electric vehicles[J]. Computer-Aided Civil and Infrastructure Engineering, 2014, 29 (8): 626-641.

[17] He F, Wu D, Yin Y F, et al. Optimal deployment of public charging stations for plug-in hybrid electric vehicles[J]. Transportation Research Part B: Methodological, 2013, 47: 87-101.

[18] He F, Yin Y F, Zhou J. Deploying public charging stations for electric vehicles on urban road networks[J]. Transportation Research Part C: Emerging Technologies, 2015, 60: 227-240.

[19] Xie C, Jiang N. Relay requirement and traffic assignment of electric vehicles[J]. Computer-Aided Civil and Infrastructure Engineering, 2016, 31 (8): 580-598.

[20] He J, Yang H, Tang T Q, et al. An optimal charging station location model with the consideration of electric vehicle's driving range[J]. Transportation Research Part C: Emerging Technologies, 2018, 86: 641-654.

[21] Chen R, Qian X, Miao L, et al. Optimal charging facility location and capacity for electric vehicles considering route choice and charging time equilibrium[J]. Computers and Operations Research, 2020, 113: 104776.

[22] Hodgson M. J. A flow-capturing location-allocation model[J]. Geographical Analysis, 1990, 22 (3): 270-279.

[23] Berman O, Larson R C, Fouska N. Optimal location of discretionary service facilities[J]. Transportation Science, 1992, 26 (3): 201-211.

[24] Hodgson M J, Rosing K E, Leontien A, et al. Applying the flow-capturing location-allocation model to an authentic network: Edmonton, Canada[J]. European Journal of Operational Research, 1996, 90 (3): 427-443.

[25] Hodgson M J, Rosing K E. A network location-allocation model trading off flow capturing andp-Median objectives[J]. Annals of Operations Research, 1992, 40: 247-260.

[26] Ventura J A, Hwang S W, Kweon S J. A continuous network location problem for a single refueling station on a tree[J]. Computers and Operations Research, 2015, 62: 257-265.

[27] Kuby M, Lines L, Schultz R, et al. Optimization of hydrogen stations in Florida using the flow-refueling location model[J]. International Journal of Hydrogen Energy, 2009, 34 (15): 6045-6064.

[28] Upchurch C, Kuby M, Lim S. A model for location of capacitated alternative-fuel stations[J]. Geographical Analysis, 2009, 41 (1): 85-106.

[29] Kim J G, Kuby M. A network transformation heuristic approach for the deviation flow refueling location model[J]. Computers & Operations Research, 2013, 40 (4): 1122-1131.

[30] Rose P K, Nugroho R, Gnann T, et al. Optimal development of alternative fuel station networks considering node capacity restrictions[J]. Transportation Research Part D: Transport and Environment, 2020, 78: 102189.

[31] Zhang X, Rey D, Waller S T. Multitype recharge facility location for electric vehicles[J]. Computer-Aided Civil and Infrastructure Engineering, 2018, 33: 943-965.

[32] Liu H X, Wang D Z W. Locating multiple types of charging facilities for battery electric vehicles[J]. Transportation Research Part B: Methodological, 2017, 103: 30-55.

[33] He Y, Liu Z C, Song Z Q. Integrated charging infrastructure planning and charging scheduling for battery electric bus systems[J]. Transportation Research Part D: Transport and Environment, 2022, 111: 103437.

[34] Dong J, Liu C Z, Lin Z H. Charging infrastructure planning for promoting battery electric vehicles: an activity-based approach using multiday travel data[J]. Transportation Research Part C: Emerging Technologies, 2014, 38: 44-55.

[35] Hong S Y, Kuby M. A threshold covering flow-based location model to build a critical mass of alternative-fuel stations[J]. Journal of Transport Geography, 2016, 56: 128-137.

[36] Zockaie A, Aashtiani H Z, Ghamami M, et al. Solving detour-based fuel stations location problems[J]. Computer-Aided Civil and Infrastructure Engineering, 2016, 31(2): 132-144.

[37] Guo F, Yang J, Lu J. The battery charging station location problem: Impact of users' range anxiety and distance convenience[J]. Transportation Research Part E: Logistics and Transportation Review, 2018, 114: 1-18.

[38] Lin C C, Lin C C. The p-center flow-refueling facility location problem[J]. Transportation Research Part B: Methodological, 2018, 118: 124-142.

[39] Zhang T Y, Yao E J, Yang Y, et al. Deployment optimization of battery swapping stations accounting for taxis' dynamic energy demand[J]. Transportation Research Part D: Transport and Environment, 2023, 116: 103617.

[40] Lin Z H, Greene D L. Promoting the market for plug-in hybrid and battery electric vehicles[J]. Transportation Research Record, 2011, 2252(1): 49-56.

[41] Beckmann M J, McGuire C B, Winsten C B. Studies in the Economics of Transportation[M]. New Haven: Yale University Press, 1956.

[42] Bao Z Y, Xie C. Optimal station locations for en-route charging of electric vehicles in congested intercity networks: A new problem formulation and exact and approximate partitioning algorithms[J]. Transportation Research Part C: Emerging Technologies, 2021, 133: 103447.

[43] Li J P, Xie C, Bao Z Y. Optimal en-route charging station locations for electric vehicles: a new modeling perspective and a comparative evaluation of network-based and metanetwork-based approaches[J]. Transportation Research Part C: Emerging Technologies, 2022, 142: 103781.

第 5 章 考虑人员等待和在途阶段耗时公平的公交疏散模型

台风、暴雨等有预警的灾害会造成大面积的受灾，涉及大规模人口的转移，由于疏散需求量大，对疏散供给有着较高的要求。疏散供给包括疏散路网的通行能力、车辆供应水平与疏散场站的可用性等。在大规模疏散中，有必要区分车辆运力是否充足，虽然既有文献在研究公共交通疏散路线的公平性规划上也加入了车辆可用性的灵敏度分析，但往往事先定义疏散的公平。与既有研究不同，本章认为疏散公平的定义取决于疏散供给情况，在车辆运力充足时，应关注不同待疏散者在获救时间和转移时间上的同步性，尽量使其获得相同的疏散质量；在车辆运力短缺时，应尽量使高风险地区的待疏散者优先转移，以确保全体人员在灾难面前的生存机会平等，达到实质的公平。本章基于车辆运力充足的情形开展公交疏散公平性建模研究。

根据有预警疏散经验，首先，基于疏散需求随时间逐步产生的特性，分时段计算各集结地的疏散需求。其次，根据集结地与各避难所的空间位置远近，为每个集结地事先分配避难所，由同一个避难所服务的集结地组成的区域称为一个疏散区域。最后，建立公交疏散模型，分时段分区域设计最优行车路线，指导实际人员撤离行动。

本章在上述思路基础上，研究车辆运力充足情形下疏散公平性目标的构建。当车辆运力充足时，车辆对待疏散者的转运效率较高，可以近似忽略不同集结地间的风险差异，着重改善其疏散质量差异。为了使疏散公平性能够被人们所感知，本章将其视为待疏散者的一种主观感受，并从待疏散者在灾难面前的非理性攀比心理视角出发，强调不同地点的人们在等待车辆到达阶段和登车后在途转运阶段的绝对公平性，其中，等待阶段的公平性占据主导地位，建立了兼顾疏散效率与疏散公平的分区优化模型。

5.1 有预警灾害疏散需求研究

疏散指令发布后，人们对疏散指令的反应速率不同，准备前往集结地的启程时间不同，不可能同时到达集结地，因此集结地的疏散需求随时间逐步形成。为了估计集结地在不同时段内的待疏散人数，本章采用疏散响应曲线反映疏散需求累计百分比随时间变化的趋势。目前广泛应用的疏散响应曲线包括 S 形行为曲线、Rayleigh 曲线、Logit 曲线、Poisson 分布曲线等。相比于其他曲线，图 5.1 所示的 Rayleigh 曲线有效反映了飓风"艾琳"的疏散数据，被证明适合作为有预警疏散的响应曲线。Rayleigh 曲线表示如下：

$$P(t) = 1 - e^{\frac{-t^2}{2\sigma^2}}, \ P(0) = 0 \tag{5.1}$$

其中，$P(t)$ 表示截止时间 t 的疏散需求产生的累计百分比；σ 表示公众对疏散指令的反应速率，σ 越小，响应速度越快，σ 越大，响应速度越慢。

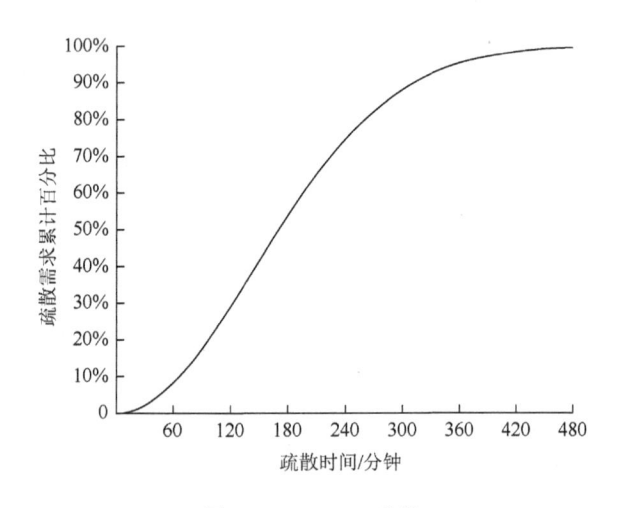

图 5.1 Rayleigh 曲线

假设整个疏散过程耗时为 T，以 ΔT 为时间间隔，将疏散过程分为 $T/\Delta T$ 个时间段，则时间段 k 的疏散百分比为截至时间段 k 与 $k-1$ 时段的疏散需求累计百分比之差，如式（5.2）。

$$R(k) = P(k) - P(k-1), \ k = 1, 2, \cdots, T/\Delta T \tag{5.2}$$

考虑集结地的疏散需求可能超过车辆载客量，本章根据各时段的疏散需求和疏散时长，按照平均一定时间内集结地产生的疏散人数 μ_i 设计疏散路线，开展多轮疏散行动，每轮疏散行动采取相同的疏散路线。比如，在为期 2 小时的疏散时段内，按照平均 30 分钟产生的疏散人数设计疏散路线，开展 4 轮疏散行动。

由于个人疏散意愿的不确定性，疏散响应曲线在表征实际疏散人数上存在一定误差。本章假设集结地的实际疏散需求带有随机性，服从正态分布，即 $q_i \sim N(\mu_i, \sigma_i^2)$，$\mu_i$ 为疏散需求的期望，σ_i^2 为疏散需求的方差。

5.2 建模准备

5.2.1 模型假设

在建立公交疏散公平性分区优化模型前进行如下假设。

（1）公交车辆充足且同质，从避难所出发，最终返回避难所。同一路段公交行驶速度均匀恒定，公交车辆有最长行驶时间限制。

（2）不考虑各集结地的异质性特征，如风险、弱势人口占比。无差别地对待所有集结地的待疏散者，从效率最优和时间分布公平的角度制定疏散路线。

（3）疏散道路的长度已知，考虑有预警灾害环境下路况将受到影响，设置车辆速度的衰减系数，不考虑道路中断的情形。

（4）集结地和避难所的位置事先已知，集结地疏散需求服从正态分布，各集结地的疏散需求随机变量相互独立。

（5）各避难所覆盖的集结地已知，通过将集结地聚类为与避难所数量相同的区域，为每个区域分配最近距离的避难所。

5.2.2 符号及变量说明

$V = \{1, 2, \cdots, i\}$：集结地集合。

$S = \{|V|+1, |V|+2, \cdots, s\}$：避难所集合。

V^s：避难所 s 覆盖的集结地集合。

s'：避难所 s 对应的虚拟避难所。

K_s：避难所 s 的可用公交数量。

A_s：避难所 s 覆盖的区域内的疏散路网。

d_{ij}^s：避难所 s 覆盖的区域内，从节点 i 到节点 j 的距离。

t_{ij}^s：避难所 s 覆盖的区域内，公交从节点 i 到节点 j 的实际行驶时间。

v_0：公交理想行驶速度。

ρ_{ij}^s：避难所 s 覆盖的区域内，公交从节点 i 到节点 j 的速度衰减系数。

v_{ij}^s：避难所 s 覆盖的区域内，公交从节点 i 到节点 j 的实际行驶速度。

s：集结地待疏散者的上车时间。

L：公交最长行驶时间。

Q：公交最大载客量。

α：公交载客量约束的置信水平。

q_i^s：避难所 s 覆盖的第 i 处集结地的疏散需求。

b：集结地允许的公交最晚到达时间。
w_i^s：避难所 s 覆盖的第 i 处集结地待疏散者等待车辆到达时间。
eva_i^s：避难所 s 覆盖的第 i 处集结地待疏散者的疏散时间。
tr_i^s：避难所 s 覆盖的第 i 处集结地的待疏散者的在途时间，$\text{tr}_i^s = \text{eva}_i^s - w_i^s - s$。
M：一个很大的常数。
x_{ijk}^s：$x_{ijk}^s = 1$ 代表避难所 s 第 k 辆公交从节点 i 行驶到节点 j，否则为 0。
t_{ik}^s：避难所 s 第 k 辆公交到达节点 i 的时间。

5.3 等待和在途阶段耗时公平的分区优化模型

5.3.1 公平性目标

1. 等待时间公平

等待时间是从疏散开始到待疏散者上车这一过程的用时。灾难发生时，不同地区的人们往往会比较他们等待救援的时间，当等待救援时间差异过大时，可能会产生不公平感。相关研究指出，相同时间内人们在等待期间感知的心理压力是在途期间的三倍[1]，因此等待时间的公平性需要重视和优化。实际疏散中，个体等待时间由两部分组成，第一部分是从个体到达集结地到疏散开始的时间，第二部分是从疏散开始，车辆从避难所出发，到车辆到达集结地的时间。由于大规模疏散时个体的到达时间是随机分布的，为了计算简便，本章只考虑第二部分，即车辆到达时间 w_i^s，如式（5.3）所示。

$$w_i^s = \sum_{k \in K_s} \sum_{j \in V^s \cup s'} t_{ik}^s x_{ijk}^s \tag{5.3}$$

以绝对偏差最小作为公平性测度指标时，各条路线的疏散用时分布比较均匀，公平与效率的相容性较好，时间复杂度较低。因此，本章采用绝对偏差最小构造等待时间分布公平性目标，在避难所 s 覆盖的区域内，计算集结地间待疏散者的等待时间差异，如式（5.4）所示。

$$\sum_{i \in V^s} \sum_{j \in V^s} \left| w_i^s - w_j^s \right| \tag{5.4}$$

2. 在途时间公平

待疏散者上车后，等待期间的心理压力通常会得到缓解，随之产生对在途阶段车辆运输时间的关注。在被送至避难所的过程中，待疏散者感知的心理压力随车辆行驶时间的增加呈现新的上升态势[2]，由于此时已经上车，安全性得到了一定保障，这一阶段产生的不公平感相较于等待阶段有所减轻。鉴于此，本章建立了在途时间分布公平性目标，在避难所 s 覆盖的区域内，最小化集结地间待疏散者的在途时间差异，并与等待时间分布公平性目标进行加权求和。

定义集结地 i 人员疏散时间等于人员等待、上车和在途三个阶段的耗时之和，这一数值也等于服务集结地 i 的公交车辆的疏散时间，即公交的走行时间与集结地待疏散者的上车时间之和，如式（5.5）所示。

$$\mathrm{eva}_i^s = \sum_{i \in s \cup V^s} \sum_{j \in V^s \cup s'} t_{ij}^s x_{ijk}^s + \sum_{i \in V^s} \sum_{j \in V^s \cup s'} s x_{ijk}^s \tag{5.5}$$

将疏散时间 eva_i^s 与人员等待时间 w_i^s 相减，得到待疏散者的在途时间，如式（5.6）所示。

$$\mathrm{tr}_i^s = \mathrm{eva}_i^s - w_i^s - s \tag{5.6}$$

计算集结地间待疏散者的在途时间差异，如式（5.7）所示。

$$\sum_{i \in V^s} \sum_{j \in V^s} \left| \mathrm{tr}_i^s - \mathrm{tr}_j^s \right| \tag{5.7}$$

5.3.2 模型结构

从兼顾公交疏散效率与待疏散者等待时间和在途时间分布公平的角度出发，建立分区优化模型如下，该模型是一个双目标混合整数规划模型。

$$\min z_1 = \sum_{s \in S} \sum_{k \in K_s} \sum_{i \in s \cup V^s} \sum_{j \in V^s \cup s'} t_{ij}^s x_{ijk}^s + \sum_{s \in S} \sum_{k \in K_s} \sum_{i \in V^s} \sum_{j \in V^s \cup s'} s x_{ijk}^s \tag{5.8}$$

$$\min z_2 = \lambda \cdot \sum_{s \in S} \sum_{i \in V^s} \sum_{j \in V^s} \left| w_i^s - w_j^s \right| + \sum_{s \in S} \sum_{i \in V^s} \sum_{j \in V^s} \left| \mathrm{tr}_i^s - \mathrm{tr}_j^s \right| \tag{5.9}$$

s.t.

式（5.3），式（5.5），式（5.6）

$$v_{ij}^s = v_0 \cdot \rho_{ij}^s, \ \forall (i,j) \in A_s \tag{5.10}$$

$$t_{ij}^s = \frac{d_{ij}^s}{v_{ij}^s}, \ \forall (i,j) \in A_s \tag{5.11}$$

$$\sum_{j \in V^s} x_{ijk}^s = \sum_{j \in V^s} x_{js'k}^s \leq 1, \ k \in K_s, i = s \in S \tag{5.12}$$

$$P \left\{ \sum_{i \in V^s} \sum_{j \in V^s \cup s'} q_i^s x_{ijk}^s \leq Q \right\} \geq \alpha, \ \forall k \in K_s, s \in S \tag{5.13}$$

$$t_{ik}^s + s + t_{ij}^s \leq t_{jk}^s + M\left(x_{ijk}^s - 1\right), \ \forall i \in s \cup V^s, j \in V^s \cup s', k \in K_s, s \in S \tag{5.14}$$

$$t_{ik}^s + s + t_{ij}^s \geq t_{jk}^s + M\left(x_{ijk}^s - 1\right), \ \forall i \in s \cup V^s, j \in V^s \cup s', k \in K_s, s \in S \tag{5.15}$$

$$t_{ik}^s \leq b, \ \forall i \in V^s, k \in K_s, s \in S \tag{5.16}$$

$$\sum_{i\in s\cup V^s}\sum_{j\in V^s\cup s'} t_{ij}^s x_{ijk}^s + \sum_{i\in V^s}\sum_{j\in V^s\cup s'} s x_{ijk}^s \leqslant L, \quad \forall k \in K_s, s \in S \qquad (5.17)$$

$$\sum_{k\in K_s}\sum_{j\in V^s\cup s'} x_{ijk}^s = 1, \quad \forall i \in V^s, s \in S \qquad (5.18)$$

$$\sum_{p\in V^s\cup s'/i} x_{ipk}^s = \sum_{q\in s\cup V^s/i} x_{qik}^s, \quad \forall\, i \in V^s, k \in K_s, s \in S \qquad (5.19)$$

$$\sum_{h\in S} x_{ihk}^s = \sum_{j\in S} x_{jik}^s = 0, \quad \forall k \in K_s, i = s \in S \qquad (5.20)$$

$$x_{ijk}^s \in \{0,1\}, \quad t_{ik}^s, w_i^s, \mathrm{tr}_i^s \geqslant 0 \qquad (5.21)$$

式（5.8）和式（5.9）为目标函数，式（5.8）表示车辆的疏散总时间最小，式（5.9）表示各区域内集结地间的待疏散者的等待时间差异和在途时间差异的加权之和最小，λ为等待时间差异权重，λ取3[1]；式（5.10）刻画公交的实际行驶速度受到疏散时路况的影响；式（5.11）表示公交行驶时间、实际行驶速度和距离之间的关系；式（5.12）确保公交都是从各自的避难所出发，并回到原避难所；式（5.13）是一个有关公交载客量的机会约束，表示每辆公交的实际载客量不超过核定载客量的概率至少为置信度α；式（5.14）和式（5.15）是公交抵达前后两集结地开始接载人员的时间关联约束；式（5.16）表示各集结地允许的公交最晚到达时间；式（5.17）表示公交的实际疏散时间不得超过其最大疏散时间；式（5.18）限制了每个集结地只能被访问一次；式（5.19）是集结地的流量守恒约束；式（5.20）表示公交不能从避难所到避难所；式（5.21）为各变量的取值约束。

5.4　模型算法设计

　　5.3节提出的分区优化模型可以看作多车场车辆路径问题（multi-depot vehicle routing problem，MDVRP），与标准的MDVRP不同的是，在MDVRP模型中，事先并不知道集结地由哪个避难所的车辆服务，但在本章中提出的分区优化模型中，这一信息是已知的。这样做的目的是通过预先将每个集结地分配到相应的避难所，将同属于一个避难所的集结地整合成一个区域，从而优化各个区域内的疏散不公平目标[式（5.9）]。通过这种方式，分区优化模型中的效率和公平目标决策值，就等于各个区域内效率和公平子目标决策值的总和。

　　由于分区优化模型是一个多目标优化问题，且VRP（vehicle routing problem，车辆路径问题）属于NP难问题（NP-hard program），使用精确算法难以求解大规模算例。鉴于此，本章设计了两阶段启发式算法：第一阶段为分解原问题。通过聚类算法将MDVRP分解为多个子VRP；第二阶段，求解子问题，采用非支配排序遗传算法-Ⅱ（non-dominated sorting genetic algorithm-Ⅱ，NSGA-Ⅱ）求解各子VRP，获得Pareto（帕累托）最优解。最后选择合适的标准，从Pareto最优解中选择最佳决策方案，并集成到原问题的解决方案中。

5.4.1 K-Means 对原问题的分解

为了缩小可行解的搜索空间，首先采用聚类算法对原问题进行分解，把所有集结地聚成和避难所数量相同的多个集结区域，然后根据集结区域中心到避难所的距离，为各区域分配最近的避难所。

在聚类算法的选择上，现有研究主要采用 K-Means、DBSCAN（density-based spatial clustering of applications with noise，基于密度的噪声应用空间聚类）、层次聚类、高斯混合聚类[3]等方法，K-Means 作为一种典型的无监督分类方法，适用于凸状样本数据的分类，只需要输入聚类簇的个数，就可以在较短时间内获得稳定的分类结果。K-Means 原理为最小化所有数据点到所属聚类中心的距离之和。本章定义 K-Means 的优化目标函数如式（5.22）所示。

$$\min E = \sum_{i=1}^{C}\sum_{j=1}^{n} r_{ij} \cdot \left\| x_j - \mu_i \right\|^2 \tag{5.22}$$

$$r_{ij} = \begin{cases} 1, & x_j \in i \\ 0, & \text{其他} \end{cases} \tag{5.23}$$

其中，C 表示聚类得到的集结区域的个数，等于避难所的个数；n 表示集结地的个数；x_j 表示第 j 个集结地的位置；μ_i 表示第 i 个集结区域的聚类中心；r_{ij} 表示决策变量，为 1 表示第 j 个集结地位于第 i 个集结区域内，被第 i 个避难所覆盖，否则为 0。

K-Means 的计算步骤如下所示。

步骤 1：初始化，随机选择 C 个集结地作为初始聚类中心。

步骤 2：针对每个集结地 x_j，计算它到 C 个聚类中心的距离，将其划分到距离最短的聚类中心所对应的集结区域中。

步骤 3：针对每个集结区域，重新计算它的中心 $\mu_i = \dfrac{\sum_{j=1}^{n} r_{ij} x_j}{\left|\sum_{j=1}^{n} r_{ij}\right|}$。

步骤 4：重复步骤 2 和步骤 3，直到达到最大迭代次数或者集结区域的中心不再改变时，输出集结地的聚类结果。

步骤 5：对每个集结区域，计算它的中心到各个避难所的距离，为其分配距离最近的避难所。

5.4.2 NSGA-Ⅱ对子问题的求解

由于多目标优化模型各目标的权重信息不确定，往往得到一组最优解集，称为 Pareto 最优解。在多目标优化算法的选取上，NSGA[4]继承了遗传算法交叉和变异操作，并加入了对个体非劣排序和拥挤距离的计算，NSGA-Ⅱ[5]在 NSGA 的基础上改进了算法的时间复杂度，具有运行速度快、解集收敛性好等优点，适合低维目标问题。本章采用 NSGA-Ⅱ算法与大邻域搜索[6]（large neighborhood search，LNS）算法相结合的方法进行求解。一方面，NSGA-Ⅱ为求解多目标模型提供了基础框架，选择和交叉算子可实现解空间的全局搜索；另一方面，LNS 算法可使搜索方向沿着局部最优，弥补 NSGA-Ⅱ算法收敛性不足的缺点。本章将 NSGA-Ⅱ算法的求解结果作为 LNS 算法的输入，从而兼顾全局搜索能力与局部搜索能力，有效求解大规模的车辆路径问题，得到稳定、高质量的求解结果。

NSGA-Ⅱ与 LNS 的求解流程如图 5.2 所示。

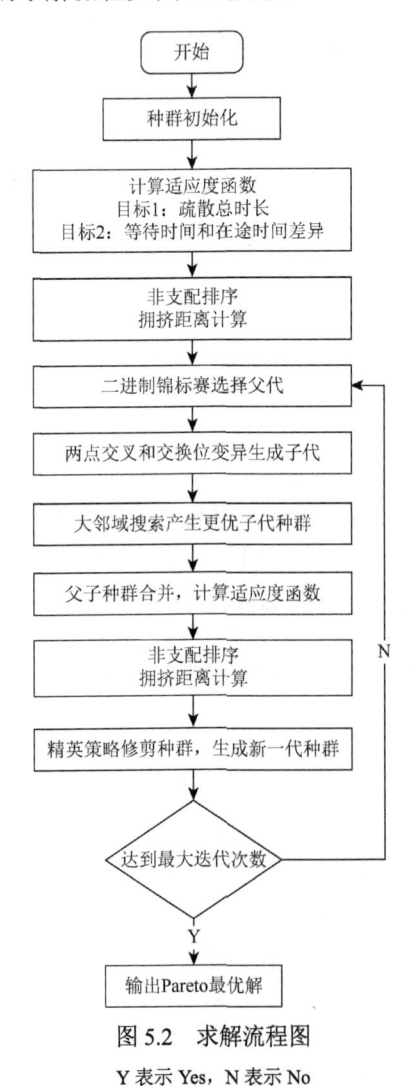

图 5.2　求解流程图

Y 表示 Yes，N 表示 No

下面对求解流程的关键步骤进行介绍：

1）染色体编码与解码

本节研究的是各避难所覆盖的疏散区域内集结地的疏散先后顺序问题。问题的解就是避难所派遣的车辆疏散路线，本章称其为染色体，一条染色体代表一种疏散路线方案。

在编码形式上，采用自然数编码方式对染色体进行编码。为了降低染色体占用的内存，每条染色体仅包含集结地编号，不包含车辆或避难所。例如，当某个疏散区域内的集结地数量为10时，可将染色体表示为[1, 5, 9, 4, 7, 10, 3, 6, 2, 8]。

在解码上，由于染色体不包含车辆编号，不能根据车辆所处位置进行解码。采用Prins[7]提出的分组方法，以车辆总的疏散时间最短为目标，根据车辆载客量约束、最长行驶时间约束和车辆最晚到达时间约束，将染色体划分成多辆车的行驶路线。例如，根据约束将染色体[1, 5, 9, 4, 7, 10, 3, 6, 2, 8]分为三条路线，则第一辆车的行驶路线为[1, 5, 9]，第二辆车的行驶路线为[4, 7, 10, 3]，第三辆车的行驶路线为[6, 2, 8]。该方法由于不需要添加辅助图，与Bellman最短路方法相比[8]将复杂度从$O(n^2)$降至$O(n)$，n为集结地个数。

由于集结地疏散需求q_i^s的不确定性，解码前先要将机会约束式（5.13）转化为确定性等价形式。转换过程如下所示。

首先，由$q_i^s \sim N\left(\mu_i^s, \sigma_{is}^2\right)$可知：

$$\sum_{i \in V^s} \sum_{j \in V^s \cup s'} q_i^s x_{ijk}^s \sim N\left(\sum_{i \in V^s} \sum_{j \in V^s \cup s'} x_{ijk}^s \mu_i^s, \sum_{i \in V^s} \sum_{j \in V^s \cup s'} x_{ijk}^s \cdot \sigma_{is}^2\right) \quad (5.24)$$

由（5.24）可得

$$\sum_{i \in V^s} \sum_{j \in V^s \cup s'} q_i^s x_{ijk}^s - Q \sim N\left(\sum_{i \in V^s} \sum_{j \in V^s \cup s'} x_{ijk}^s \mu_i^s - Q, \sum_{i \in V^s} \sum_{j \in V^s \cup s'} x_{ijk}^s \sigma_{is}^2\right) \quad (5.25)$$

对式（5.13）中的不等式$\sum_{i \in V^s} \sum_{j \in V^s \cup s'} q_i^s x_{ijk}^s \leq Q$两边进行处理，则式（5.13）可等价于：

$$\frac{\sum_{i \in V^s} \sum_{j \in V^s \cup s'} q_i^s x_{ijk}^s - Q - \left(\sum_{i \in V^s} \sum_{j \in V^s \cup s'} \mu_i^s x_{ijk}^s - Q\right)}{\sqrt{\sum_{i \in V^s} \sum_{j \in V^s \cup s'} x_{ijk}^s \sigma_{is}^2}} \leq -\frac{\sum_{i \in V^s} \sum_{j \in V^s \cup s'} \mu_i^s x_{ijk}^s - Q}{\sqrt{\sum_{i \in V^s} \sum_{j \in V^s \cup s'} x_{ijk}^s \sigma_{is}^2}}$$

$$(5.26)$$

将式（5.26）不等号左边用η代替，η服从标准正态分布，则式（5.13）等价于：

$$P\left[\eta \leqslant -\frac{\left(\sum_{i \in V^s}\sum_{j \in V^s \cup s'} \mu_i^s x_{ijk}^s - Q\right)}{\sqrt{\sum_{i \in V^s}\sum_{j \in V^s \cup s'} x_{ijk}^s \sigma_{is}^2}}\right] \geqslant \alpha \qquad (5.27)$$

根据式（5.27）可知，式（5.13）成立当且仅当：

$$\Phi^{-1}(\alpha)\sqrt{\sum_{i \in V^s}\sum_{j \in V^s \cup s'} x_{ijk}^s \sigma_i^2} + \sum_{i \in V^s}\sum_{j \in V^s \cup s'} \mu_i^s x_{ijk}^s \leqslant Q \quad \forall k \in K_s, s \in S \qquad (5.28)$$

这样使得约束式（5.13）转换确定性约束式（5.28）。在解码时，将式（5.28）作为划分路线时的容量约束准则。

2）种群初始化

假设种群规模大小为 N，区域内的集结地数量为 n，种群初始化的过程如下所示。

步骤1：生成一组包含自然数1到 n 的随机排列，作为一条染色体。

步骤2：重复上述操作 N 次，得到初始种群 P_0，种群中的每条染色体代表一种疏散路线方案。

3）染色体适应度计算

适应度计算在遗传算法中非常重要，因为遗传算法的优胜劣汰过程就是基于适应度开展的。在每一代种群中，每条染色体都会对应一个适应度值，后续将根据这些适应度值进行选择、交叉和变异，以产生下一代种群。在本章中，染色体适应度值等于染色体解码后的目标函数值与违反约束的惩罚值之和。尽管对染色体的解码是基于不违反载客量约束、最长行驶时间约束和车辆最晚到达时间约束所开展的，但如果模型约束较多，将全部约束放入解码过程会导致解码过于复杂，时间和空间复杂度较大。为此，可将一部分约束放入解码过程，用于生成潜在可行解，将剩余复杂约束放入适应度计算中，从潜在可行解中排除不可行解。

将载客量约束、最长行驶时间约束和车辆最晚到达时间约束简记为 $C(X_{ks}) \leqslant Q$，$T(X_{ks}) \leqslant L$，$R(X_{iks}) \leqslant b$，则染色体违反约束的惩罚值（Penalty）的计算公式如式（5.29），α 为惩罚因子。

$$\text{Penalty} = \alpha \cdot \sum_{k \in K_s}\left\{\max\{C(X_{ks}) - Q, 0\} + \max\{T(X_{ks}) - L, 0\} + \sum_{i \in V_s}\max\{R(X_{iks}) - b, 0\}\right\} \qquad (5.29)$$

染色体的适应度计算公式如式（5.30）和式（5.31）。z_1 和 z_2 为染色体解码后在效率和公平目标上的目标函数值。

$$f_1 = z_1 + \text{Penalty} \qquad (5.30)$$

$$f_2 = z_2 + \text{Penalty} \qquad (5.31)$$

4）非支配排序

非支配排序方法根据染色体在 m 个目标的适应度值对染色体进行排序，得到非劣前端 $F_1,F_2,\cdots,F_n$，后续将根据这些非劣前端进行选择操作。

对任意两条染色体 X_a、X_b，在第 k 个目标上的适应度值为 f_{ka}、f_{kb}，如果以下条件成立，则称 X_a 支配 X_b。

条件 1：对 $\forall k \in 1,2,\cdots,m$，都有 $f_{ka} \leqslant f_{kb}$ 成立。

条件 2：$\exists k \in 1,2,\cdots,m$，使得 $f_{ka} < f_{kb}$ 成立。

如果对于一条染色体，不存在其他染色体能够支配它，则称该染色体对应的解为非支配解。确定种群中各染色体非支配等级的方法如下所示。

步骤 1：确定第一前端非支配解集 F_1。对于种群中每条染色体 p，计算被 p 支配的染色体集合 S_p，以及支配 p 的染色体个数 n_p。如果 $n_p = 0$，即种群中不存在支配 p 的染色体，则将染色体 p 的非支配等级 p_{rank} 设定为 1，并将染色体 p 放入 F_1，$F_1 = F_1 \cup p$。

步骤 2：初始化 $i = 1$。

步骤 3：如果当前第 i 前端解 $F_i \neq \varnothing$，则执行步骤 3.1 和步骤 3.2。否则，停止迭代。

步骤 3.1：初始化 $Q = \varnothing$，用于存储第 $i+1$ 前端解。对于每条染色体 $p \in F_i$，遍历 S_p 中的每条染色体 q，$n_q = n_q - 1$。如果 $n_q = 0$，表明后续没有支配 q 的染色体，因此 q 的非支配等级 q_{rank} 为 $i+1$，$Q = Q \cup q$。

步骤 3.2：令 $i = i+1$，$F_i = Q$，转步骤 3。

5）拥挤距离计算

拥挤距离用于计算位于同一非劣前端的染色体的空间拥挤度，为后续从同一非劣前端中选取优良染色体提供依据。对于第 i 前端 F_i，假设包含 n 条染色体，拥挤距离计算过程如下所示。

步骤 1：初始化 F_i 中所有染色体的拥挤距离，对 $\forall p \in F_i$，令 $S(d_p) = 0$。

步骤 2：对所有染色体在每个目标函数上的适应度值排序，将边界染色体的拥挤距离设置为无穷大，即 $S(d_1) = \infty$，$S(d_n) = \infty$。

步骤 3：计算剩余染色体 $k = 2,3,\cdots,n-1$ 的拥挤距离，如式（5.32）。

$$S(d_k) = S(d_k) + \frac{f_m(k+1) - f_m(k-1)}{f_m^{\max} - f_m^{\min}} \qquad (5.32)$$

其中，$f_m(k)$ 表示第 k 条染色体在目标函数 m 上的适应度值；$f_m^{\max}$、$f_m^{\min}$ 表示所有染色体在目标函数 m 上的适应度最大值和最小值。

拥挤距离计算的示意如图 5.3 所示。

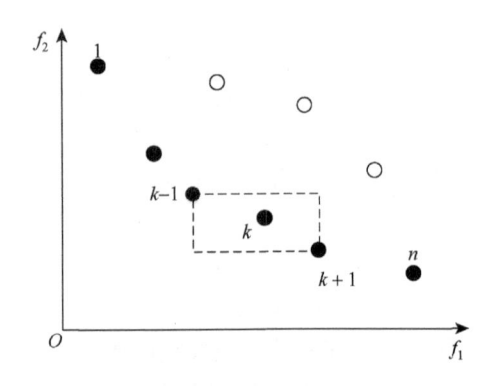

图 5.3 拥挤距离计算示意图

实心圆表示 Pareto 最优解，空心圆表示任意解

6）选择算子

在 NSGA-Ⅱ中，选择算子是一种重要的进化算子，它能根据染色体的非支配等级和拥挤距离从种群中筛选出优良个体，组成父代种群，进而产生更优的子代种群。本章采用二元锦标赛法进行选择操作，步骤如下所示。

步骤 1：从种群 P_t 中随机选出 2 条不相同的染色体 m 和 n，定义 m 和 n 的非支配等级为 m_r 和 n_r。若 $m_r < n_r$，则 m 胜出；若 $m_r = n_r$ 且 $S(d_m) > S(d_n)$，则 m 胜出；否则 n 胜出。记录获胜的染色体。

步骤 2：重复上述操作 N 次，将每次记录的染色体组合，作为子代种群 Q_t 的父代。

7）交叉算子

交叉算子是一种基于染色体之间信息交流进行的运算，用于产生新的子代染色体。交叉算子保证了种群全局搜索方向的多样性，避免了算法过早收敛。

本章采用两点交叉法对染色体执行交叉操作，步骤如下所示。

步骤 1：设定交叉概率 p_c。初始化子代种群 $Q_t = \varnothing$，将父代染色体两两随机配对，生成 $N/2$ 组。

步骤 2：对第 i 组染色体，将染色体记为 M 和 N。在 [0,1] 产生随机数 r，若 $r < p_c$，执行步骤 3；否则，保持第 i 组染色体的编码不变，加入子代种群 Q_t。

步骤 3：随机选取染色体的两个交叉点位，将交叉点位之间的基因作为交叉片段。将染色体 M、N 的交叉片段置入 N、M 的首端，并清除后面的重复基因，得到染色体 M' 和 N'，加入子代种群 Q_t。

步骤 4：判断是否所有父代染色体组合都已执行完毕，若是，停止迭代，输出子代种群 Q_t；否则，执行步骤 2。

例如，对于染色体 M [1, 5, 9, 4, 7, 10, 3, 6, 2, 8] 和染色体 N [3, 8, 6, 2, 10, 5, 7,

4, 9, 1], 随机选取染色体的第 3 位和第 6 位作为交叉点位, 那么交叉后的染色体 M' 为[6, 2, 10, 5, 1, 9, 4, 7, 3, 8], N' 为[9, 4, 7, 10, 3, 8, 6, 2, 5, 1]。

8) 变异算子

变异算子用于改善 NSGA-II 的局部搜索能力, 维持群体的多样性。本章采用交换变异法执行变异操作, 步骤如下所示。

对种群每条染色体随机选取两个基因位, 将二者位置互换, 得到子代种群 Q_t。例如, 对于子代染色体[1, 5, 9, 4, 7, 10, 3, 6, 2, 8], 选择第 4 号和第 6 号编码进行位置互换, 得到新染色体[1, 5, 9, 10, 7, 4, 3, 6, 2, 8]。

9) 大邻域搜索

大邻域搜索是一种在当前解的邻域内搜索更优解的局部启发式方法, 由破坏和修复两个过程组成。在破坏过程中, 移除染色体的部分集结点, 构造由集结点组成的搜索空间; 在修复过程中, 每次从搜索空间里选择插入距离增量最小的集结点, 将其插入染色体。相比遗传算法的交叉、变异操作, 大邻域搜索具有更强的搜索能力。第一, 大邻域搜索从染色体中移除的集结点数目更多, 因而能形成更大的搜索空间, 提高了跳出局部最优的可能; 第二, 大邻域搜索引入了相关性算子, 通过移除一系列可能造成局部最优解的空间相邻的集结点, 重新构造公交的行驶路径, 使程序在一定程度上朝着全局最优解方向搜索, 而不像变异操作那样完全随机。本章将效率目标作为大邻域搜索的优化对象, 大邻域搜索的具体过程如下所示。

步骤 1: 初始化待移除的集结点个数 toremove 及已经移除的集结点的个数 removed = 0, 从当前染色体随机移除一个集结点加入破坏列表 R, removed = removed + 1。

步骤 2: 对染色体中的剩余集结点, 从破坏列表随机选一个集结点 vr, 将当前染色体中的剩余集结点 j 按照与 vr 的相关性大小降序排列, 得到 lst。相关性的计算公式如式 (5.33) 所示。在计算相关性时, 一方面考虑了从集结点 vr 到集结点 j 的车辆行驶时间 $t_{vr,j}$, 另一方面考虑了 vr 与 j 的路径相似度, 路径相似度分为两种情况: vr 与 j 由同一辆公交服务、vr 与 j 由不同公交服务, 上述情形的相关性依次递减, $V_{vr,j}$ 计分为 0 和 1。

$$R(vr, j) = \frac{1}{t_{vr,j} + V_{vr,j}} \tag{5.33}$$

步骤 3: 从 lst 中选择与 vr 相关性较大的集结点, 加入破坏列表。选取准则如式 (5.34)。其中, |lst| 表示集结点数量; D 表示相关性系数, $rand(0,1)^D$ 代表选择的随机程度, D 为 1 时, 表示完全随机, D 趋于正无穷时, $rand(0,1)^D$ 趋于 0, $\lceil |lst| \times rand(0,1)^D \rceil$ 表示 |lst| 中的第一个集结点, 即相关性最大的集结点。将选中的

集结点从染色体中移除，更新 removed = removed + 1。

$$v = \text{lst}\left[\left\lceil |\text{lst}| \times \text{rand}(0,1)^D \right\rceil\right] \quad (5.34)$$

步骤 4：判断 removed ⩾ toremove 是否成立，若成立，记录破坏列表 R 与当前染色体 S，执行步骤 5；否则，转步骤 2。

步骤 5：遍历破坏列表 R 的所有集结点，记录每个集结点的最小适应度增量以及相应的插入位置，选择适应度增量最小的集结点插入到当前染色体，并从破坏列表中移除。适应度增量的计算公式如式(5.35)所示，Δf 为适应度增量，$f(S)$ 为当前染色体 S 的适应度，$f(S')$ 为插入集结点后得到的新染色体 S' 的适应度。

$$\Delta f = f(S') - f(S) \quad (5.35)$$

步骤 6：判断破坏列表 R 是否为空，若为空，输出新染色体 S'，否则，转步骤 5。

10）精英策略

精英策略通过修剪子代种群和父代种群，保留优良个体，生成新的种群。精英策略步骤如下：

步骤 1：初始化新一代种群 $P_{t+1} = \varnothing$。将子代种群 Q_t 与父代种群合并，形成新的群体 R_t。计算新的群体 R_t 内染色体在两个目标上的适应度值。

步骤 2：对 R_t 内的染色体进行非支配排序，得到非劣前端解 $F_1, F_2, \cdots, F_n$。将 $F_1, F_2, \cdots, F_n$ 中的染色体依次填充至 P_{t+1}，直至 P_{t+1} 中染色体数目达到种群规模 N。如果某一非劣前端的染色体数量超过了 P_{t+1} 剩余可填充的染色体数目，则将该非劣前端中拥挤距离较大的染色体填充到 P_{t+1}。

精英策略修剪种群的过程如图 5.4 所示。

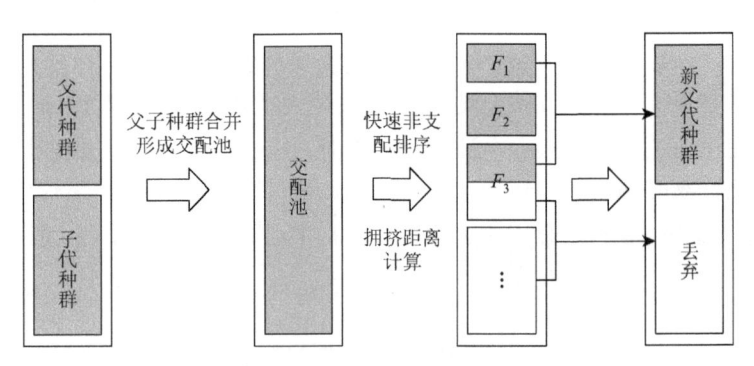

图 5.4 精英策略产生新种群的过程

5.4.3 子问题最优解的合并

通过 5.4.2 节可获得的 C 个子问题的 Pareto 最优解（C 为避难所的个数），本章从最大化疏散公平性的角度，从各子问题的 Pareto 最优解中选取公平目标的决策值最小的方案，然后将这些方案对应的效率目标函数值和公平目标函数值求和，得到原问题的最优解。

5.5 模型算例分析

5.5.1 算法有效性验证

由于 NSGA-Ⅱ 的非支配等级排序和拥挤距离计算规则已知[8]，验证本章算法是否有效的关键在于 NSGA-Ⅱ 中遗传算法和大邻域搜索算法的设计是否合理。本章使用国际公开的标准测试集 Solomon 测试算法的性能，Solomon 数据集由 Richard Solomon（理查德·所罗门）于 1987 年提出，包括 $C1$、$C2$、$R1$、$R2$、RC1、RC2 六组数据集，每组数据集包括多个算例，每个算例是在给定容量和时间窗约束内完成对 100 个客户点的配送任务，并分层优化两个目标：①最小化车辆数；②最小化总距离。

六组数据集的描述见表 5.1，有关 Solomon 数据集的更多描述详见 http://web.cba.neu.edu/~msolomon/problems.htm。

表 5.1 Solomon 数据集介绍

名称	数据生成	算例个数	车辆容量	车辆调度范围	实例信息
$C1$	聚类	9	200	较短	顾客编号 X 坐标 Y 坐标 需求量 最早到达时间 最晚到达时间 服务时间
$C2$	聚类	8	700	较长	
$R1$	随机	12	200	较短	
$R2$	随机	11	1000	较长	
RC1	聚类与随机混合	8	200	较短	
RC2	聚类与随机混合	8	1000	较长	

目前在 Solomon 数据集已知最优解（best known solution）的记录上，挪威科学与工业研究基金会应用数学领域的交通优化门户网站（https://www.sintef.no/projectweb/top/vrptw/）是当前国内外最具权威的平台。本节选取了 $C1$ 和 $C2$ 系列、$R1$ 和 $R2$ 系列及 RC1 和 RC2 系列前 5 组算例的全部客户点，以总距离最短为目标，在 VRPTW（vehicle routing problem with time windows，带时间窗的车辆路径问题）模型[9]上实施求解。将参数设置为种群数 $N=100$，最大迭代次数 Gen = 100，交叉概率 $p_c=0.8$，变异概率 $p_m=0.2$，惩罚因子 $\alpha=1000$。每个算例运行 3 次，取最好解与当前已知最优解进行比较，如表 5.2 所示。

表 5.2　本节算法的测试结果

系列名称	算例_客户点数	已知最优解 所用车辆数	已知最优解 总距离	本节所用方法 所用车辆数	本节所用方法 总距离	Gap	CPU (s)
C1	C101_100	10	829	10	829	0	553
	C102_100	10	829	10	829	0	560
	C103_100	10	828	10	880	6%	563
	C104_100	10	825	10	969	17%	572
	C105_100	10	829	10	862	4%	560
C2	C201_100	3	592	3	592	0	481
	C202_100	3	592	3	592	0	490
	C203_100	3	591	3	612	4%	500
	C204_100	3	591	3	627	6%	535
	C205_100	3	589	3	589	0	495
R1	R101_100	19	1651	19	1677	2%	609
	R102_100	17	1486	18	1523		578
	R103_100	13	1293	14	**1249**		640
	R104_100	9	1007	11	1092		569
	R105_100	14	1377	15	1484		634
R2	R201_100	4	1252	4	1389	11%	881
	R202_100	3	1192	7	**1094**		654
	R203_100	3	940	6	**900**		766
	R204_100	2	826	4	**795**		663
	R205_100	3	994	6	**977**		785
RC1	RC101_100	14	1697	16	1801		630
	RC102_100	12	1555	14	1702		616
	RC103_100	11	1262	12	1416		581
	RC104_100	10	1136	12	1331		767
	RC105_100	13	1629	15	1640		621
RC2	RC201_100	4	1407	7	**1315**		515
	RC202_100	3	1366	7	**1123**		529
	RC203_100	3	1050	6	1074		764
	RC204_100	3	799	6	970		214
	RC205_100	4	1298	7	**1180**		524

注：空白处代表应用本节方法得到的车辆数与已知最优解不同，不能比较解之间的差距。加粗数据代表该车辆数下总行驶距离比已知最短行驶距离更短。

从表 5.2 看出，本节所用方法在 C 系列测试集的 C101、C102、C201、C202 和 C205 上达到了已知最优解，在 C 系列除 C104 以外的算例上与最优解的差距不超过 6%，表明算法可有效解决呈聚类分布的数据，并适应车辆长、短距离调度以及不同紧度的时间窗情景。

在 R 和 RC 系列上，应用本节方法所需的车辆数略多于已知最优解，但在距离上取得了更优的结果，这是因为 Solomon 数据集以车辆数最小为首要优化目标，以车辆行驶距离最短为次要优化目标，而本节是以总距离最短为目标。

总体而言，本节方法在解决聚类分布数据的路径优化问题时，可达到较为先进的水准；在解决随机分布数据、聚类与随机混合数据时，可以得到接近最优解的水准，从而验证了本节方法的有效性。

5.5.2 算例设计

以 $C101$ 作为本章算例，模拟实际疏散场景，从效率和公平角度规划车辆行驶路径。为使算例贴合实际场景，对 $C101$ 进行适当修改，如下所示。

首先，将原 $C101$ 的 100 个客户点视为疏散集结地，待疏散人数在[200, 600]区间内随机生成。其次，将原客户点的左时间窗设置为 0，表示公交尽早到达集结地；将右时间窗设置为 135 分钟，表示公交到达集结地的时间不得晚于疏散开始后的 135 分钟。最后，将原客户点的车辆服务时间从 60 分钟改为 8 分钟，代表集结地待疏散者的上车时间。

在疏散区域内选取（40,60）、（35,40）和（70,40）作为避难所，编号为 101、102 和 103，如图 5.5 所示。各集结地疏散人数信息见表 5.3。

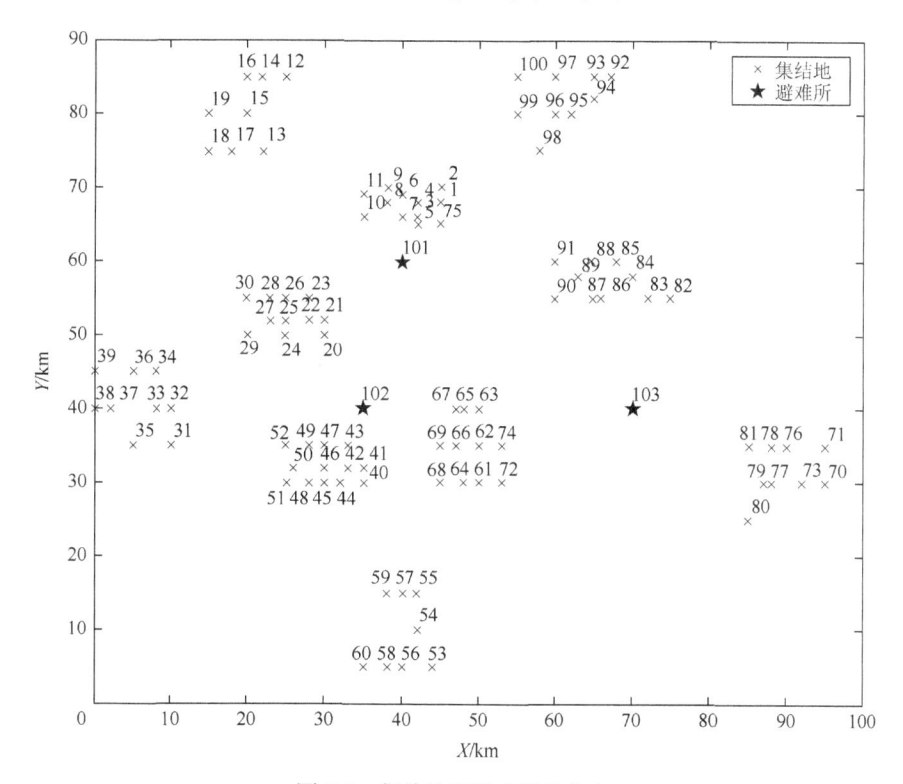

图 5.5 集结地和避难所的分布

表 5.3 各集结地的疏散人数

编号	待疏散者人数/人	编号	待疏散者人数/人	编号	待疏散者人数/人	编号	待疏散者人数/人
1	449	26	577	51	511	76	291
2	341	27	583	52	395	77	269
3	406	28	431	53	375	78	292
4	361	29	224	54	379	79	375
5	231	30	294	55	323	80	325
6	296	31	342	56	404	81	570
7	250	32	529	57	405	82	373
8	274	33	207	58	528	83	274
9	296	34	218	59	518	84	562
10	367	35	268	60	458	85	592
11	220	36	460	61	352	86	376
12	562	37	493	62	525	87	245
13	578	38	460	63	414	88	304
14	397	39	381	64	341	89	364
15	396	40	419	65	576	90	438
16	336	41	319	66	551	91	305
17	561	42	498	67	421	92	442
18	348	43	276	68	449	93	485
19	245	44	475	69	435	94	289
20	513	45	274	70	284	95	247
21	356	46	348	71	321	96	319
22	297	47	451	72	389	97	328
23	362	48	513	73	293	98	370
24	239	49	233	74	538	99	404
25	253	50	572	75	278	100	235

NSGA-Ⅱ的参数设置与 5.1 节一致，公交车辆的参数为：载客量 Q 为 90 人/车，载客量约束的置信水平 $\alpha=80\%$；速度 v_0 为 60 km/h，速度衰减系数为 0.97，车辆最长行驶时间 L 为 150 min。

5.5.3 算例结果及分析

1）分时段计算疏散需求

假设疏散持续时间为 T 为 8 小时，从早上 10 点开始疏散，到下午 6 点截止。

设置疏散响应曲线的参数 σ 为 145，从平衡各时段疏散需求的角度出发，将整个疏散过程分为 5 个时段：时段 1 为 10:00 am~12:00 am，时段 2 为 12:00 am~1:00 pm，时段 3 为 1:00 pm~2:00 pm，时段 4 为 2:00 pm~4:00 pm，时段 5 为 4:00 pm~6:00 pm。各时段内各集结地的疏散需求见表 5.4。

表 5.4　各时段内各集结地的疏散需求

编号	时段1/人	时段2/人	时段3/人	时段4/人	时段5/人	编号	时段1/人	时段2/人	时段3/人	时段4/人	时段5/人
1	130	111	93	93	22	30	85	72	61	61	15
2	98	84	71	71	17	31	99	84	71	71	17
3	117	100	84	84	21	32	153	130	110	110	26
4	104	89	75	75	18	33	60	51	43	43	10
5	66	57	48	48	12	34	63	53	45	45	12
6	85	73	61	61	16	35	77	66	55	55	15
7	72	61	52	52	13	36	133	113	95	95	24
8	79	67	57	57	14	37	142	121	102	102	26
9	85	73	61	61	16	38	133	113	95	95	24
10	106	90	76	76	19	39	110	94	79	79	19
11	63	54	45	45	13	40	121	103	87	87	21
12	162	138	117	117	28	41	92	78	66	66	17
13	167	142	120	120	29	42	144	123	103	103	25
14	115	98	82	82	20	43	80	68	57	57	14
15	114	97	82	82	21	44	137	117	99	98	24
16	97	83	70	69	17	45	79	67	57	57	14
17	162	138	117	116	28	46	100	86	72	72	18
18	100	86	72	72	18	47	130	111	94	93	23
19	71	60	51	51	12	48	148	126	107	106	26
20	148	126	107	106	26	49	67	57	48	48	13
21	103	88	74	74	17	50	165	141	119	119	28
22	86	73	61	61	16	51	148	126	106	106	25
23	104	89	75	75	19	52	114	97	82	82	20
24	69	59	49	49	13	53	108	92	78	78	19
25	73	62	52	52	14	54	109	93	79	78	20
26	167	142	120	120	28	55	93	79	67	67	17
27	169	144	121	121	28	56	117	99	84	84	20
28	124	106	89	89	23	57	117	100	84	84	20
29	64	55	46	46	13	58	153	130	110	109	26

续表

编号	时段1/人	时段2/人	时段3/人	时段4/人	时段5/人	编号	时段1/人	时段2/人	时段3/人	时段4/人	时段5/人
59	150	128	108	107	25	80	94	80	67	67	17
60	132	113	95	95	23	81	165	140	118	118	29
61	102	87	73	73	17	82	108	92	77	77	19
62	152	129	109	109	26	83	79	67	57	57	14
63	120	102	86	86	20	84	162	138	117	117	28
64	98	84	71	71	17	85	171	146	123	123	29
65	167	142	120	119	28	86	109	92	78	78	19
66	159	136	114	114	28	87	71	60	51	51	12
67	122	104	87	87	21	88	88	75	63	63	15
68	130	111	93	93	22	89	105	89	75	75	20
69	126	107	90	90	22	90	127	108	91	91	21
70	82	70	59	59	14	91	88	75	63	63	16
71	93	79	66	66	17	92	128	109	92	92	21
72	112	96	81	81	19	93	140	119	101	101	24
73	84	72	61	61	15	94	83	71	60	60	15
74	156	133	112	112	25	95	71	61	51	51	13
75	80	68	57	57	16	96	92	78	66	66	17
76	84	71	60	60	16	97	95	81	68	68	16
77	78	66	56	56	13	98	107	91	77	77	18
78	84	72	60	60	16	99	117	99	84	84	20
79	108	92	78	78	19	100	68	58	49	48	12

从表 5.4 可知，时段 1 至时段 4 中部分集结地的疏散需求超过了单辆公交的载客量，应开展多轮疏散行动。对于时段 1 和时段 4，以 30 分钟为间隔开展一轮疏散，以该时段平均每 30 分钟生成的疏散需求设计疏散路线；对于时段 2 和时段 3，以 15 分钟为间隔开展一轮疏散，以平均每 15 分钟生成的疏散需求设计疏散路线。对于时段 5，由于集结地的疏散需求较少，只需开展一轮疏散行动。由此得到各时段的疏散轮数为：时段 1～时段 4 每个时段疏散 4 轮，时段 5 疏散 1 轮，由此得到各时段每轮疏散时集结地的疏散需求 q_i^s 的期望 u_i^s，标准差 σ_{is} 在[5, 30]随机生成，u_i^s 和 σ_{is} 见附录。

2）MDVRP 问题的分解

采用 K-Means 将集结地聚类为 3 个疏散区域，每个疏散区域与避难所的对应关系如图 5.6 所示。

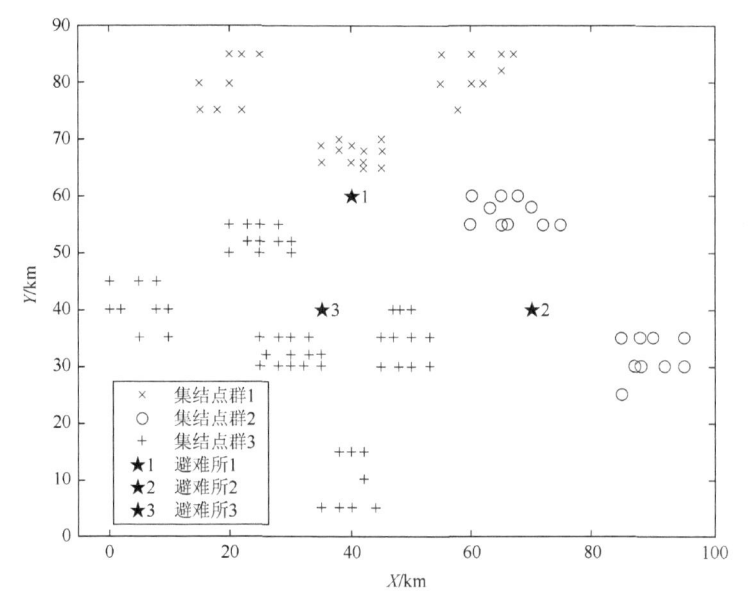

第 5 章　考虑人员等待和在途阶段耗时公平的公交疏散模型

图 5.6　集结地聚类结果

3）各区域公交车辆疏散路线优化

以第 1 个疏散时段（10:00 am～12:00 am）为例，借助 Matlab 2020 实施模型求解，得到每个疏散区域对应的 Pareto 最优解在效率和公平目标上的分布，如图 5.7 至图 5.9 所示。

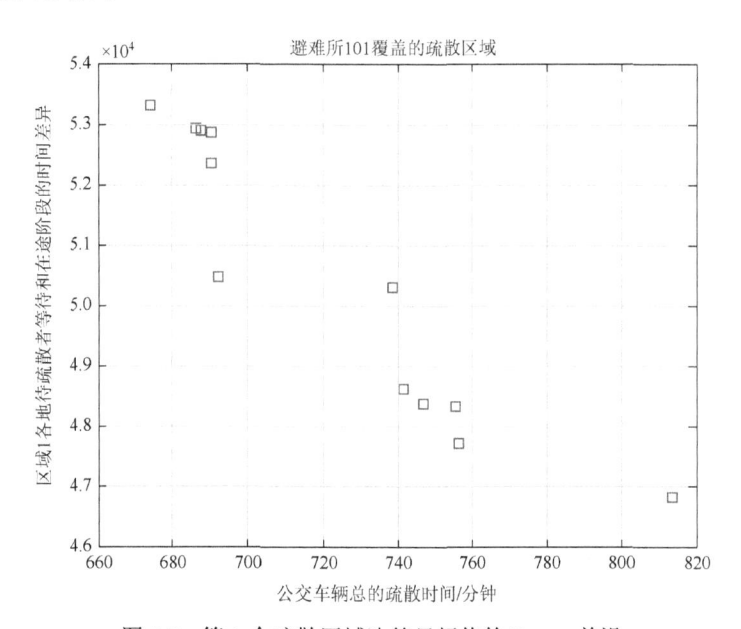

图 5.7　第 1 个疏散区域决策目标值的 Pareto 前沿

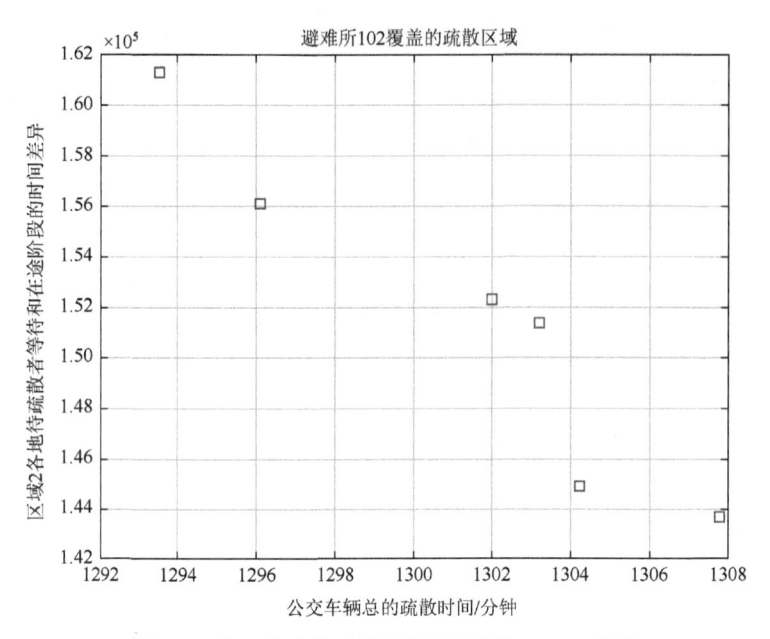

图 5.8 第 2 个疏散区域决策目标值的 Pareto 前沿

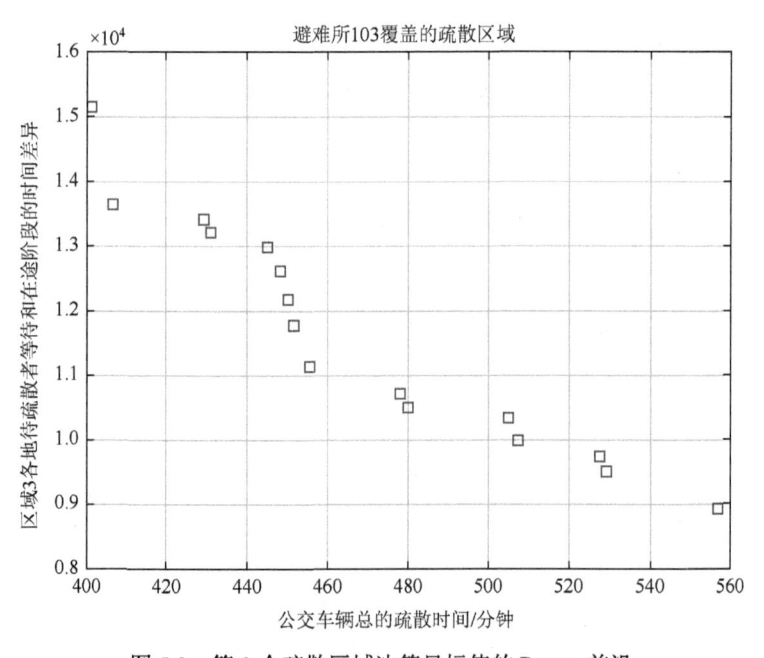

图 5.9 第 3 个疏散区域决策目标值的 Pareto 前沿

假设在最优决策方案的选取上，应急决策者更重视疏散的公平性，选取各子问题 Pareto 前沿中等待和在途时间差异最小的方案，将各方案的决策目标值求和，

第5章 考虑人员等待和在途阶段耗时公平的公交疏散模型

得到时段1的最优决策解，见表5.5。将时段1的疏散路线、公交从避难所出发、到达和离开集结地、返回避难所的时间以及载客量期望值和公交不超载的置信水平等信息列于表5.6，对应的公交疏散路线如图5.10所示。

表5.5 时段1各疏散区域的决策目标值

项目	101号避难所覆盖的疏散区域（1号区域）	102号避难所覆盖的疏散区域（2号区域）	103号避难所覆盖的疏散区域（3号区域）
包含集结地数目/个	29	52	19
所用车辆数/辆	16	30	13
公交车辆的疏散总时长/分钟	813	1 308	557
集结地待疏散者之间的等待时间差异和在途运输时间差异加权目标值/分钟	46 828	143 686	8 916
集结地待疏散者之间的等待时间差异/分钟	11 599	35 589	2 256
集结地待疏散者之间的在途时间差异/分钟	12 031	36 919	2 148
平均每辆公交疏散时长/分钟	51	44	43
平均每两处集结地待疏散者之间的等待时间差异/分钟	14.3	13.4	6.6
平均每两处集结地待疏散者之间的在途时间差异/分钟	14.8	13.9	6.3

表5.6 时段1的疏散路线、公交到达时间与载客量

从101号避难所发出的公交				从102号避难所发出的公交				从103号避难所发出的公交		
路线编号	途经节点	发车时间/到达、离开集结地时间/返回时间	载客量（置信水平/%）	路线编号	途经节点	发车时间/到达、离开集结地时间/返回时间	载客量（置信水平/%）	路线编号	途经节点	发车时间/到达、离开集结地时间/返回时间	载客量（置信水平/%）
1	101 97 101	10:00 10:32～10:40 11:13	24 (100)	1	102 40 52 102	10:00 10:10～10:18 10:29～10:37 10:49	60 (85)	1	103 73 103	10:00 10:24～10:32 10:57	21 (100)
2	101 2 1 101	10:00 10:11～10:19 10:21～10:29 10:39	58 (85)	2	102 43 42 102	10:00 10:05～10:13 10:16～10:24 10:33	56 (87)	2	103 84 103	10:00 10:18～10:26 10:45	41 (96)
3	101 100 101	10:00 10:30～10:38 11:08	17 (100)	3	102 50 49 102	10:00 10:12～10:20 10:24～10:32 10:40	59 (84)	3	103 85 103	10:00 10:20～10:28 10:49	43 (94)
4	101 96 101	10:00 10:29～10:37 11:06	23 (100)	4	102 33 32 102	10:00 10:27～10:35 10:37～10:45 11:11	54 (89)	4	103 88 89 103	10:00 10:21～10:29 10:32～10:40 11:00	49 (93)

续表

从 101 号避难所发出的公交				从 102 号避难所发出的公交				从 103 号避难所发出的公交			
路线编号	途经节点	发车时间/到达、离开集结地时间/返回时间	载客量（置信水平/%）	路线编号	途经节点	发车时间/到达、离开集结地时间/返回时间	载客量（置信水平/%）	路线编号	途经节点	发车时间/到达、离开集结地时间/返回时间	载客量（置信水平/%）
5	101 9 7 101	10:00 10:10~10:18 10:23~10:31 10:37	40 (99)	5	102 64 63 102	10:00 10:16~10:24 10:35~10:43 10:58	55 (87)	5	103 87 86 103	10:00 10:16~10:24 10:25~10:33 10:49	46 (95)
6	101 18 14 101	10:00 10:30~10:38 10:50~10:58 11:30	54 (88)	6	102 65 102	10:00 10:13~10:21 10:34	42 (95)	6	103 70 103	10:00 10:27~10:35 11:03	21 (100)
7	101 19 17 101	10:00 10:32~10:40 10:46~10:54 11:22	59 (84)	7	102 22 20 102	10:00 10:14~10:22 10:25~10:33 10:44	59 (83)	7	103 81 103	10:00 10:16~10:24 10:40	42 (95)
8	101 16 15 101	10:00 10:32~10:40 10:46~10:54 11:23	54 (88)	8	102 21 30 29 102	10:00 10:13~10:21 10:32~10:40 10:45~10:53 11:11	64 (83)	8	103 80 103	10:00 10:21~10:29 10:51	24 (100)
9	101 12 101	10:00 10:30~10:38 11:08	41 (96)	9	102 55 57 102	10:00 10:26~10:34 10:36~10:44 11:11	54 (88)	9	103 83 82 103	10:00 10:15~10:23 10:26~10:34 10:50	47 (95)
10	101 13 101	10:00 10:24~10:32 10:56	42 (95)	10	102 39 102	10:00 10:36~10:44 11:20	28 (100)	10	103 79 77 103	10:00 10:20~10:28 10:29~10:37 10:58	47 (95)
11	101 94 92 101	10:00 10:34~10:42 10:46~10:54 11:31	53 (89)	11	102 67 102	10:00 10:12~10:20 10:32	31 (99)	11	103 78 76 103	10:00 10:19~10:27 10:29~10:37 10:58	42 (98)
12	101 93 95 101	10:00 10:36~10:44 10:50~10:58 11:29	53 (89)	12	102 61 68 102	10:00 10:18~10:26 10:31~10:39 10:54	59 (83)	12	103 91 90 103	10:00 10:23~10:31 10:36~10:44 11:02	54 (88)
13	101 6 4 5 101	10:00 10:09~10:17 10:19~10:27 10:30~10:38 10:44	65 (82)	13	102 53 56 102	10:00 10:37~10:45 10:49~10:57 11:33	57 (85)	13	103 71 103	10:00 10:26~10:34 11:00	24 (100)
14	101 11 10 8 101	10:00 10:10~10:18 10:21~10:29 10:33~10:41 10:49	63 (85)	14	102 58 102	10:00 10:36~10:44 11:20	39 (96)				

第 5 章　考虑人员等待和在途阶段耗时公平的公交疏散模型

续表

从 101 号避难所发出的公交			从 102 号避难所发出的公交			从 103 号避难所发出的公交		
路线编号	途经节点	发车时间/到达、离开集结地时间/返回时间	载客量（置信水平/%）	路线编号	途经节点	发车时间/到达、离开集结地时间/返回时间	载客量（置信水平/%）	路线编号	途经节点	发车时间/到达、离开集结地时间/返回时间	载客量（置信水平/%）
15	101 98 99 101	10:00 10:24~10:32 10:38~10:46 11:11	57 （84）	15	102 59 102	10:00 10:25~10:33 10:59	38 （97）				
16	101 75 3 101	10:00 10:07~10:15 10:18~10:26 10:33	50 （93）	16	102 74 102	10:00 10:19~10:27 10:46	39 （96）				
				17	102 72 69 102	10:00 10:21~10:29 10:38~10:46 10:58	60 （81）				
				18	102 51 102	10:00 10:14~10:22 10:37	37 （97）				
				19	102 41 44 102	10:00 10:08~10:16 10:19~10:27 10:38	58 （84）				
				20	102 45 48 102	10:00 10:11~10:19 10:21~10:29 10:42	57 （86）				
				21	102 47 46 102	10:00 10:07~10:15 10:18~10:26 10:36	58 （84）				
				22	102 35 37 102	10:00 10:31~10:39 10:45~10:53 11:27	56 （87）				
				23	102 36 34 102	10:00 10:31~10:39 10:42~10:50 11:18	50 （92）				
				24	102 54 60 102	10:00 10:31~10:39 10:48~10:56 11:32	61 （81）				
				25	102 62 102	10:00 10:16~10:24 10:40	38 （97）				
				26	102 66 102	10:00 10:13~10:21 10:34	40 （96）				

续表

从101号避难所发出的公交			从102号避难所发出的公交			从103号避难所发出的公交		
路线编号	途经节点	发车时间/到达、离开集结地时间/返回时间	载客量（置信水平/%）	路线编号	途经节点	发车时间/到达、离开集结地时间/返回时间	载客量（置信水平/%）	路线编号	途经节点	发车时间/到达、离开集结地时间/返回时间	载客量（置信水平/%）
			27	102 23 28 102	10:00 10:17~10:25 10:30~10:38 10:57	57 (85)			
			28	102 31 38 102	10:00 10:26~10:34 10:45~10:53 11:29	59 (83)			
			29	102 25 26 102	10:00 10:16~10:24 10:27~10:35 10:53	61 (82)			
			30	102 27 24 102	10:00 10:17~10:25 10:28~10:36 10:50	61 (82)			

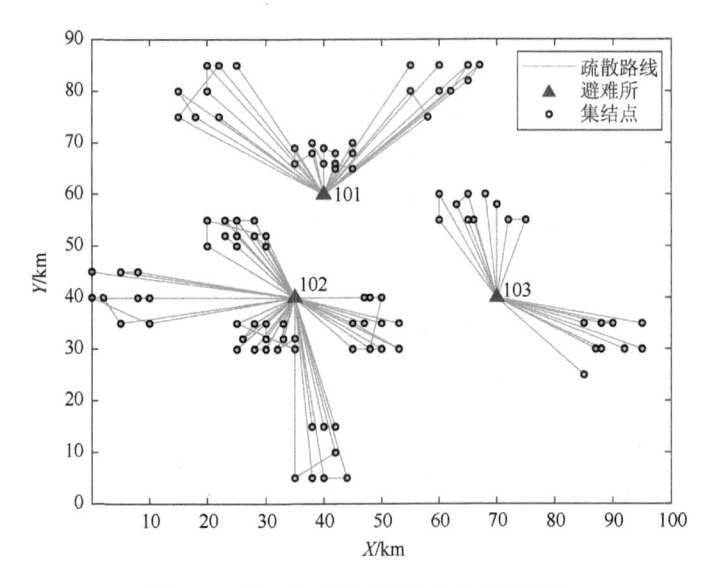

图 5.10 第1个疏散时段的公交疏散路线

由表 5.6 可知，在时段 1 开展每轮疏散时，101、102 和 103 号避难所共派遣了 59 辆公交接载 100 个集结地的待疏散者。考虑到集结地的实际疏散人数超过估计值，在假设疏散需求服从正态分布的前提下，所有路线均有 80% 的概率不会超载,具有较高的可靠性。拥有最长疏散时间的路线为 102 号避难所的第 13 号路线,在疏散开始后的 93 分钟完成疏散。

将 101、102 和 103 号避难所覆盖的疏散区域分别称为 1 号区域、2 号区域和 3 号区域。比较表 5.5 不同区域的疏散耗时可以看出,1 号区域的疏散总时间最长,达到了 1308 分钟（约 22 小时），这是因为 1 号区域的集结地最多,公交花费了较长的时间访问这些集结地和接载当地的待疏散者。而在 2 号区域和 3 号区域中,由于集结地的数目较少,疏散总耗时仅为 813 分钟（约 14 小时）和 557 分钟（约 10 小时）。从各区域投入的车辆数目来看,1 号区域、2 号区域和 3 号区域各自投入了 16 辆、30 辆和 13 辆车辆,平均每辆车的行驶时长为 51 分钟、44 分钟和 43 分钟。总体而言,不同区域的疏散效率相差不大。

然而,不同区域内的疏散不公平程度存在较大差异。1 号区域和 2 号区域内,不同集结地待疏散者的等待时间差异为 11 599 分钟和 35 589 分钟,平均每两处集结地待疏散者之间的等待时间差异为 14.3 分钟和 13.4 分钟。相比之下,在 3 号区域中,平均每两处集结地待疏散者之间的等待时间差异只有 6.6 分钟。类似的情形还体现在待疏散者的在途时间上：1 号区域和 2 号区域平均每两处集结地待疏散者之间的在途时间差异为 14.8 分钟和 13.9 分钟,而 3 号区域待疏散者之间的在途时间差异仅为 6.3 分钟。究其原因,推测是 1 号和 2 号区域内各个集结地到避难所的距离呈现分布不均匀的现象。比如,观察图 5.10 可知,对于 1 号区域,1~11 号集结地以及 75 号集结地到避难所的距离较近,公交车辆可以很早到达这些集结地,待疏散者的等待时间很短；由于这些集结地在空间上分布得很近,组成了公交的疏散路线,路线的疏散耗时较短,因此待疏散者的在途时间也较短。从表 5.6 中也可以看出,区域 1 包含 1~11 号和 75 号集结地的第 2、5、13、14、16 号路线的疏散时长分别为 39 分钟、37 分钟、44 分钟、49 分钟和 33 分钟,低于该区域的车辆平均用时 51 分钟。相比之下,对于那些距离避难所较远的集结地,如 12~19 号、92~100 号集结地,待疏散者的等待时间和在途时间较长,导致 1 号区域总体上呈现出集结点间等待和在途用时差异明显的特征。类似的情形还出现在 2 号区域,表现为 20~30 号集结地、40~52 号集结地、61~69 号集结地以及 72 号和 74 号集结地离 102 号避难所的距离较近,31~39 号集结地和 53~60 号集结地距离避难所较远,导致待疏散者在等待和在途阶段的用时差异同样较大。

以上结果表明,在公交车辆充足的情况下,疏散区域的不公平程度与区域内集结地的空间分布有关。集结地到避难所的距离越均衡,越有助于实现区域内的疏散公平。因此,应急决策者在选择避难所时,应选择到各集结地距离较为均衡的场所,以减少偏远集结地的个数,否则将导致偏远地区受到隐性歧视。

进一步,计算各时段开展每轮疏散时的疏散需求、车辆使用数目和决策目标值等信息,如表 5.7 所示。

表 5.7 每个疏散时段开展每轮疏散的疏散信息

项目	时段 1	时段 2	时段 3	时段 4	时段 5
疏散需求/人	2 801	2 394	2 025	2 023	1 943
所用车辆数/辆	59	50	46	42	40
疏散总时长/分钟	2 678	2 353	2 191	2 025	2 019
待疏散者之间的等待时间差异和在途运输时间差异的加权目标值/分钟	199 430	202 786	218 258	219 431	230 936
待疏散者之间的等待时间差异/分钟	49 444	50 567	54 928	55 320	57 538
待疏散者之间的在途时间差异/分钟	51 098	51 085	53 474	53 471	58 322
平均每辆车访问的集结地个数/个	1.7	2	2.2	2.4	2.5
平均每辆车的疏散时长/分钟	45	47	48	48	50
区域 1 平均每两处集结地待疏散者之间的等待时间差异/分钟	14.3	15.1	14.6	15.1	15.3
区域 2 平均每两处集结地待疏散者之间的等待时间差异/分钟	13.4	13.5	15	15	15.7
区域 3 平均每两处集结地待疏散者之间的等待时间差异/分钟	6.6	7.5	9.8	9.8	10.3
区域 1 平均每两处集结地待疏散者之间的在途时间差异/分钟	14.8	15.8	15.2	15.2	15.9
区域 2 平均每两处集结地待疏散者之间的在途时间差异/分钟	13.9	13.4	14.1	14.1	15.7
区域 3 平均每两处集结地待疏散者之间的在途时间差异/分钟	6.3	8.1	10.6	10.6	10.9

对比不同时段公交车辆的疏散表现，从表 5.7 看出，集结地的疏散需求从时段 1 到时段 5 逐渐下降，每辆公交可以在不违反容量约束的前提下访问更多集结地，从而减少公交使用量，缩短公交疏散总时间，但这也导致了平均每辆公交疏散用时的上升，表现为疏散总时间虽然从时段 1 的 2678 分钟降至时段 5 的 2019 分钟，但平均每辆公交的疏散时间从时段 1 的 45 分钟上升至时段 5 的 50 分钟。由此看出，集结地疏散人数的波动会影响避难所派遣的公交车数量，进而影响公交车辆的疏散用时。

从等待时间公平性的角度出发，可以观察到疏散需求的下降可能间接导致区域内等待时间不公平程度的上升，表现为各区域集结地间的待疏散者的等待时间差异均值从时段 1 的 14.3 分钟、13.4 分钟和 6.6 分钟上升至时段 5 的 15.3 分钟、15.7 分钟和 10.3 分钟。究其原因，可能是随着疏散需求的下降，每辆公交将访问更多集结地，从而使公交车的行程变长，原本由不同公交车访问的路线被合并为同一条路线，由一辆车负责，这使得部分集结地只能被滞后访问，公交车在访问完前面的集结地之后，已经积累了较长的走行时间和服务时间，到达这些集结地的时间将很晚，因此这些集结地的待疏散者与其他集结地的待疏散者之间将会产生较大的等待时间差异。

与此同时，从在途时间公平性的角度考虑，疏散需求的下降导致了所用公交

第 5 章 考虑人员等待和在途阶段耗时公平的公交疏散模型

总数的下降但使得平均每辆公交的疏散用时上升,对于那些先上车的待疏散者,尽管他们被优先接载,但要随车前往剩余集结地,忍受较长的在途时间,与那些被滞后访问的待疏散者的在途时间差异较大。因此疏散需求的下降也使得区域内人员在途时间差异增加,不公平程度上升。

其余时段的疏散路线如图 5.11～图 5.14 所示。

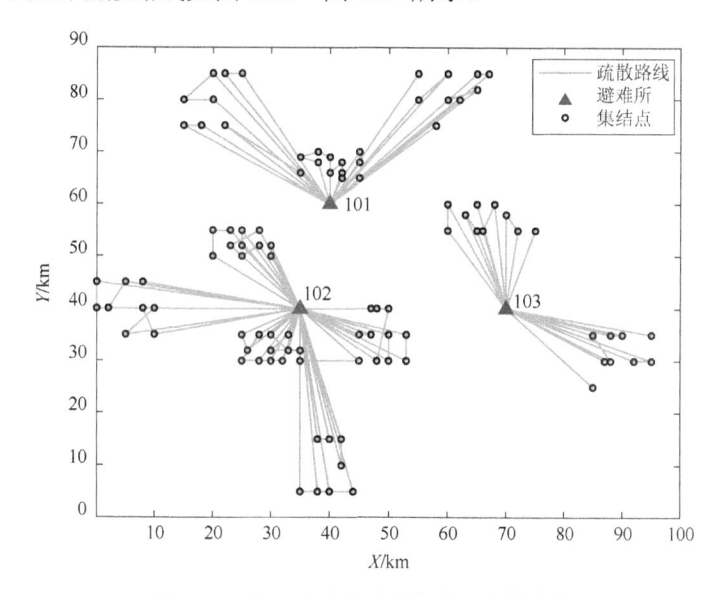

图 5.11 第 2 个疏散时段的公交疏散路线

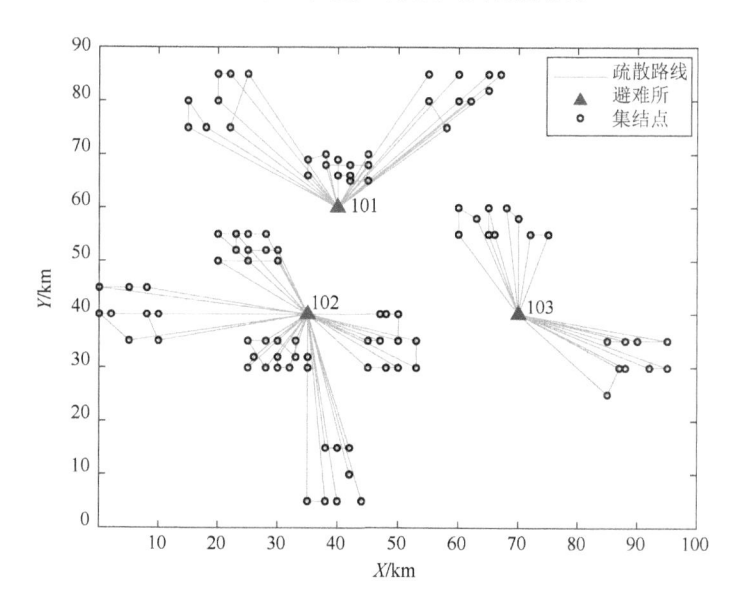

图 5.12 第 3 个疏散时段的公交疏散路线

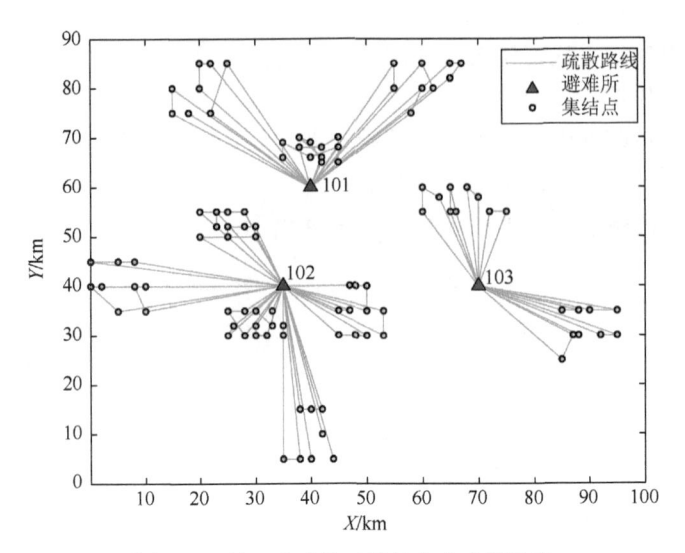

图 5.13　第 4 个疏散时段的公交疏散路线

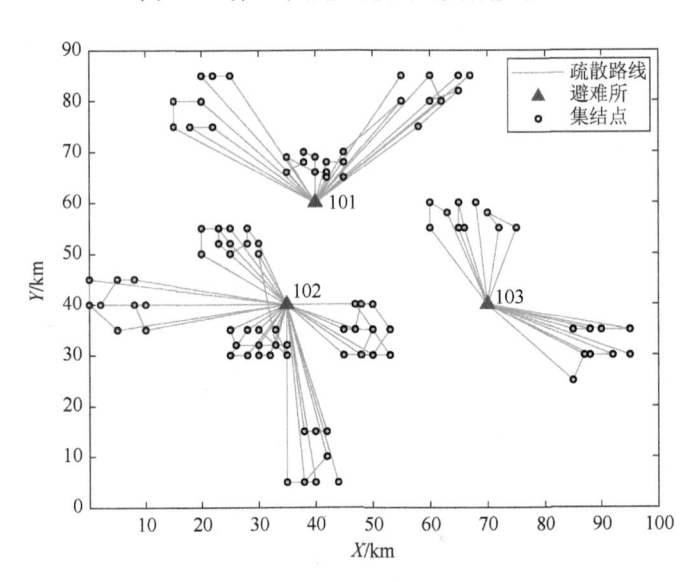

图 5.14　第 5 个疏散时段的公交疏散路线

最后，根据每个时段的疏散轮数和疏散信息，计算各时段的疏散总人数和所用车辆数，如表 5.8 所示。

表 5.8　各个时段的疏散总人数和所用车辆数

项目	时段 1	时段 2	时段 3	时段 4	时段 5
疏散总人数/人	11 204	9 576	8 100	8 092	1 943
所用车辆数/辆	236	200	184	168	40

5.6 小　　结

本章研究的是有预警灾害下车辆供应充足时的疏散公平性规划问题。从待疏散者的非理性攀比心理出发，将疏散的公平与否视为待疏散者就自身与他人在疏散时间上的差异而引发的一种主观感受，建立了兼顾公交疏散效率与公平的分区优化模型，基于绝对偏差公平性测度方法，通过最小化每个区域待疏散者之间在候车阶段的等待时间偏差和转运阶段的在途时间偏差，来改善每个区域的不公平现象。采用 K-Means、NSGA-Ⅱ与 LNS 方法，在 Solomon 公开测试集上进行了算法有效性验证，并基于其中的 $C101$ 实例仿真求解。结果表明，区域内偏远集结地的存在会加大不公平程度。在疏散人数较少的时段，总疏散时间最小的效率目标在改善车辆使用量的同时诱发了公交的长距离行驶行为，间接导致区域内人员等待时间和在途时间不公平程度上升。

参 考 文 献

[1] Bruzelius N. The Value of Travel Time：Theory and Measurement[M]. London：Croom Helm，1979.

[2] Zhu L，Gong Y M，Xu Y S，et al. Emergency relief routing models for injured victims considering equity and priority[J]. Annals of Operations Research，2019，283（1）：1573-1606.

[3] 李洋，胡蓉，钱斌，等. 两阶段算法求解多车场车辆路径问题[J]. 信息与控制，2020，49（6）：752-760.

[4] Knowles J D，Corne D W. Approximating the nondominated front using the Pareto archived evolution strategy[J]. Evolutionary Computation，2000，8（2）：149-172.

[5] Deb K，Pratap A，Agarwal S，et al. A fast and elitist multiobjective genetic algorithm：NSGA-II[J]. IEEE Transactions on Evolutionary Computation，2002，6（2）：182-197.

[6] Shaw P. Using constraint programming and local search methods to solve vehicle routing problems[C]//Maher M，Puget J F. Principles and Practice of Constraint Programming—Cp98. Berlin：Springer Berlin Heidelberg，1998：417-431.

[7] Prins C. A simple and effective evolutionary algorithm for the vehicle routing problem[J]. Computers & Operations Research，2004，31（12）：1985-2002.

[8] Leiserson C E，Rivest R L，Cormen T H，et al. Introduction to Algorithms[M]. Cambridge：MIT Press，1994.

[9] 李宁，邹彤，孙德宝. 带时间窗车辆路径问题的粒子群算法[J]. 系统工程理论与实践，2004，（4）：130-135.

第6章　考虑高风险集结地优先访问的公交疏散模型

在有预警灾害环境下，疏散人数众多，可能会导致区域疏散需求超过公交车的供应，公交车辆无法通过单趟行程转移待疏散者，从而需要循环行驶。然而，这一举措必然导致不同集结地的待疏散者在转移先后次序和疏散耗时上产生差异。如果仍从待疏散者等待时间和在途时间差异最小的角度定义公平，将与疏散供给不足的主要矛盾相冲突，不利于节省公交资源和疏散的顺利开展。如果仅从效率最大化的角度出发，又会使地处偏远又位于高风险区域的集结地被滞后访问，人员长时间暴露于风险之中，得不到快速救援。因此，如何妥善安排集结地的疏散先后次序，在不违反疏散供给的前提下保证不同地区疏散的相对公平，是本章研究的重点。

针对车辆供应不足的情形，本章从风险角度定义疏散的公平性，考虑集结地的风险异质性，对集结地进行风险分级，分为高风险和低风险两类。待疏散者的疏散风险与集结地的风险等级有关，只有快速疏散高风险集结地的人员，才能有效降低其暴露风险。因此，本章在规划疏散路线时假设公交优先访问高风险集结地，确保其人员得到优先转移，疏散进程不被低风险集结地所延误，使全体成员在灾难面前享有实质平等的生存机会，体现疏散的社会公平性。

在可用公交数量有限的情形下，考虑到分区优化的思路会造成区域间疏散供需分布不均，无法最大化车辆使用率。为了避免这一情况的出现，本章不再事先划分疏散区域和确定避难所的服务范围，而是建立了一个全局优化模型，从效率最优和优先级的角度划分疏散路线，以每条路线首末集结地到避难所的最短距离为依据，为集结地分配避难所。

本章基于车辆运力有限的情形开展公交疏散公平性建模研究，建立了一个两阶段公交疏散全局优化模型，该问题是一个多行程多车场带时间窗的车辆路径问题（multi-trip multi-depot vehicle routing problem with time windows，MTMDVRPTW），以车辆的总疏散时长最短为目标，以集结地访问优先级、集结地最晚到达时间、公交各个行程之间的时间关联、公交载客量、公交最大行驶时间为约束。假设车辆可以从避难所二次出发，对于行驶路线包含了高风险集结地的车辆，要求其在第一阶段先前往高风险集结地接载待疏散者，在剩余容量允许的前提下，接载临近的低风险集结地的待疏散者，然后在第二阶段接载其他低风险集结地的待疏散者。

6.1 建模准备

6.1.1 模型假设

在建立多行程公交疏散全局优化模型前进行如下假设。

（1）避难所的可用公交数目有限且已知，每轮疏散行动中，集结地的疏散总需求超过了可用公交的载客总量，部分公交需要行驶两趟。

（2）考虑集结地的风险异质性，设置高风险集结地和低风险集结地，高风险集结地的待疏散者需在公交的第一阶段被优先转移。

（3）每个避难所覆盖的集结地不固定，求解时根据路线首末集结地到避难所的距离最短为依据分配避难所。

其他假设同 5.2.1 节中的第（1）、（3）、（4）点。

6.1.2 符号及变量说明

本章假设了避难所覆盖的集结地范围未知，车辆可行驶两个阶段，所以第 5 章的模型符号和决策变量不再适用于本章模型，本章模型的符号和变量说明如下所示。

$V=\{1,2,\cdots,i\}$：集结地集合。

V_{high}：高风险集结地集合。

V_{low}：低风险集结地集合。

$S=\{|V|+1,|V|+2,\cdots,s\}$：避难所集合。

$D=\{1,2\}$：公交行驶阶段集合。

K_s：避难所 s 的可用公交数量。

$A=\{(i,j)\,|\,i,j\in S\bigcup V\}$：疏散路径集合。

d_{ij}：节点 i 到节点 j 的距离。

t_{ij}：公交从节点 i 到节点 j 的实际行驶时间。

v_0：公交理想行驶速度。

ρ_{ij}^s：公交从节点 i 到节点 j 的速度衰减系数。

v_{ij}^s：公交从节点 i 到节点 j 的实际行驶速度。

s：集结地待疏散者的上车时间。

L：公交的最长行驶时间。

Q：公交的最大载客量。

α：公交载客量约束的置信水平。

q_i：第i处集结地的疏散需求。
b：集结地所允许的公交最晚到达时间。
γ：待疏散者在避难所的下车时间以及公交车司机在避难所的停留时间。
M：一个很大的常数。
x_{ijk}^{sd}：$x_{ijk}^{sd}=1$表示阶段d避难所s的第k辆公交从点i行驶到点j，否则为0。
t_{ik}^{sd}：阶段d避难所s第k辆公交到达节点i的时间。

6.2 高风险集结地优先访问的全局优化模型

以各车辆在两个阶段的疏散时间之和最小为目标，建立了多行程公交疏散全局优化模型，该模型是一个混合整数规划模型。

$$\min z = \sum_{d \in D}\sum_{s \in S}\sum_{k \in K_s}\sum_{i \in S \cup V}\sum_{j \in V \cup S} t_{ij} x_{ijk}^{sd} + \sum_{d \in D}\sum_{s \in S}\sum_{k \in K_s}\sum_{i \in V}\sum_{j \in V \cup S} s x_{ijk}^{sd} \quad (6.1)$$

s.t.

$$\sum_{d \in D}\sum_{s \in S}\sum_{k \in K_s}\sum_{j \in V \cup S} x_{ijk}^{sd} = 1, \quad \forall i \in V \quad (6.2)$$

$$\sum_{s \in S}\sum_{k \in K_s}\sum_{j \in V \cup S} x_{ijk}^{s2} = 0, \quad \forall i \in V_{\text{high}} \quad (6.3)$$

$$t_{ik}^{s2} + M\left(1 - \sum_{j \in V} x_{ijk}^{s2}\right) \geq t_{ik}^{s1} + \gamma, \quad \forall i = s \in S, k \in K_s \quad (6.4)$$

$$t_{ik}^{s2} + M\left(\sum_{j \in V} x_{ijk}^{s1} - 1\right) \leq t_{ik}^{s1} + \gamma, \quad \forall i = s \in S, k \in K_s \quad (6.5)$$

$$\sum_{k \in K_s}\sum_{j \in V} x_{ijk}^{sd} \leq |K_s|, \quad \forall i = s \in S, d \in D \quad (6.6)$$

$$t_{ik}^{sd} \leq t_{jk}^{sd} + M\left(1 - x_{ijk}^{sd}\right), \quad \forall i \in V_{\text{high}}, j \in V_{\text{low}}, k \in K_s, s \in S, d \in D \quad (6.7)$$

$$v_{ij} = v_0 \cdot \rho_{ij}, \quad \forall (i,j) \in A \quad (6.8)$$

$$t_{ij} = \frac{d_{ij}}{v_{ij}}, \quad \forall (i,j) \in A \quad (6.9)$$

$$\sum_{j \in V} x_{ijk}^{sd} = \sum_{j \in V} x_{jik}^{sd} \leq 1, \quad \forall k \in K_s, i = s \in S, d \in D \quad (6.10)$$

$$P\left\{\sum_{i \in V}\sum_{j \in V \cup S} q_i x_{ijk}^{sd} \leq Q\right\} \geq \alpha, \quad \forall k \in K_s, s \in S, d \in D \quad (6.11)$$

$$t_{ik}^{sd} + s + t_{ij} \leq t_{jk}^{sd} + M\left(1 - x_{ijk}^{sd}\right), \quad \forall i \in S \cup V, j \in V \cup S, k \in K_s, s \in S, d \in D \quad (6.12)$$

$$t_{ik}^{sd} + s + t_{ij} \geq t_{jk}^{sd} + M\left(x_{ijk}^{sd} - 1\right), \quad \forall i \in S \cup V, j \in V \cup S, k \in K_s, s \in S, d \in D \quad (6.13)$$

$$t_{ik}^{sd} \leqslant b, \quad \forall i \in V, k \in K_s, s \in S, d \in D \tag{6.14}$$

$$\sum_{d \in D}\left(\sum_{i \in S \cup V}\sum_{j \in V \cup S} t_{ij} x_{ijk}^{sd} + \sum_{i \in V}\sum_{j \in V \cup S} s x_{ijk}^{sd}\right) \leqslant L, \quad \forall k \in K_s, s \in S \tag{6.15}$$

$$\sum_{p \in V \cup S \setminus i} x_{ipk}^{sd} = \sum_{q \in S \cup V \setminus i} x_{qik}^{sd}, \quad \forall i \in V, k \in K_s, s \in S, d \in D \tag{6.16}$$

$$\sum_{h \in S} x_{ihk}^{sd} = \sum_{j \in S} x_{jik}^{sd} = 0, \quad \forall k \in K_s, i = s \in S, d \in D \tag{6.17}$$

$$x_{ijk}^{sd} \in \{0,1\}, \quad t_{ik}^{sd} \geqslant 0 \tag{6.18}$$

式（6.1）为目标函数，表示公交疏散总时间最小，与第5章的式（5.8）相比，增加了对不同阶段车辆疏散时间的求和。式（6.2）～式（6.18）为约束，式（6.2）限制了每轮疏散每个集结地只被访问一次。式（6.3）是6.1.1节假设（2）的约束化表达，限制了高风险集结地必须位于公交第一阶段的行驶路线，对低风险集结地不作要求。式（6.4）和式（6.5）是6.1.1节假设（1）的约束化表达，对于拥有两次行程的车辆，式（6.4）限制了其第二阶段的发车时间不得早于第一阶段返回避难所的时间与第一阶段待疏散者的下车时间、公交车司机在避难所短暂停留的时间之和，式（6.5）确保车辆尽早出发。式（6.6）是车辆可用性假设的约束化表达，表示各避难所在各阶段派遣的公交数量不能超过其所拥有的公交数量。式（6.7）限制了对于任何两个由同一辆公交车服务的集结地 i 和集结地 j，若 i 为高风险集结地，j 为低风险集结地，则公交应该在到达 j 之前先到达 i。式（6.8）和式（6.9）用于计算公交实际行驶速度和实际行驶时间。式（6.10）确保公交在各个阶段都是从避难所出发并回到原避难所；式（6.11）限制了公交在各阶段内的载客量不超过最大载客量的概率至少为 α；式（6.12）和式（6.13）是公交在各阶段抵达前后两集结地的时间关联约束；式（6.14）是公交最晚到达集结地的时间窗约束，需要说明的是，对于那些位于公交第二阶段行驶路线上的集结地，公交到达时间包含了第一阶段的疏散时间。式（6.15）表示公交在两个阶段的疏散时间之和不得超过其最长疏散时间；式（6.16）是集结地的流量守恒约束；式（6.17）表示公交不能从避难所行驶到避难所；式（6.18）为变量的取值约束。

对本章建立的模型与第5章的模型区分如表6.1所示。

表6.1 全局优化模型与分区优化模型的区别

项目	分区优化模型	全局优化模型
适用场景	车辆供应充足场景	车辆供应匮乏场景
公平的定义	疏散质量平等	风险平等、生存机会平等
公平的优化视角	待疏散者的非理性攀比心理视角	系统最优视角

续表

项目	分区优化模型	全局优化模型
公平的表达方式	目标函数：待疏散者等待时间差异和在途时间差异最小	约束：高风险集结地第一阶段优先访问
公平的属性	绝对公平	实质公平/社会公平/相对公平
VRP 问题类型	近似的 MDVRP 问题	MTMDVRP 问题
不公平优化的全局性/局部性	分区优化	全局优化
不公平的改善机理	以更多的车辆投入换取不公平的改善	以低风险集结地疏散质量的下降换取不公平的改善

6.3 模型算法设计

上述模型的决策变量包括了集结地、避难所、疏散阶段和车辆等下标，问题的搜索空间较大，并且模型是一个 MTMDVRP 问题，在标准 VRP 问题的基础上加入了多避难所、车辆重复行驶、访问优先级和车辆有限性等假设，因此也属于 NP 难问题。对于规模较大的问题，传统的精确方法不能在短时间内求解，而第 5 章的遗传算法由于搜索方向的随机性，在解的质量上不够稳定，无法达到令人满意的效果。为了在较短时间内获得稳定、高质量的解，本章使用自适应大邻域搜索算法求解模型，并结合优先级等约束，设计了相应的算子。

6.3.1 基于 ALNS 的求解框架

自适应大邻域搜索（adaptive large neighborhood search，ALNS）算法是 Ropke 和 Pisinger 提出的一种启发式算法，在 LNS 算法的基础上加入了多种破坏和修复算子，通过算子之间的竞争，生成不同的邻域结构，不断寻找新的解，并跳出局部最优。具有可扩展性、可定制化和易实现等优点，现已成为求解大规模组合优化问题的一种常用算法。相比于遗传算法，ALNS 算法通过对当前解执行大邻域搜索，可以以更高的概率取得全局最优解。相比于 LNS 算法，ALNS 算法具有自适应性，有多种破坏和修复算子可供选择，选择的依据是各算子的历史表现和上一次迭代各算子被选择的次数和得分。该算法主要由五个部分组成：初始可行解构造、破坏与修复操作、评价新解质量、更新算子的被选择次数、更新算子的评分与权重。本章设计的 ALNS 算法的流程如图 6.1 所示。

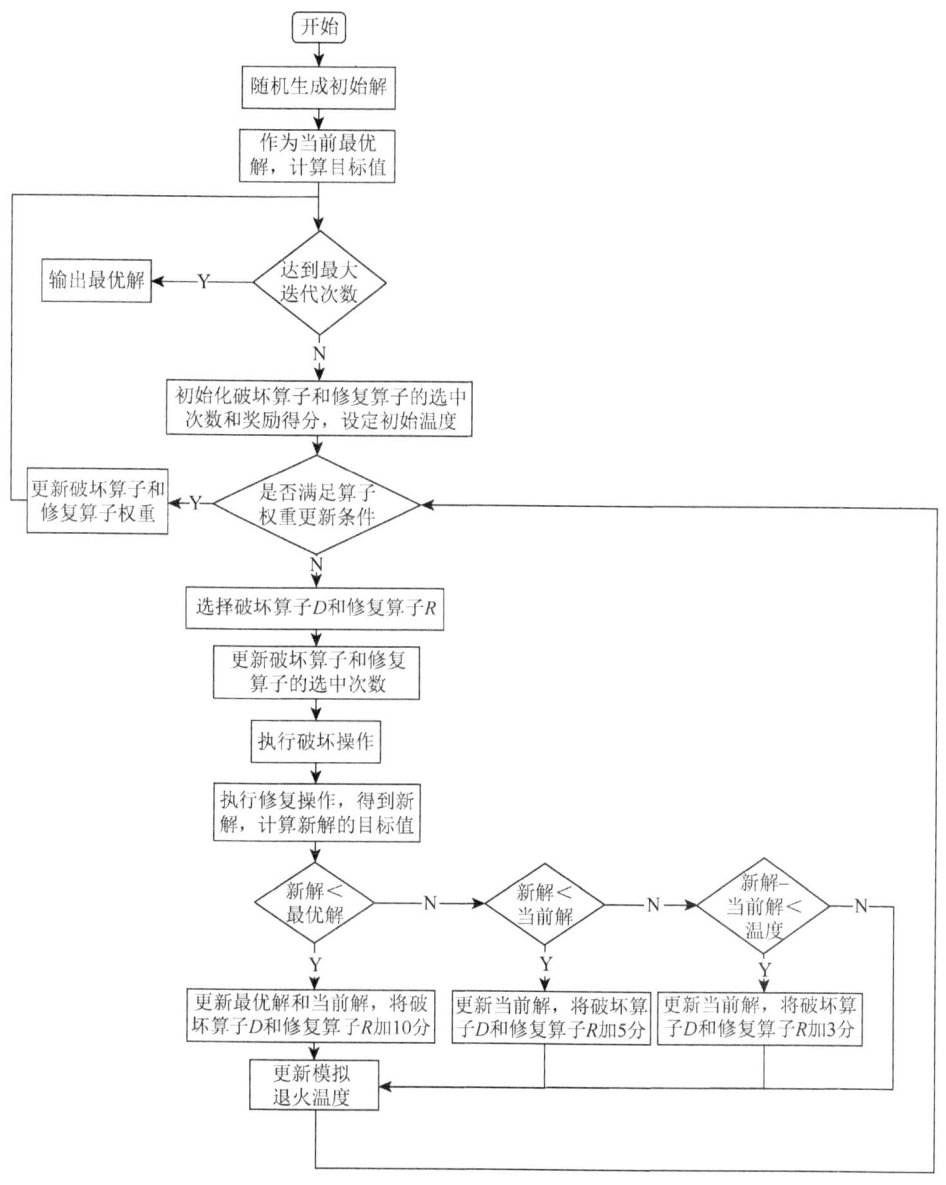

图 6.1 基于 ALNS 的求解流程图

Y 表示 Yes，N 表示 No

6.3.2 关键算子介绍

1. 初始解生成

为了确保高风险集结地被优先访问，采用随机模拟方法分别生成高风险集结

地集合 V_{high} 与低风险集结地集合 V_{low} 的染色体序列，然后将其合并，使得高风险集结地排列在低风险集结地前面，以确保在行程分配时，所有高风险集结地都作为车辆第一阶段的访问对象，以满足优先级约束。

2. 染色体解码

在满足车辆最长行驶时间、最晚到达时间和载客量约束的前提下对染色体进行解码，将其划分为多个可行疏散线路。与第 5 章不同的是，本章分组后的路线代表的是车辆各个阶段的行程，而不是车辆完整的行驶路线。

3. 避难所分配

基于最短距离原则为每个行程分配最佳的避难所，对应第 5 章的分区聚类过程，本章的分配方法为，对于每个行程，计算该行程上第一个集结地和最后一个集结地到每个避难所的距离之和，将距离最短的避难所分配给该行程。

4. 行程组合方法

在可用车辆数目不足的情况下，每辆公交必须承担至少一个行程。假设避难所 s 的可用车辆数为 k_s，经过解码，假设避难所 s 的车辆共有 n_s 个行程，从车辆疏散耗时均衡的角度出发，本章将第二阶段耗时较大的行程与第一阶段耗时较小的行程进行组合，对组合方法介绍如下所示。

步骤 1：将前 k_s 个行程分配给 k_s 辆车，作为其第一阶段的行程，将行程集合命名为 F，计算每个行程耗费的时间。

步骤 2：对剩余 $n_s - k_s$ 个行程，将行程集合命名为 S，计算各行程耗费的时间，执行如下步骤。

步骤 2.1：初始化车辆行驶路线 $R = \emptyset$。

步骤 2.2：选取剩余行程集合 S 中耗时最长的行程 p，作为第二阶段行程，与第一阶段行程集 F 中耗时最短的行程 q 进行组合，作为一辆车完整的行驶路线，$R = R \cup \{p, q\}$。将 p、q 从原行程集合中除去，$S = S/p$，$F = F/q$。

步骤 2.3：判断 S 是否为空集，若 $S = \emptyset$，表示剩余行程已分配完毕，输出车辆行驶路线 R；否则，转步骤 2.2。

5. 染色体适应度计算

在第 5 章的适应度计算方法的基础上，本章新增对各个避难所的车辆可用性约束和高风险集结地优先访问约束的检验，设置了检验标签 $Flag_s = 0$，对车辆可用性和优先级约束的检验过程如下所示。

第6章 考虑高风险集结地优先访问的公交疏散模型

步骤1：对于车辆行驶路线 R，比较 R 包含的第二阶段的行程数 $n_s - k_s$ 与第一阶段的行程数 k_s，若第二阶段的行程数多于第一阶段的行程数，即 $n_s - k_s > k_s$，即 $n_s > 2k_s$，表示部分车辆在第一阶段没有行程，但在第二阶段承担了行程，从而违反了车辆可用性约束，设置 Flag_s 为1。

步骤2：检验 R 中第二阶段的每个行程是否包含了高风险集结地，若是，代表部分高风险集结地在车辆第二阶段的行驶路线中，违反了高风险集结地优先访问约束，设置 Flag_s 为1，否则保持 Flag_s 不变。

将 Flag_s 加入到计算染色体违反约束的损失惩罚函数中，如式（6.19）。损失惩罚函数包括了对违反车辆可用性约束和集结地访问优先级约束的惩罚值 αFlag_s，以及车辆最长行驶时间约束 $T(X_{ks}) \leqslant L$、集结地车辆最晚到达时间约束 $R(X_{iksd}) \leqslant b$、车辆容量约束 $C(X_{ksd}) \leqslant Q$ 的惩罚值。染色体的适应度计算公式如式（6.20）所示。

$$\text{Penalty} = \sum_{s \in S} \alpha \cdot \left\{ \text{Flag}_s + \sum_{k \in K_s} \max\{T(X_{ks}) - L, 0\} \right.$$
$$\left. + \sum_{d \in D} \sum_{k \in K_s} \left\{ \sum_{i \in V} \max\{R(X_{iksd}) - b, 0\} + \max\{C(X_{ksd}) - Q, 0\} \right\} \right\}$$
(6.19)

$$f = z + \text{Penalty} \quad (6.20)$$

6. 破坏算子

破坏算子用于破坏当前解的结构，通过移除染色体的部分节点，跳出局部最优，从而寻找全局最优解。针对本章建立的模型，设计了随机破坏算子、最坏破坏算子与相关性破坏算子，下面对其介绍如下。

1）随机破坏算子

随机破坏算子从当前染色体中随机挑选若干集结点移入破坏列表。设置最大破坏程度 $r_{\max}$ 和最小破坏程度值 $r_{\min}$，从当前染色体中随机移除 d 个集结点，加入破坏列表。d 的计算公式如式（6.21）所示。其中，n 表示集结点数目；rand 表示在给定范围内随机取整。

$$d = \text{rand}(n \times r_{\min}, n \times r_{\max}) \quad (6.21)$$

2）最坏破坏算子

设置最大破坏数目 $w_{\max}$ 和最小破坏数目 $w_{\min}$，逐一记录每个集结点移除后染色体的适应度值相比于移除前的减少量，按照降序排列的顺序，将前 $\text{rand}(w_{\min}, w_{\max})$ 个集结点加入破坏列表，并从染色体中移除。

3）相关性破坏算子

相关性破坏算子由 Shaw 提出，用于计算疏散路线各个集结点之间的相似度。设置被移除的节点数目 toremove 和相关性系数 D，执行以下操作：

步骤 1：初始化 removed=0，从当前染色体随机移除一个集结点，加入破坏列表，removed=removed+1。

步骤 2：从破坏列表随机选一个集结点 vr，将当前染色体中的剩余集结点 j 按照与 vr 的相关性大小降序排列，得到 lst。对于本章建立的多行程模型，在计算相关性时，一方面考虑了从集结点 vr 到集结点 j 的车辆行驶时间 $t_{vr,j}$，另一方面参考 Pan 等求解多行程 VRP 问题时对路径相似度的改进方法来计算 vr 与 j 的路径相似度，如式（6.22）所示。路径相似度分为三种情况：vr 与 j 在同一辆车的同一趟行程、vr 与 j 在同一辆车的不同行程、vr 与 j 分别在不同车辆的行程中。上述情形的相关性依次递减，$V_{vr,j}$ 计分为 0、1、2。

$$R(vr,j) = \frac{1}{t_{vr,j} + V_{vr,j}} \qquad (6.22)$$

步骤 3：按照一定的随机性，从 lst 中选择一个集结点 v，加入破坏列表。选取准则如式（6.23）所示。其中，D 为相关性系数；$\text{rand}(0,1)^D$ 代表选择的随机程度，D 为 1 时，表示完全随机，D 趋于正无穷时，表示选择相关性最大的集结点。

$$v = lst\left[\lceil |lst| \times \text{rand}(0,1)^D \rceil\right] \qquad (6.23)$$

将选中的集结点从染色体中移除，更新 removed=removed+1。

步骤 4：判断 removed ≥ toremove 是否成立，若成立，输出破坏列表与移除后的染色体，否则，转步骤 2。

7. 修复算子

修复算子用于将破坏列表的集结点重新插入到破坏后的染色体中，以构造新的解，实现对当前解的改进。本章选取了随机修复算子、贪婪修复算子与后悔修复算子，对其介绍如下。

1）随机修复算子

遍历破坏列表的所有集结点，每次在当前染色体中寻找满足约束的可行位置，从可行位置中随机选择一个位置插入集结点，直至集结点全部插入染色体。

在染色体的修复过程中，集结点的可插入位置有限。如果待插入集结点为高风险集结点，那么它只能插在高风险集结点的附近；否则，只能插在低风险集结点的附近。如图 6.2 所示，假设 a1 至 a4 为高风险集结点，b1 至 b6 为低风险集结地，如果插入的集结点为高风险集结点，则可插入 0~4 号位，否则，可插入 4~10 号位。

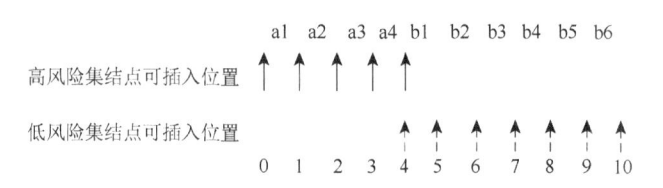

第6章 考虑高风险集结地优先访问的公交疏散模型

```
                    a1 a2 a3 a4 b1 b2 b3 b4 b5 b6
高风险集结点可插入位置  ↑  ↑  ↑  ↑
低风险集结点可插入位置              ↑  ↑  ↑  ↑  ↑  ↑
                    0  1  2  3  4  5  6  7  8  9  10
```

图6.2 待插入集结点的插入位置

2) 贪婪修复算子

遍历破坏列表中的所有集结点,记录每个集结点的最小适应度增量以及相应的插入位置,选择适应度增量最小的集结点插入到当前染色体,并从破坏列表中移除,重复操作直到当前破坏列表为空集。适应度增量的计算公式如式(6.24)所示,Δf 为适应度增量,$f(S)$ 为当前染色体 S 的适应度,$f(S')$ 为插入集结点后得到的新染色体 S' 的适应度。

$$\Delta f = f(S') - f(S) \tag{6.24}$$

3) 后悔修复算子

遍历破坏列表中的所有集结点,记录每个集结点的 q 阶后悔值。选择 q 阶后悔值最大的集结点插入到染色体中,并从破坏列表中移除,重复操作直到当前破坏列表为空集。q 阶后悔值的计算公式如式(6.25)所示,R_i^q 为集结点 i 的 q 阶后悔值,Δf_i^1 为 i 的最小适应度增量,Δf_i^h 为 i 的第 h 小适应度增量。

$$R_i^q = \sum_{h=2}^{q} \Delta f_i^h - \Delta f_i^1 \tag{6.25}$$

8. 破坏和修复算子的选择

采用轮盘赌法,根据每个算子的相对权重,按照一定的概率选择破坏算子和修复算子,算子 i 被选中的概率 P_i 如式(6.26)所示。其中,weight_i 为算子 i 的权重,n 为算子个数。

$$P_i = \frac{\text{weight}_i}{\sum_{j=1}^{n} \text{weight}_j} \tag{6.26}$$

9. 自适应权重调整策略

根据破坏算子和修复算子的历史权重以及第 $t-1$ 次迭代的使用次数和奖励得分来计算第 t 次迭代的权重,如式(6.27)所示,$\text{weight}_{i,t}$ 为算子 i 在第 t 次迭代的权重,ρ 为调整参数,$\rho \in [0,1]$,反映了算子的权重受历史表现的影响程度,ρ 越小代表历史表现的影响程度越大,$\rho = 1$ 代表只关注最近一代表现的影响;$\text{score}_{i,t-1}$

表示算子 i 在第 $t-1$ 次迭代的奖励得分，$select_{i,t-1}$ 表示算子 i 在第 $t-1$ 次迭代的使用次数。

$$weight_{i,t} = \begin{cases} weight_{i,t-1} \cdot (1-\rho) + \dfrac{score_{i,t-1}}{select_{i,t-1}} \cdot \rho, & select_{i,t-1} > 0 \\ weight_{i,t-1} \cdot (1-\rho), & 其他 \end{cases} \quad (6.27)$$

6.4 模型算例分析

本节以台风灾害为例，结合其路径演化特点和导致的高风险区域的变化，在可用公交数量有限的情况下，优化各疏散时段的公交路线，并实现疏散总时间最短。

6.4.1 台风灾害概况

台风是一种热带气旋，通常在夏季和秋季形成，作为一类典型的自然灾害，台风的作用时间、作用地点和影响范围可以大致预测，属于有预警灾害的范畴。我国把热带气旋按中心最大风速的大小划分为"热带低压""热带风暴""强热带风暴""台风""强台风""超强台风"六个等级，最大风速在 32.7 m/s～41.4 m/s 的热带气旋称为台风或飓风，最大风速在 41.5 m/s～50.9 m/s 的热带气旋称为强台风，最大风速在 51.0 m/s 及以上的热带气旋称为超强台风。

台风引发的超强风力、暴雨和洪水对人员生命财产安全造成极大威胁，在沿海地区、山区和低洼地带尤为严重，并可能引起泥石流、山体滑坡、塌方等次生灾害。2021 年 7 月，强台风"烟花"登陆我国浙江、上海等地，共造成 8 省市 408 万人受灾，148.8 万人紧急转移安置，直接经济损失达 69.8 亿元。其中，浙江省宁波市、嘉兴市、舟山市转移安置群众 40 余万人、12 余万人和 4 余万人，上海市累计转移安置人员 36 万人。从以上看出，加强对台风的预警和人群疏散能力具有重要现实意义。

风圈是以台风中心为原点，根据不同风速等级划分的圆环状图形，用于描述台风在移动中的风速分布。在实际疏散中，通常使用十二级风圈、十级风圈和七级风圈来刻画台风达到强风暴、强灾害和大风级别的影响范围。七级风圈半径为达到台风危害级别的半径，当集结地到台风中心的距离大于七级风圈半径时，可近似视为安全。本章根据台风的七级风圈将疏散区域分为高风险区域和低风险区域，对位于七级风圈内的区域，保证该区域人口在第一阶段被优先转移。

6.4.2 算例设计

使用第 5 章改进的 $C101$ 数据作为本章算例，模拟实际疏散场景。集结地、避难所、公交的参数以及各疏散时段的信息与 5.5.1 节保持一致，每辆公交从第一阶段返回避难所到第二阶段出发的时间间隔 γ 为 10 分钟，假设 101 号、102 号和 103 号避难所开展每轮疏散时的可用公交数量为 10 辆、14 辆和 9 辆。

ALNS 的参数设置如表 6.2 所示。

表 6.2　ALNS 参数设置

参数	描述	值
r_{max}	随机破坏算子的最大破坏程度	0.3
r_{min}	随机破坏算子的最小破坏程度	0.1
w_{max}	最坏破坏算子的最大破坏数目	15
w_{min}	最坏破坏算子的最小破坏数目	8
toremove	相关破坏算子的移除节点数目	15
D	相关性破坏算子系数	6
q	后悔修复算子阶数	6
ρ	算子权重调整系数	0.7
r	温度衰减系数	0.9
t_{max}	最大迭代次数	20
f_{max}	算子权重更新频率	10

对台风灾害环境下的疏散场景描述如下：假设某场台风发源于东北部地区，沿着西南 45 度方向移动，水平和垂直平均风速均为 5 km/h，如图 6.3 所示。根据气象部门预测，预计台风着陆时将达到强台风级别，七级风圈半径为 100 km。据此，应急管理部门组织开展了疏散行动，疏散行动从上午 10 点开始，截至下午 6 点。疏散开始时，台风中心坐标为（160 km, 160 km）。根据各时段的疏散时长，可推测各个时段内台风的危害范围，危害范围内的集结地为高风险集结地，需要在第一阶段接载完毕。

集结地与避难所的编号如图 6.4 所示，根据图 6.3 和图 6.4，将各疏散时段内的高风险集结地列于表 6.3。

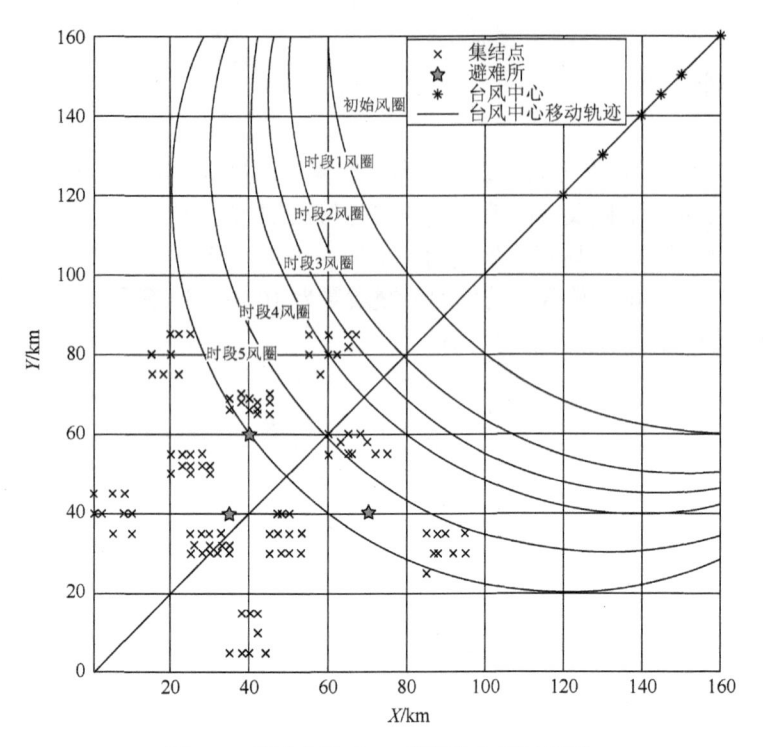

图 6.3 基于改进 C101 算例的台风过境图

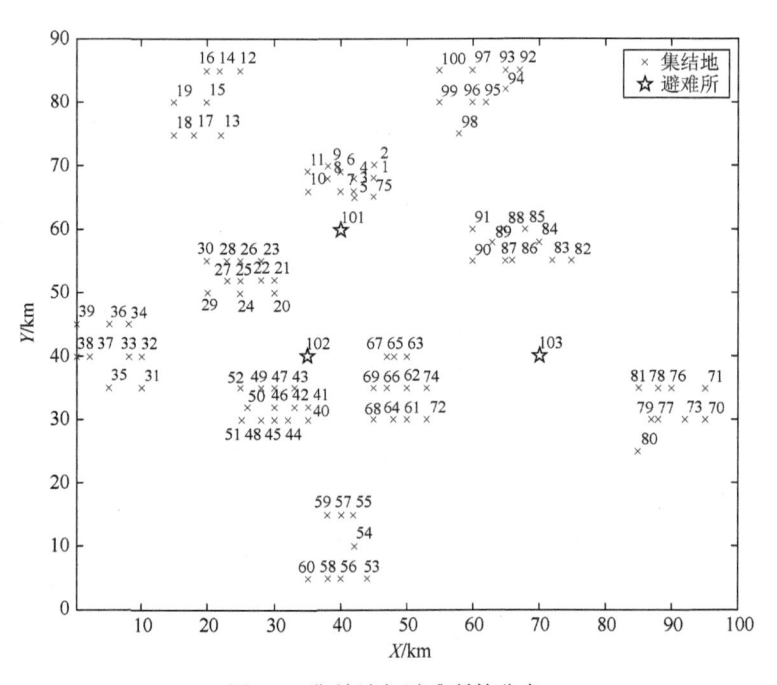

图 6.4 集结地与避难所的分布

表 6.3 各疏散时段的高风险集结地

时段	时间	集结地编号
时段 1	10:00 am～12:00 am	无
时段 2	12:00 am～1:00 pm	92 93
时段 3	1:00 pm～2:00 pm	92 93 94 95 96 97
时段 4	2:00 pm～4:00 pm	82 83 84 85 86 87 88 89 91 92 93 94 95 96 97 98 99 100
时段 5	4:00 pm～6:00 pm	1 2 3 4 5 6 7 8 9 11 70 71 73 75 76 77 78 79 81 82 83 84 85 86 87 88 89 90 91 92 93 94 95 96 97 98 99 100

6.4.3 算例结果及分析

采用 ALNS 对本章建立的模型进行求解，计算每个时段开展每轮疏散时的疏散需求、车辆使用数目、疏散总时长等信息，如表 6.4 所示。

表 6.4 每个时段开展每轮疏散的信息

项目	时段 1	时段 2	时段 3	时段 4	时段 5
每轮疏散人数/人	2801	2394	2025	2023	1943
车辆使用数目/辆	33	33	31	29	30
疏散总时长/分钟	3305	2930	2651	2691	2806
高风险集结地个数/个	0	2	6	18	38
平均每辆车的疏散时长/(分钟/车)	101	87	86	93	94
平均每辆车接载的人数/(人/车)	85	73	66	70	65

由表 6.4 可知，随着时段 1 至时段 5 疏散需求的下降，所用车辆数在时段 1 至时段 4 呈下降趋势，从 33 辆降为 29 辆，但在时段 4 至时段 5 有所上升，从 29 辆升至 30 辆。疏散总时长从时段 1 到时段 3 逐渐下降，从时段 3 到时段 5 逐渐上升。这一现象出现的原因是，时段 3 到时段 5 期间，随着灾害的移动，高风险集结地的个数显著增多，需要在第一阶段转移完毕，导致优先级约束更为紧凑，造成了时段 5 车辆使用量及时段 4～时段 5 疏散总时间的上升。

以第 1 个疏散时段（10:00 am～12:00 am）为例，将时段 1 的疏散路线、公交从避难所发车、到达和离开集结地、返回避难所的时间以及载客量期望值和公交不超载的置信水平等信息列于表 6.5。

表6.5 时段1的疏散路线、公交到达时间与载客量

从101号避难所发出的公交			从102号避难所发出的公交			从103号避难所发出的公交		
路线编号	途经节点	发车时间/到达、离开集结地时间/返回时间	载客量(置信水平/%)	路线编号	途经节点	发车时间/到达、离开集结地时间/返回时间	载客量(置信水平/%)	路线编号	途经节点	发车时间/到达、离开集结地时间/返回时间	载客量(置信水平/%)

路线编号	途经节点	发车/到达离开/返回时间	载客量(置信水平/%)	路线编号	途经节点	发车/到达离开/返回时间	载客量(置信水平/%)	路线编号	途经节点	发车/到达离开/返回时间	载客量(置信水平/%)
1	101 4 75 101	10:00 10:08~10:16 10:20~10:28 10:36	46 (97)	1	102 44 102	10:00 10:10~10:18 10:29	35 (98)	1	103 81 103	10:00 10:16~10:24 10:40	42 (95)
1	101 92 97 101	10:46 11:24~11:32 11:39~11:47 12:20	56 (86)	1	102 31 29 30 102	10:39 11:05~11:13 11:32~11:40 11:45~11:53 12:15	63 (84)	1	103 71 73 76 103	10:50 11:16~11:24 11:30~11:38 11:44~11:52 12:13	66 (80)
2	101 6 1 101	10:00 10:09~10:17 10:22~10:30 10:40	55 (88)	2	102 20 102	10:00 10:11~10:19 10:31	37 (97)	2	103 74 103	10:00 10:18~10:26 10:44	39 (96)
2	101 95 96 100 101	10:50 11:20~11:28 11:30~11:38 11:46~11:54 12:24	58 (90)	2	102 60 54 102	10:41 11:17~11:25 11:33~11:41 12:13	61 (81)	2	103 85 87 103	10:54 11:15~11:23 11:29~11:37 11:53	61 (81)
3	101 10 11 8 101	10:00 10:08~10:16 10:19~10:27 10:30~10:38 10:46	63 (85)	3	102 67 102	10:00 10:12~10:20 10:32	31 (99)	3	103 84 103	10:00 10:18~10:26 10:45	41 (96)
3	101 98 99 101	10:56 11:21~11:29 11:35~11:43 12:08	57 (84)	3	102 38 33 102	10:42 11:18~11:26 11:35~11:43 12:10	49 (93)	4	103 82 83 103	10:00 10:16~10:24 10:27~10:35 10:50	47 (95)
4	101 22 23 101	10:00 10:14~10:22 10:25~10:33 10:47	48 (95)	4	102 43 42 102	10:00 10:05~10:13 10:16~10:24 10:33	56 (87)	5	103 89 88 103	10:00 10:19~10:27 10:30~10:38 11:00	49 (93)
4	101 28 21 101	10:57 11:15~11:23 11:31~11:39 11:52	57 (85)	4	102 58 102	10:43 11:19~11:27 12:03	39 (96)	6	103 90 91 103	10:00 10:18~10:26 10:31~10:39 11:02	54 (88)
5	101 13 101	10:00 10:24~10:32 10:56	42 (95)	5	102 65 102	10:00 10:13~10:21 10:34	42 (95)	7	103 79 70 103	10:00 10:20~10:28 10:36~10:44 11:12	48 (95)
5	101 2 9 7 101	11:06 11:17~11:25 11:32~11:40 11:45~11:53 11:59	65 (82)	5	102 32 24 102	10:44 11:10~11:18 11:37~11:45 11:59	57 (86)	8	103 86 63 103	10:00 10:15~10:23 10:46~10:54 11:15	58 (83)

续表

从101号避难所发出的公交			从102号避难所发出的公交			从103号避难所发出的公交		
路线编号	途经节点	发车时间/到达、离开集结地时间/返回时间	载客量（置信水平/%）	路线编号	途经节点	发车时间/到达、离开集结地时间/返回时间	载客量（置信水平/%）	路线编号	途经节点	发车时间/到达、离开集结地时间/返回时间	载客量（置信水平/%）
6	101 12 5 101	10:00 10:30~10:38 11:05~11:13 11:18	58 (85)	6	102 62 102	10:00 10:16~10:24 10:40	38 (97)	9	103 80 77 78 103	10:00 10:21~10:29 10:35~10:43 10:49~10:57 11:16	65 (82)
	101 26 101	11:28 11:44~11:52 12:09	42 (95)		102 27 25 102	10:50 11:08~11:16 11:18~11:26 11:42	62 (80)				
7	101 17 19 101	10:00 10:27~10:35 10:41~10:49 11:22	59 (84)	7	102 51 45 102	10:00 10:14~10:22 10:27~10:35 10:47	57 (86)				
	101 3 101	11:32 11:38~11:46 11:53	30 (99)		102 68 64 102	10:57 11:11~11:19 11:22~11:30 11:47	58 (94)				
8	101 15 18 101	10:00 10:29~10:37 10:44~10:52 11:22	54 (88)	8	102 72 61 102	10:00 10:21~10:29 10:32~10:40 10:58	54 (88)				
9	101 16 14 101	10:00 10:32~10:40 10:43~10:51 11:22	54 (88)		102 46 52 102	11:08 11:18~11:26 11:32~11:40 11:52	54 (88)				
10	101 93 94 101	10:00 10:36~10:44 10:47~10:55 11:29	56 (86)	9	102 59 102	10:00 10:25~10:33 10:59	38 (97)				
				10	102 55 57 102	10:00 10:26~10:34 10:36~10:44 11:11	54 (88)				
					102 66 102	11:21~11:21 11:34~11:42 11:55	40 (96)				
				11	102 36 34 102	10:00 10:31~10:39 10:42~10:50 11:18	50 (92)				
					102 48 102	11:28 11:41~11:49 12:01	37 (97)				

续表

从101号避难所发出的公交			从102号避难所发出的公交			从103号避难所发出的公交		
路线编号	途经节点	发车时间/到达、离开集结地时间/返回时间	载客量（置信水平/%)	路线编号	途经节点	发车时间/到达、离开集结地时间/返回时间	载客量（置信水平/%)	路线编号	途经节点	发车时间/到达、离开集结地时间/返回时间	载客量（置信水平/%)
			12	102 37 35 102	10:00 10:33~10:41 10:47~10:55 11:27	56 (87)			
				102 50 102	11:37 11:49~11:57 12:10~	42 (95)			
			13	102 47 39 102	10:00 10:07~10:15 10:47~10:55 11:32	61 (81)			
				102 69 102	11:42 11:53~12:01 12:13	32 (99)			
			14	102 53 56 102	10:00 10:37~10:45 10:49~10:57 11:33	57 (85)			
				102 49 102	11:43 11:52~12:00 12:09	17 (100)			

由表 6.5 可知，时段 1 开展每轮疏散时，101 号、102 号和 103 号避难所共派遣了 33 辆公交接载 100 个集结地的待疏散者，车辆使用数仅占第 5 章结果的 56%（59 辆）。33 辆公交车共有 56 条疏散路线，平均每辆公交行驶 1.7 个行程，考虑到集结地的实际疏散人数超过估计值，大多数路线的载客人数在 40~70 人，低于公交的额定载客量，可用来安置额外的待疏散者。在假设疏散需求服从正态分布的前提下，80%的路线有 95%的概率不会超载，所有路线有 80%的概率不会超载。

仍以第 1 个疏散时段为例，讨论疏散供需关系对车辆多次行驶行为的影响。时段 1 的公交疏散路线如图 6.5 所示。

由图 6.5 并结合表 6.4 可知，在第 1 个时段开展的每轮疏散中，101 号、102 号、103 号避难所各自派遣了 10 辆、14 辆和 9 辆公交，用于接载 34 个、45 个和

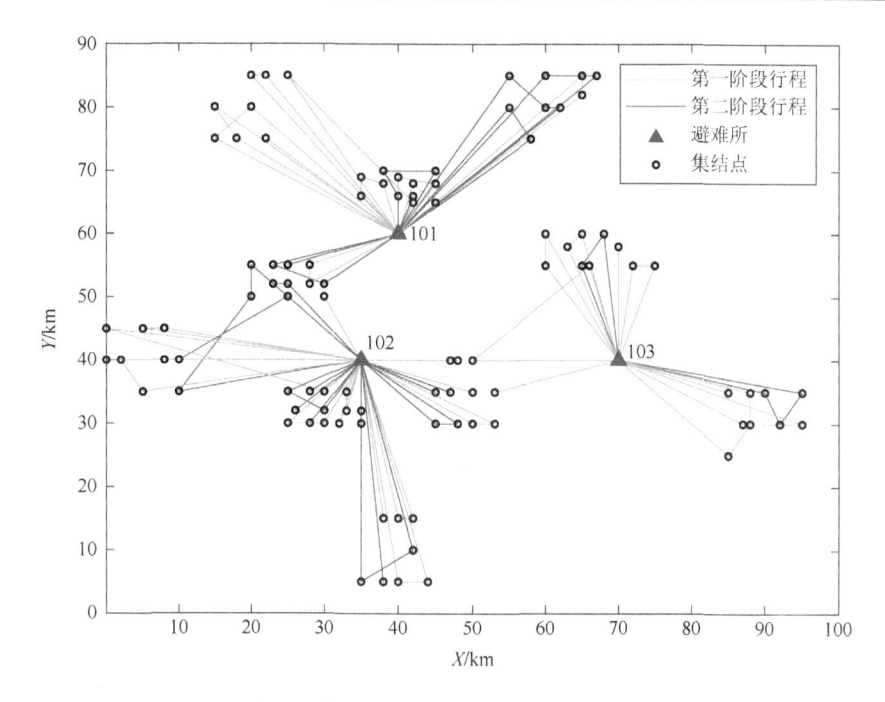

图 6.5 第 1 个疏散时段公交疏散路线图

21 个集结地的待疏散者,平均每辆公交需要访问 3.4 个、3.2 个、2.3 个集结地。对比公交平均访问集结地的数量可得,101 号和 102 号避难所的公交承载的疏散任务较重,车辆供应不足的问题较 103 号避难所更为严峻。鉴于此,我们推测 101 号和 102 号避难所的车辆重复行驶行为较为频繁。观察图 6.5 并结合表 6.4 的公交调度结果,这一推测得到了验证。从图 6.5 的公交的疏散路线可以直观地看出,101 号、102 号避难所的大部分公交车都具有重复行驶行为。进一步计算发现,101 号避难所需要重复行驶的公交数量占到该避难所派遣公交总数的 70%,102 号避难所的大部分公交需要重复行驶,占比高达 93%,远远大于 103 号避难所需要重复行驶的公交占比结果(22%),这表明当车辆数量有限时,可通过多行程来缓解车辆供应不足的问题,验证了本章提出的公交两阶段行驶策略的有效性。

更进一步,检验在优先级假设下,各时段的高风险集结地是否均在第一阶段被转移完毕,并探究在灾害的动态演变下,随着高风险集结地的占比增多,低风险集结地的疏散路线将发生哪些变化。时段 2 到时段 5 的公交行驶路线如图 6.6 至图 6.9 所示。

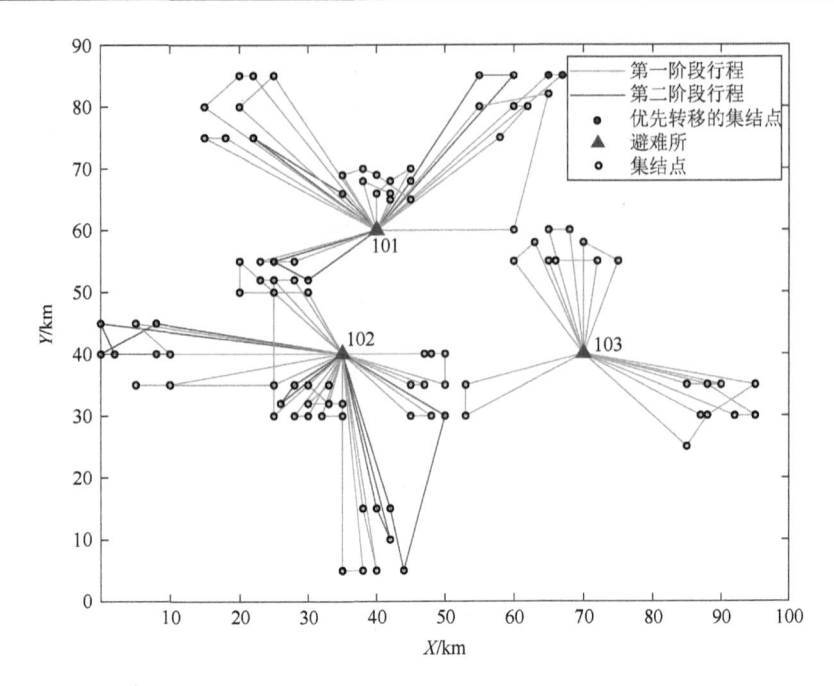

图 6.6　第 2 个疏散时段公交疏散路线图

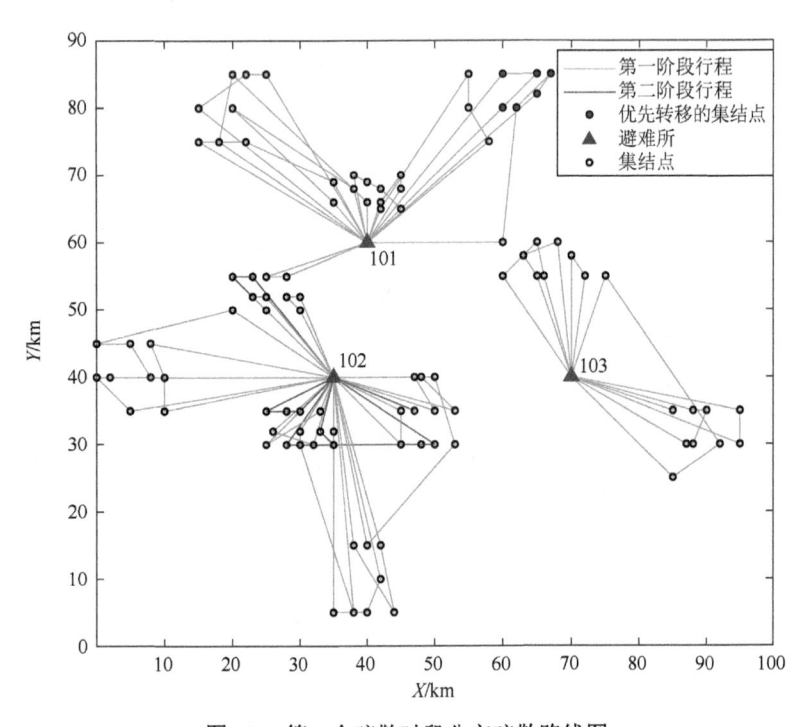

图 6.7　第 3 个疏散时段公交疏散路线图

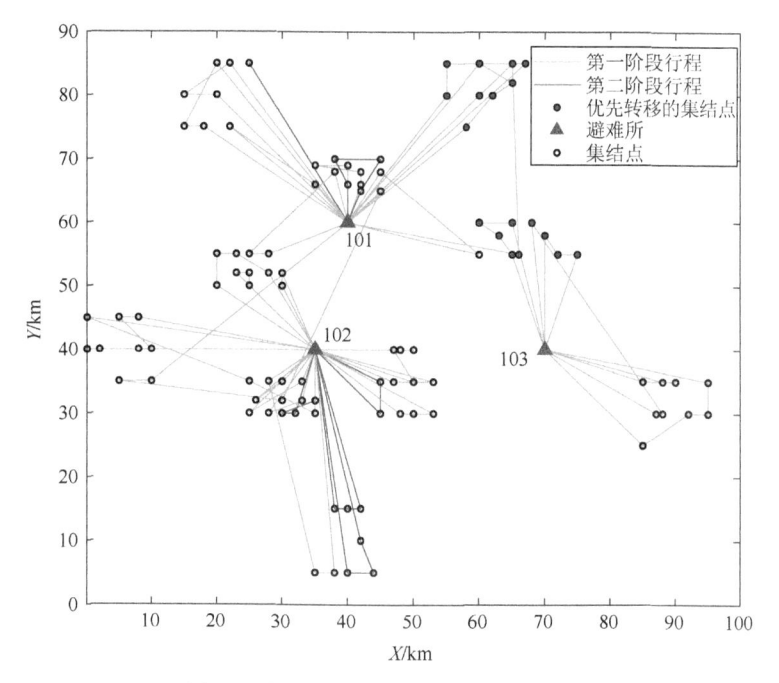

第 6 章　考虑高风险集结地优先访问的公交疏散模型

图 6.8　第 4 个疏散时段公交疏散路线图

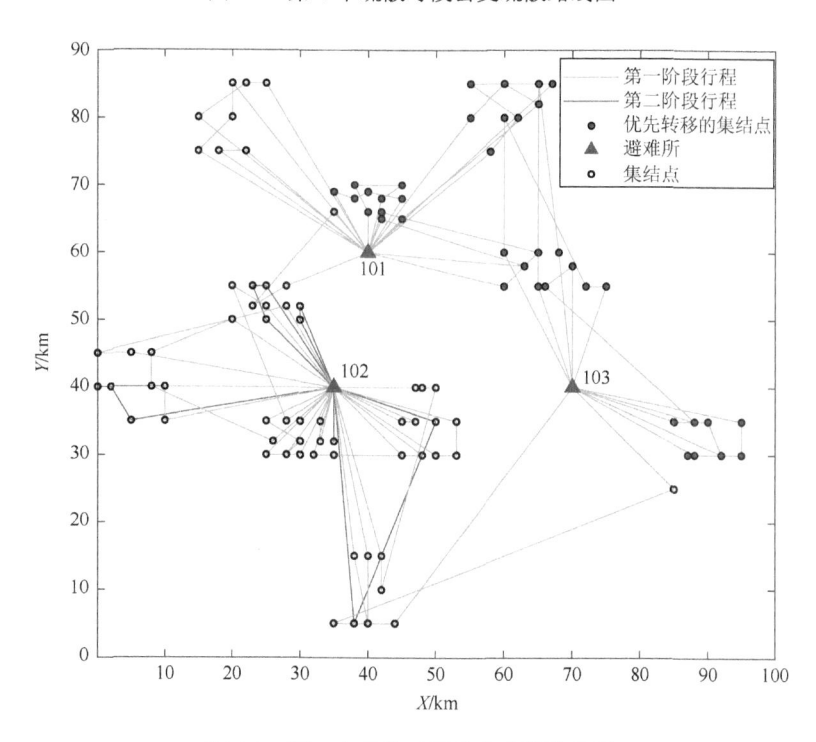

图 6.9　第 5 个疏散时段公交疏散路线图

由图 6.6～图 6.9 可知，所有高风险集结地都位于公交第一阶段的行驶路线（图中实线），验证了优先级约束的有效性。观察时段 2～时段 4 的疏散路线发现，2 号、5 号、7 号、9 号集结地作为低风险集结地，在时段 2 和时段 3 原本位于公交第一阶段行驶路线上，但随着台风的推进，附近 92～100 号集结地逐渐变成高风险集结地，使得 2 号、5 号、7 号、9 号集结地在时段 4 成为第二阶段访问对象。这一现象说明，随着高风险集结地的增多，低风险集结地待疏散者的权益将受到挤兑，这体现了本章强调的社会公平性，即资源有限的前提下，低风险区域的疏散进程应让步于高风险区域，以保障不同地区待疏散者在生存机会上的实质公平性。

此外，观察时段 4 的疏散路线发现，79 号和 97 号集结地虽然是低风险集结地，但位于 85 号高风险集结地的疏散进程之后，与其组成车辆第一阶段的行驶路线。这表明本章提出的两阶段策略能够充分发挥车辆在第一阶段的剩余运力，使其在接载完高风险集结地的人员后还能访问部分低风险集结地，而不仅仅是机械地将高风险和低风险集结地分别安排在第一阶段和第二阶段。

最后，根据每个时段的疏散轮数和每轮疏散信息，计算五个时段的疏散总人数和所用车辆数，并与第 5 章的结果（表 5.8）进行对比。如表 6.6 所示，通过重复使用车辆，本章各时段的计划疏散人数与第 5 章相同，结果具有可比性。与第 5 章的结果相比，本章所用的车辆数更少，但疏散总时间更长，究其原因，除了公平目标设置上的差异，更多是本章设置了车辆可用性约束，为了满足疏散需求，平均每辆公交需访问更多的集结地并重复使用，使疏散总时间上升。

表 6.6　各时段的疏散人数和所用车辆数

项目	时段 1	时段 2	时段 3	时段 4	时段 5
疏散人数/人	11 204	9 576	8 100	8 092	1 943
本章所用车辆数/辆	132	132	124	116	30
第 5 章的所用车辆数/辆	236	200	184	168	40
本章车辆疏散总时长/分钟	13 220	11 720	10 604	10 764	2 806
第 5 章的车辆疏散总时长/分钟	10 712	9 412	8 764	8 100	2 019

6.5　小　　结

本章在第 5 章的基础上，考虑了车辆数量有限情况下的公交疏散公平性规划问题。当公交运力不足时，允许车辆重复使用。将疏散区域划分成高风险和低风险区域，公交优先接载高风险集结地，以体现疏散的社会公平性。建立以公交疏散总时长最短为目标的多行程公交疏散全局优化模型，包含避难所的分配、路径的规划与车辆的调度。采用 ALNS 方法，在改进的 $C101$ 国际测试集上进行了仿真求解。结果显示，高风险集结地的人员均在第一阶段被接载完毕，保障了疏散的社会公平性。在疏散供给匮乏的区域，拥有两个行程的公交占比较高，表明重复行驶策略可有效缓解车辆供给不足的问题。

第 7 章　分级突发事件下城市轨道交通级联失效模型

本章主要介绍分级突发事件下城市轨道交通级联失效模型，首先介绍城市轨道交通突发事件的定义以及基于发生原因、发生位置、影响范围、严重程度的突发事件的分类及分级；其次介绍了级联失效的概念构成和经典级联失效算法，然后结合过往 CML 级联失效算法的发展给出基于 GAT 改进的 CML 模型的计算过程、客流分布的计算方式；最后基于上海城市轨道交通 AFC（automatic fare collection，自动售检票）刷卡数据中的客流数据分析随机攻击和蓄意攻击条件下的级联失效的阈值、级联失效累积失效比例和级联失效速度。

7.1　城市轨道交通突发事件

7.1.1　城市轨道交通突发事件的定义

城市轨道交通系统由于具有封闭、高速运行、容量巨大等特点，如果系统中任意一个部分出现问题，就有可能导致该部分的服务功能丧失，也就会影响到乘客的日常出行，甚至威胁到乘客的人身安全。根据 2007 年颁布的《中华人民共和国突发事件应对法》中的规定，突发事件被定义为突然发生，造成或者可能造成严重社会危害，需要采取应急处置措施予以应对的自然灾害、事故灾难、公共卫生事件和社会安全事件。

7.1.2　城市轨道交通突发事件的分类及分级

城市轨道交通突发事件可以按照其发生原因、发生位置、严重程度、影响范围来将其划分为不同类别及不同等级。

1. 发生原因

考虑到城市轨道交通系统的复杂性，容易受到乘客行为、系统状态、环境因素和管理等因素的影响，突发事件按照发生原因主要可以分成四大类：社会安全、自然灾害、设备故障和大客流。社会安全主要是指不法分子蓄意在轨道交通系统范围内实施纵火、爆炸甚至恐怖袭击等严重影响轨道交通运营秩序，危害乘客生命财产安全的事件。自然灾害主要是指台风、暴雨、地震等不可抗的自然因素引起突发运营中断的事件。设备故障主要是指运营组织失误、相关工作人员操作失误或者系统内的轨道、车辆、信号设备、接触网等设施故障导致的运营中断事件。大客流主要是指节假日或者大型活动等导致短时间大量客流涌入相关站点导致的拥堵甚至运营中断事件。

2. 发生位置

城市轨道交通站点可以分为端站点和非端站点、换乘站和非换乘站,因此可以根据突发事件发生位置主要分成三类:发生在端站点、发生在非端站点的非换乘站和发生在非端站点的换乘站。当发生在端站点时,由于通常情况下端站点乘客的进出流量相对较小,且列车可以提前返回控制影响范围,因此需要根据实际情况应急响应。当发生在非端站点的非换乘站时,此时受到影响的乘客数量与当时的进站客流以及其他车站进站通过该站点的客流有关。当发生在非端站点的换乘站时,由于换乘站的进站客流 OD 分布复杂,同时涉及多条线路,运营中断可能会导致多条线路的客流受到影响,因此需要及时采取相应的应急响应措施。

3. 严重程度

《国家城市轨道交通运营突发事件应急预案》按突发事件的严重程度将运营突发事件分为四级:Ⅳ级(一般)、Ⅲ级(较大)、Ⅱ级(重大)和Ⅰ级(特别重大)。城市轨道交通突发事件分级标准如表 7.1 所示。

表 7.1 城市轨道交通突发事件分级

事件等级	条件
Ⅳ	造成 3 人以下死亡,或者 10 人以下重伤,或者直接经济损失 50 万元以上 1000 万元以下,或者连续中断行车 2 小时以上 6 小时以下
Ⅲ	造成 3 人以上 10 人以下死亡或者 10 人以上 50 人以下重伤,或者直接经济损失 1000 万元以上 5000 万元以下,或者连续中断行车 6 小时以上 24 小时以下
Ⅱ	造成 10 人以上 30 人以下死亡,或者 50 人以上 100 人以下重伤,或者直接经济损失 5000 万元以上 1 亿元以下,或者连续中断行车 24 小时以上的
Ⅰ	造成 30 人以上死亡,或者 100 人以上重伤,或者直接经济损失 1 亿元以上的

注:上述分级标准有关数量的表述中,"以上"含本数,"以下"不含本数

4. 影响范围

按照服务中断的受影响范围可以分成区间级、线路级和网络级。区间级的突发事件由于发生在线路中一个或者几个站点小范围之内,通常并不会导致整条线

路都无法运营，其影响相对较小。线路级的突发事件指在线路多个区间发生导致整条线路基本处于运营服务停止状态的事件，这种情况通常在重大火灾、断电等事故下发生，需要管理机构及时启动应急预案，协同地面公共交通系统提供接驳服务以满足相应乘客的出行需求。网络级的突发事件是指在多条线路同时发生线路级别的突发事件导致城市轨道交通系统基本处于瘫痪状态的事件，这种情况会导致大量的乘客在城市轨道交通系统滞留，容易引发一定的社会问题，影响较大，同时乘客会选择其他出行方式，也会导致地面交通压力骤增，这种事件发生概率较小，一般在恐怖袭击或者极端自然灾害下发生，需要管理机构提前制定多式联运的应急预案。

7.2 经典级联失效算法

级联失效是一种可以引发一系列失效，并最终在整个系统中导致故障传播的网络故障模式。其潜在的风险和灾难性的后果促使许多领域投入大量精力探究级联失效，从而提出规避风险以及降低级联失效灾难性后果的新措施。网络的失效过程是可以看作是一个从量变到质变的过程，失效传播过程的临界点标志着网络的整体失效。因此，寻找网络级联失效临界点，对于分析网络系统的抗毁性，预防网络级联崩溃的发生具有重要作用。在复杂网络级联失效问题研究中，重点在于根据级联失效原理对实际网络故障过程进行建模，来描述网络级联失效的过程。例如，在物流网络、交通网络等运输网络中，少数节点的故障或节点负载流量超出其阈值，导致节点失去正常运输功能。此节点上的流量重新分配，进而加剧关联节点的流量负载压力，可能导致相关节点过载，形成连锁故障，影响网络系统正常运行。在实际复杂网络模拟方面，通过负载流量分配原则，对网络节点过载造成的级联失效问题进行建模，主要的模型包括：CASCADE 模型、负载-容量模型和 CML 模型等。

7.2.1 CASCADE 模型

Dobson 等[1]提出的 CASCADE 模型是在考虑电力网络中负荷的增加对网络级联失效的影响情况下提出的。在该模型中，首先给予网络中每个节点一个取值区间为 $[L_{min}, L_{max}]$ 的随机的初始负载，以及一个外界的额外负载 L_0。其次在假设每个网络节点都可能会发生过载失效的情况下，将失效节点的负载以一定比例重新分配到相邻节点，根据负载判断是否会产生新的过载节点，直到不产生新的过载节点结束级联失效过程。

7.2.2 负载-容量模型

通过假定网络中所有节点存在一定的负载和容量，当网络中存在节点负载与容量之比大于 1 时，则认为此节点失效，其负载将根据最初确定的分配算法重新分配至相邻节点上。被分配得到负载的相邻节点中可能存在负载与容量之比也大于 1 的节点，从而形成连锁效应导致网络中超载节点增加，进而导致级联失效。Motter 等[2]提出的负载-容量模型，这个模型是基于假设网络节点的容量和负载之间呈线性比例的关系提出的：

$$C_i = (1+\alpha)L_i, \ i=1,2,\cdots,N \tag{7.1}$$

其中，C_i 表示路段容量；α 表示容量参数；L_i 表示初始负载。

7.2.3 CML 模型

CML 在复杂系统的时空特性研究中得到了广泛的应用。这些研究大多假设不同的站点对具有规则的耦合拓扑。然而，在实际的轨道交通网络中，由于不同站对之间的异构性，CML 上的耦合拓扑不存在同步。此外，级联失效的原因不仅与其拓扑属性有关，还与客流转移规则有关。我们首先考虑一个有 N 个节点的 CML 模型，其中不同站点对之间不存在异质性的客流耦合强度：

$$x_i(t+1) = R + \left|(1-\varepsilon)f(x_i(t)) + \frac{\varepsilon \sum_{j=1,j\neq i}^{N} a_{ij} f(x_j(t))}{k_i}\right| \tag{7.2}$$

其中，$x_i(t)$ 表示节点 i 在第 t 个时间步长时的状态。$\varepsilon \in (0,1)$ 为拓扑结构的耦合强度。选择 Logistic 函数作为函数 f 定义了站点的局部动态。为了保证每个站点状态的非负约束，我们使用式（7.2）中的绝对值表示，并通过加入外部扰动 R 来模拟攻击对台站的影响，证明台站 i 发生了攻击或扰动。R 值越大表示攻击或扰动越严重。如果节点 i 没有遇到攻击或扰动，$R = 0$。

在本章中，利用 softmax 函数对所选数据集初始时刻的客流量进行初始归一化到区间(0, 1)，数值越大表示流量越大。同时满足 $0 \leqslant x \leqslant 1$，$0 \leqslant f(x) \leqslant 1$。如果某站点 i 在时间步长 s 时由于客流过载而出现故障，则将 $t > s$ 的所有状态设置为 $x_i(s) \equiv 0$。但是，站点 i 的邻居仍然会受到时间步 $s + 1$ 时 $x_i(s)$ 的影响。当故障站的一个或多个邻居状态大于阈值 1 时，会触发新一轮故障。

如果增加客流耦合强度，式（7.2）可以改写为

$$x_i(t+1) = R + \left| (1-\varepsilon_1-\varepsilon_2)f(x_i(t)) + \varepsilon_1 \sum_{j,j\neq i} \cdot \frac{a_{ji}f(x_j(t))}{k_i} + \varepsilon_2 \sum_{j,j\neq i} \cdot \frac{a_{ji}p_{j\to i}f(x_j(t))}{q_i} \right|$$
(7.3)

其中，ε_1 表示拓扑耦合强度；ε_2 表示客流耦合强度；满足 $\varepsilon_1, \varepsilon_2, \varepsilon_1+\varepsilon_2 \in (0,1)$ 的约束；q_i 表示节点 i 的客流量。

7.3 基于 GAT 改进的 CML 模型

7.3.1 GAT 训练客流耦合强度

注意力机制的核心是对给定的信息赋予权重，权重高的信息也意味着更应该被关注。作为贯穿所有 GAT 架构的唯一层，本章将先描述一个单一的图注意力层。与所有注意机制一样，单个图注意力层主要可以分为两部分：相关系数的计算和聚集。

本章中，整个城市轨道交通网络是一个图，每个站点都是一个以客流等特征数据（如客流量和速度）为节点特征的图节点。图注意力层的输入是一组节点特征，$h = \{\vec{h}_1, \vec{h}_2, \cdots, \vec{h}_N\}, \vec{h}_i \in \mathbb{R}^F$，其中，$N$ 为节点数，F 为每个节点的特征数。输出将是一组新的节点特征。该层将首先通过至少一个可学习的线性变换来增加每个节点的特征。这一步使用一个共享的线性变换，由一个权重矩阵参数化，$W \in \mathbb{R}^{F \times F}$。然后将变换后的节点 i 与其邻居 j 的特征进行拼接，通过共享注意机制 a 将拼接后的高维特征进行映射，计算注意系数：

$$e_{ij} = a(W\vec{h}_i, W\vec{h}_j), \quad j \in N_i \tag{7.4}$$

式（7.4）表示节点 i 和节点 j 之间的相关性。在这一步中，只计算一对相邻节点，共享注意机制是一个单层前馈神经网络。为了便于比较不同对节点之间的注意系数，我们使用 LeakyRelu 作为激活函数，通过 softmax 函数对注意系数进行归一化，得到客流耦合强度：

$$\varepsilon_{2_{ij}} = \frac{\exp(\text{LeakyRelu}(e_{ij}))}{\sum_{k \in N_i} \exp(\text{LeakyRelu}(e_{ik}))} \tag{7.5}$$

在计算完客流耦合强度后，应用非线性激活函数 σ 对各节点特征进行聚合：

$$\vec{h}_i' = \sigma\left(\sum_{j \in N_i} \varepsilon_{2_{ij}} W \vec{h}_j\right) \tag{7.6}$$

在实验过程中，我们也采用多头注意力来稳定学习过程。这一步将由 K 个独立的注意机制执行，然后将它们的特征连接起来：

$$\vec{h_i'} = \mathop{\|}\limits_{k=1}^{K} \sigma\left(\sum_{j\in N_i} \varepsilon_{2ij}^k W^k \vec{h_j}\right) \tag{7.7}$$

其中，‖ 表示拼接运算；ε_{2ij}^k 表示第 k 个注意力机制计算的客流耦强度；W^k 表示第 k 个输入的共享的线性变换权重矩阵。

图 7.1 是 GAT 训练客流耦合强度的例子。

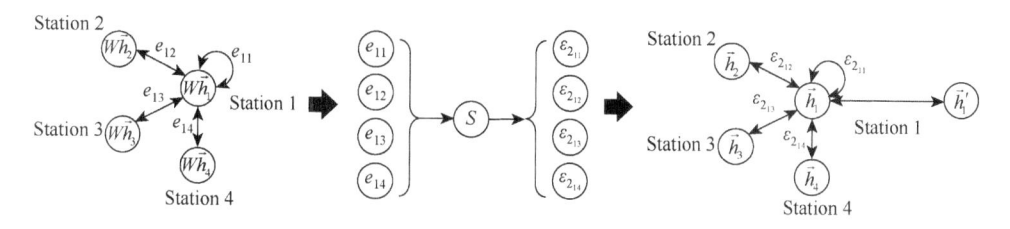

图 7.1 GAT 训练客流耦合强度流程

其中，1 站（Station 1）为城市轨道交通中心站点，2 站（Station 2）、3 站（Station 3）、4 站（Station 4）为相邻城市轨道交通站点，$\vec{h_i}$ 代表城市轨道交通 i 站的特征信息（如客流、时间等）。第一步是将站点的特征信息通过线性层进行变换，计算出中心站点与相邻站点之间的注意力系数 e_{ij}。第二步是利用 softmax 函数对注意力系数进行归一化，得到耦合强度 ε_{2ij}。第三步是通过耦合强度将相邻站点的特征信息和自身的特征信息聚合到自身，生成新的特征表达式 $\vec{h_1'}$。

7.3.2 客流重分布

当城市轨道交通站点发生事故而产生故障时，当前时间步长的客流会根据客流本身的需求，重新分配到与该站点相连的其他线路上。这些重新分配的客流将逐渐扩散到整个城市轨道交通网络，导致其他站点的负荷压力，甚至级联失效。7.3.1 节中训练的客流耦合强度反映了城市轨道交通站点间客流的相关性。假设在任何一个站点发生故障时，大多数站点之间的交通网络关联仍然保持不变，这意味着客流耦合强度的实际意义是用客流再分配的比例来表示的。为了便于级联失效过程的快速计算和演示，我们假设重新分配的客流相互独立。

如果城市轨道交通站点 i 故障，站点 i 的一个邻接站 j 出发的客流量 $p_{j\to i}$ 将被 j 站的其他邻接站所共享。由于客流耦合强度较大的两个站点之间的连接意味着在大多数情况下该站点具有更强的客流承载能力和客流偏好，我们假设它将有更大比例的客流。因此，$\Delta p_{j\to w}$ 就被表示为

$$\Delta p_{j\to w} = p_{j\to i} \cdot \frac{\varepsilon_{2_{jw}}}{\sum_{x=1}^{k_j^{out}} \varepsilon_{2_{jx}}} \quad (7.8)$$

其中，$\varepsilon_{2_{jw}}$ 表示站点 j 与邻站 w 之间的客流耦合强度，并服从以下约束：

$$\sum_w \frac{\varepsilon_{jw}}{\sum_{x=1}^{k_j^{out}} \varepsilon_{jx}} = 1 \quad (7.9)$$

该约束表明客流再分配模型将考虑所有的客流。

7.3.3 改进后的 CML 算法

为了更好地模拟真实的城市轨道交通网络拓扑特性，考虑双向轨道交通问题，改进的不同站点对之间具有异质性的客流耦合强度的 CML 模型为

$$x_i(t+1) = R + \left| \begin{array}{l} \left(1 - \overline{\varepsilon_{1,i}} - \overline{\varepsilon_{2,i}}\right) f(x_i(t)) + \sum_{j, j\neq i} \varepsilon_{1_{ji}} \cdot \frac{a_{ji} f(x_j(t))}{k_i^{in}} + \sum_{j, j\neq i} \varepsilon_{1_{ij}} \cdot \frac{a_{ij} f(x_i(t))}{k_i^{out}} \\ + \sum_{j, j\neq i} \varepsilon_{2_{ji}} \cdot \frac{a_{ji} p_{j\to i} f(x_j(t))}{q_i^{in}} + \sum_{j, j\neq i} \varepsilon_{2_{ij}} \cdot \frac{a_{ij} p_{i\to j} f(x_i(t))}{q_i^{out}} \end{array} \right|$$

$$(7.10)$$

为了方便计算，假设 $\varepsilon_{1_{ij}} = \varepsilon_{1_{ji}}$，$\varepsilon_{2_{ij}} = \varepsilon_{2_{ji}}$，因为一个站点的入度和入流同时也是另一个站点的出度和出流。因此式（7.10）可以改写为

$$x_i(t+1) = R + \left| \begin{array}{l} \left(1 - \overline{\varepsilon_{1,i}} - \overline{\varepsilon_{2,i}}\right) f(x_i(t)) + \sum_{j, j\neq i} \frac{\varepsilon_{1_{ij}} a_{ij}}{k_i} \cdot \left(f(x_j(t)) + f(x_i(t)) \right) \\ + \sum_{j, j\neq i} \varepsilon_{2_{ij}} a_{ij} \cdot \left(\frac{p_{j\to i}}{q_i^{in}} \cdot f(x_j(t)) + \frac{p_{i\to j}}{q_i^{out}} \cdot f(x_i(t)) \right) \end{array} \right|$$

$$(7.11)$$

上述公式的推导是合理的，因为一个站的出流不会影响下一个时间步的状态。本章使用 $I(t)$ 来定义第 t 个时间步前城市轨道交通网络的累积失效比例，即 N 个站点的城市轨道交通网络中站点失效数量的比值，然后用 $V(t)$ 来表示瞬时失效比例，它等于 $I(t)$ 减 $I(t-1)$。将导致城市轨道交通站点的稳定 $I(t)$ 的扰动定义为关键扰动值 R_c，关键扰动值可用于表现城市轨道交通系统中站点的鲁棒性。一个更有韧性的城市轨道交通系统理论上应该有更多的节点具有较大关键扰动值，同时一个重要的城市轨道交通站点应该在任何时候都有一个相对较大的关键扰动值。

7.3.4 级联失效机理描述

在研究城市轨道交通系统级联失效机理时,一般假设城市轨道交通初始失效站点在短时间内无法自我恢复性能,因此,初始失效站点具有"正常站点"和"失效站点"两种状态,而网络中的其他站点则有"正常站点""失效站点""暂停站点"三种状态。当城市轨道交通站点负载超出其自身最大负载能力限制时,站点状态由"正常站点"转变为"暂停站点"。"暂停站点"状态的城市轨道交通站点只允许负载流量的流出,不允许再继续增加负载。而当其负载在一定时间范围内减少为其自身最大负载能力范围内时,站点状态由"暂停站点"转变为"正常站点"。基于上述分析,整个级联失效过程大致可以分为以下三个阶段,如图 7.2 所示。

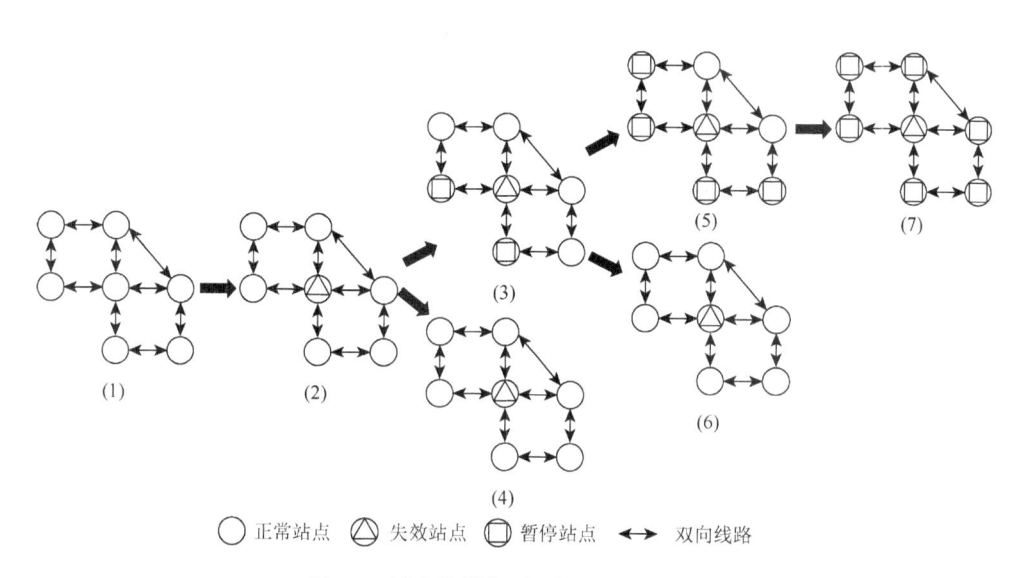

图 7.2 城市轨道交通网络级联失效过程

1. 正常运行阶段

当城市轨道交通网络未遭遇突发事件导致失效之前,网络中各个站点的交通负载均未超出其自身最大负载能力限制,整个网络处于正常运行状态,如图 7.2 中(1)所示。

2. 失效扩散阶段

当城市轨道交通网络中某个站点遭遇突发事件导致失效之后,该城市轨道交通站点失效,如图 7.2 中(2)所示。该站点以及将要前往该失效站点的相邻站点的交通负载会被疏散到其他站点,如图 7.2 中(2)(3)顺序扩散过程,而这也会给相邻站点带来交通负载压力,当相邻站点无法疏散这部分交通负载时,相邻站点的相邻站点会进行新一轮的交通负载的分配,如图 7.2 中(3)(5)顺序扩散过程。但如果相邻站点能够短时间内迅速疏散导致交通负载不超出其自身最大负载能力限制时,相邻站点能保持"正常站点"状态,如图 7.2 中(3)(6)顺序扩散过程。

3. 扩散终止阶段

当城市轨道交通网络中某个站点遭遇突发事件导致失效扩散一直持续,最终使网络中除初始失效站点外的所有站点均变为"暂停状态"站点时,整个城市轨道交通网络处于全面瘫痪状态,如图 7.2 中(1)(2)(3)(5)(7)顺序扩散过程。当突发事件导致某个站点失效后,其相邻站点状态由"正常站点"转变为"暂停站点"后,如果相邻站点能在一定时间内疏散这部分交通负载,站点状态也能够由"暂停站点"转变为"正常站点",如图 7.2 中(1)(2)(3)(6)顺序扩散过程。如果城市轨道交通网络具备非常强的交通负载疏散能力,当某个站点遭遇突发事件失效后,相邻站点在不影响自身的前提下能及时疏散交通负载,整个网络能够维持一种新的平衡状态,如图 7.2 中(1)(2)(4)顺序扩散过程。上述这三种情况都能导致级联失效的扩散终止。

7.4 案例分析

7.4.1 研究设计

案例分析主要的研究目的是探索基于 GAT 改进的 CML 模型在单站点发生突发事件下的级联失效过程,并对突发事件进行分级,分析分级突发事件对级联失效影响机理的差异性。研究基础是基于上海城市轨道交通构建的拓扑网络和上海 AFC 刷卡数据的客流数据。具体的研究内容包括以下四个方面。

1. 网络构建和数据准备

基于城市轨道交通拓扑网络 L-空间构建方法构建网络,基于上海 AFC 刷卡数据中的城市轨道交通客流数据训练 GAT 模型得到客流耦合强度并将其应用于基于 GAT 改进后的 CML 模型。结合 7.2.2 节中客流出行特征和客流数据特征选择案例分析的三个重要站点(上海火车站、莘庄和世纪大道)作为 CML 模型研究常用策略中蓄意攻击策略的研究对象,另一种策略为随机攻击策略。

2. 客流重分布的影响

本章使用的客流重分布算法基于客流耦合强度重新分配突发事件下的客流，为了便于分析讨论，本章只讨论发生突发事件的失效站点相邻站点到达失效站点的客流重分布，不考虑失效站点转移到相邻站点的客流重分布，并且初始失效站点原本应转移到相邻站点的客流将由应急公交接驳调度模型负责来实现客流运输，以此分析突发事件下的应急响应。

3. 基于 GAT 改进的 CML 模型的突发事件分级策略

由于 CML 模型特性，其假设不同发生原因（如社会安全、设备故障等）的突发事件导致的级联失效均遵循 CML 模型的状态扩散机制，基于 GAT 改进的 CML 模型主要的研究内容为单站点发生突发事件下的级联失效过程，突发事件所适用的对象为社会安全、设备故障和大客流这一类可能导致单站点失效的突发事件，基于 GAT 改进的 CML 模型用于分析不同站点对应的突发事件分级策略。

4. 级联失效过程分析

在网络构建和数据准备、客流重分布以及突发事件分级策略的基础上分析讨论蓄意攻击和随机攻击两种模拟失效策略下的级联失效过程，主要包括级联失效阈值分析、级联失效累积失效比例、瞬时级联失效速度和 CML 模型对比分析，在分析级联失效过程的基础上提出相应的城市轨道交通系统级联失效优化建议。

7.4.2 网络构建和数据准备

如图 7.3 所示，基于 2015 年 4 月 30 天上海地区 288 节点的 AFC 数据构建并绘制了具有 288 个站点的上海城市轨道交通系统拓扑网络。黑点代表城市轨道交通站，两个点之间的连接就是城市轨道交通线路。在下面构造的网络拓扑图中标注了研究数据集中第一个周三的最大节点度为 7 的世纪大道（CA）、最大入流量为 6095 的上海火车站（SRS）和最大出流量为 3307 的莘庄站（XZ）。

在构造网络时需要单独构造图数据集，如表 7.2 所示，上海 AFC 数据集包括乘客编号、日期、时间、线路和站点、类型、成本及折扣。虽然 AFC 数据可能会因逃票导致乘客需求被低估，但本章主要考虑的是通过 GAT 训练一个月连续数据集得到的客流耦合强度，逃票只是理论上对 GAT 训练过程产生轻微影响，并且由于 GAT 训练过程中输入的数据是每 5 分钟一个城市轨道交通站的客流。因此本章不考虑换乘站点的问题。

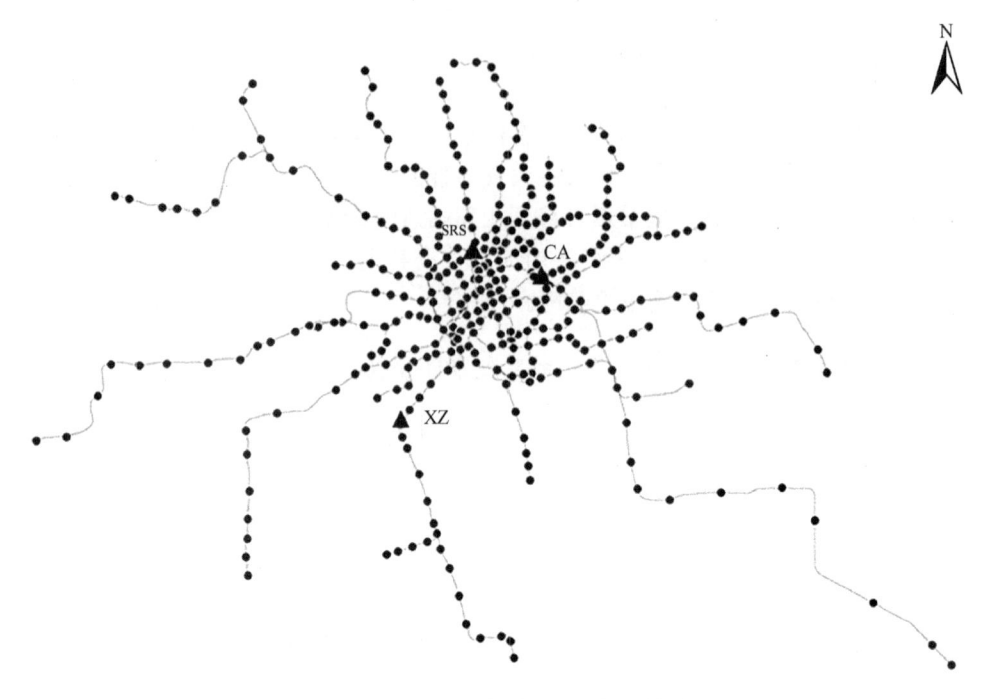

图 7.3　上海城市轨道交通网络拓扑图

表 7.2　AFC 数据样例

乘客编号	日期	时间	线路和站点	类型	成本	折扣
3002779092	2015-04-01	07:23:50	3 号线中潭路	地铁	0.0	无
3002779092	2015-04-01	07:44:36	4 号线宝山路	地铁	4.0	无

本章使用上述数据来构造上海城市轨道交通网络的邻接矩阵和将被 GAT 学习的图数据集。此外，利用基于 GAT 改进的 CML 模型对突发事件导致的站点失效进行模拟，并对上海城市轨道交通系统级联失效过程进行分析。本章选择了图 7.3 中标注的三个重要站点来说明蓄意攻击是如何模拟失效的。

7.4.3　客流重分布的影响

在城市轨道交通网络发生级联失效时，发生突发事件的失效站点与其相邻站点之间存在需要大量客流，为了便于分析讨论，本章提出的客流重分布模型仅针对发生突发事件的失效站点相邻站点到达失效站点的客流重分布，假设客流无法从失效站点被城市轨道交通转移到相邻的未失效站点。

由于拓扑耦合强度和客流耦合强度描述了城市轨道交通网络中不同对站点之

间的两种类型的相互作用,因此有必要研究两种耦合强度对级联失效的影响。所选三个站点的拓扑耦合强度和客流耦合强度如表 7.3 所示。研究数据中莘庄站有两个邻居站点,上海火车站有 4 个邻居站点,世纪大道站有 7 个邻居站点。两个站点之间的拓扑关系将根据每个站点的邻居数量均匀分布。两个站点之间的线路的客流耦合强度将由模型训练得到一个最合理的值。观察客流耦合强度可以发现,各站点与相邻站点之间的客流转移确实存在不均匀分布。

表 7.3 案例站点的拓扑和客流耦合强度

站点	拓扑耦合强度	客流耦合强度
莘庄	1/2,1/2	0.48,0.52
上海火车站	1/4,1/4,1/4,1/4	0.25,0.24,0.26,0.25
世纪大道	1/7,1/7,1/7,1/7,1/7,1/7,1/7	0.14,0.14,0.14,0.14,0.14,0.15,0.15

根据表 7.3 中案例站点客流耦合强度计算式(7.9),发现客流耦合强度符合客流重分布模型约束,说明模型训练得到的客流耦合强度考虑了由失效站点相邻站点到达失效站点的全部客流。

基于式(7.8)以及上述案例站点的客流耦合强度计算需要重分配给相邻站点的客流量,在莘庄、上海火车站和世纪大道的 $p_{j \to i}$ 分别为 100、200、300 时,计算需要重分配给相邻站点的客流量 $\Delta p_{j \to w}$ 如表 7.4 所示:

表 7.4 案例站点的客流重分布

站点	$p_{j \to i}$	$\Delta p_{j \to w}$
莘庄	100	48,52
上海火车站	200	50,48,52,50
世纪大道	300	42,42,42,42,42,45,45

从上述计算结果可以发现,本章所使用的客流重分布计算方法主要基于 GAT 模型中注意力机制训练得到的客流耦合强度,注意力机制假设由于突发事件导致的级联失效情况下客流重分布在一定时间内具有偏好一致性。$\Delta p_{j \to w}$ 的计算结果与 $p_{j \to i}$ 存在明显的比例关系,拥有多个相邻站点的站点在客流重分布时需要更大的客流量给相邻站点带来足够的客流压力触发失效判定。

城市轨道交通站点在发生突发事件导致失效时,其相邻站点前往失效站点的客流会根据上述分配方式前往相邻站点周围的其他站点,从而引发新一轮的级联失效判定。以上海城市轨道交通系统中的上海火车站局部网络为例,通过模拟突发事件变量为 2 的级联失效过程，其根据客流重分布所产生的级联失效扩散过程如图 7.4 所示。

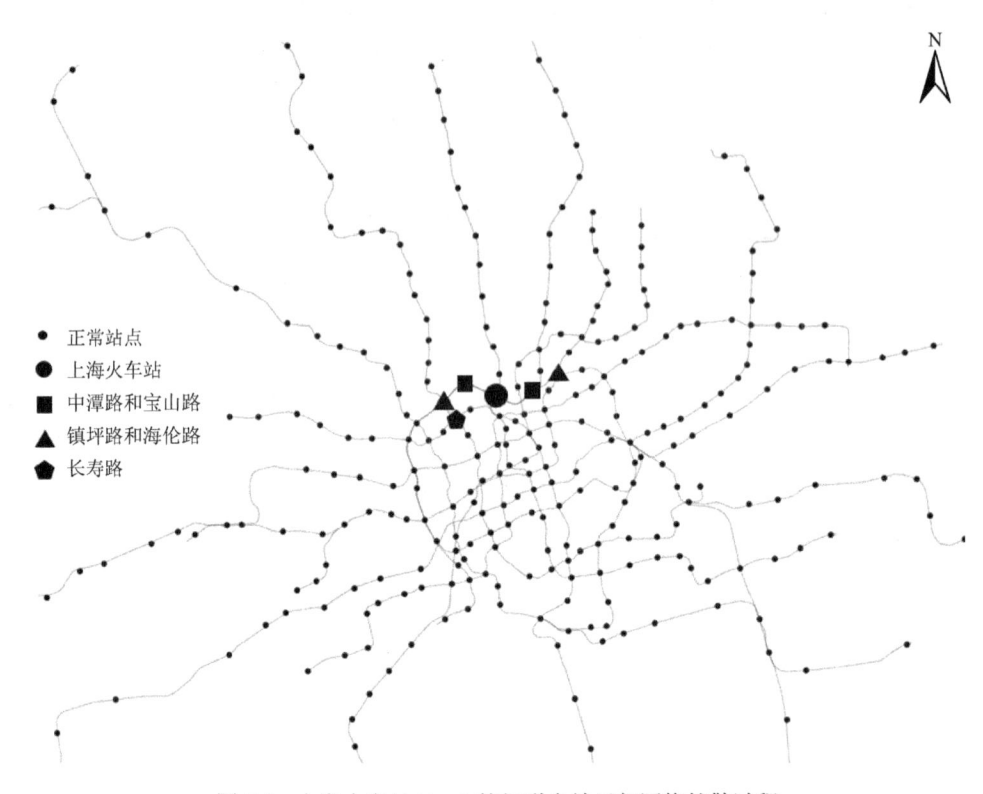

图 7.4　上海火车站 $R=2$ 的级联失效局部网络扩散过程

在上述级联失效扩散过程中，初始状态 $t0$ 时上海火车站局部网络中所有站点都处于"正常站点"状态。当 $t1$ 时刻上海火车站发生突发事件导致站点失效后，中潭路和宝山路前往上海火车站的客流会返回并被分配给镇坪路和海伦路，在 $t2$ 时刻根据级联失效中式（7.11）计算中潭路和宝山路的站点状态发现处于"暂停站点"状态，只允许负载流量的流出，不允许再继续增加负载。而在 $t3$ 时刻的镇坪路和海伦路接收到来自中潭路和宝山路的客流之后，根据计算站点状态同样发现镇坪路和宝山路也被判定为"暂停站点"状态。但是在 $t4$ 时刻，尽管镇坪路和海伦路依然会向相邻站点输送客流，却只有长寿路由"正常站点"状态变为"暂停站点"状态，包括在 $t2$ 时刻，上海火车站的节点度为 4，同样也只有相邻的中潭路和宝山路由"正常站点"状态变为"暂停站点"状态。这是因为在客流重分布的过程中，如果相邻站点能够短时间内迅速疏散重分配的客流导致客流负载不超出其自身最大负载能力限制时，相邻站点能保持"正常站点"状态，即处于"暂停站点"状态的城市轨道交通是客流重分布导致的客流负载超出其自身最大负载能力限制。

通过模拟突发事件变量为 4 的级联失效过程，其根据客流重分布所产生的级联失效扩散过程如图 7.5 所示。

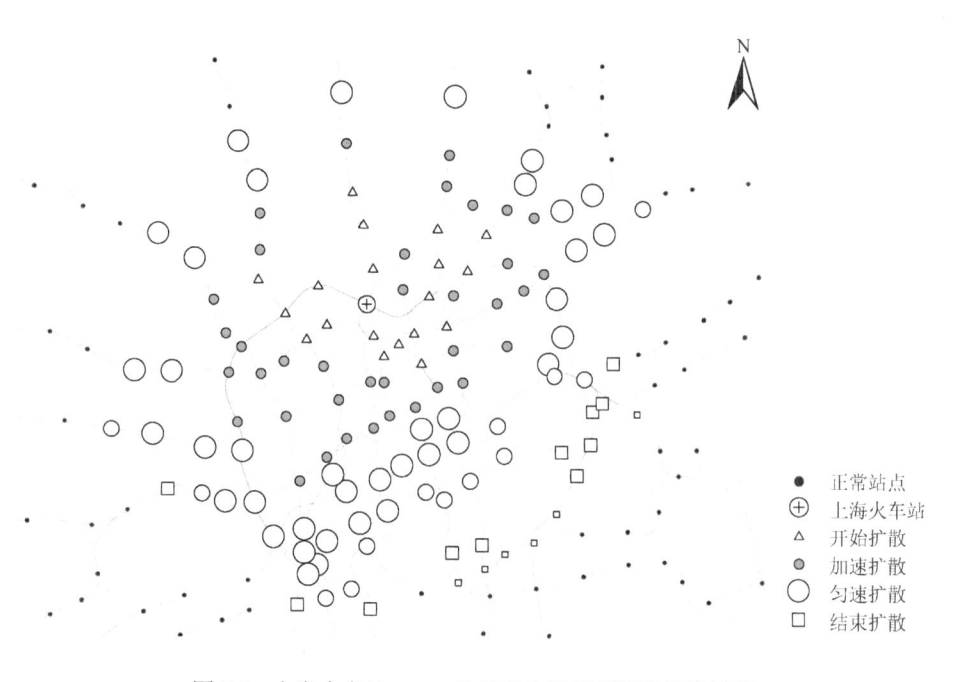

图 7.5　上海火车站 $R=4$ 的级联失效局部网络扩散过程

从图 7.5 中可以发现，由于客流重分布，整个级联失效过程主要可以分为开始扩散、加速扩散、匀速扩散和结束扩散四个阶段。随着级联失效扩散空间范围的增大，需要判定是否失效的站点也越来越多。在加速和匀速扩散阶段级联失效的城市轨道交通站点相对较多，开始和结束扩散阶段的城市轨道交通站点相对较少。因为客流重分布模型使相关城市轨道交通管理机构在了解大规模客流自然运动的基础上，能够通过算法获得发生故障时客流的转移规律。一般来说，这一规则存在于真实的城市轨道交通系统中，因为当一个车站或线路遭受突发事件时，乘客更有可能选择相邻的可以正常运行的城市轨道交通服务，从而尽快逃离混乱和事故。

7.4.4　基于 GAT 改进的 CML 模型的突发事件分级策略

CML 模型的主要思想是将状态域连续化，时间域和空间域离散化，通过表现复杂的时空特性来研究非线性系统时空行为。目前 CML 应用场景为单站点发生突发事件导致的级联失效，主要用于分析突发事件的影响从失效站点向相邻站点扩散时的状态变化。

CML 模型是以混沌 Logistic 映射这样的非线性函数表示站点自身的动态行为的，R 作为 CML 模型量化突发事件影响程度的重要变量，R 的数值意义被定义为影响站点自身动态行为的模拟攻击或扰动。CML 模型的两个重要假设如下。

（1）导致单站点失效的不同发生原因的突发事件会产生级联失效现象。

（2）单站点失效状态下的所有级联失效算法均遵循 CML 模型的状态扩散机制，不同发生原因（如社会安全、设备故障等）的突发事件导致的级联失效算法模型相同。

而根据 7.1.2 节中突发事件按照发生原因的分类：社会安全、自然灾害、设备故障和大客流，自然灾害导致的突发事件一般多涉及多条线路的多个站点，社会安全、设备故障和大客流导致的突发事件存在单站点突发事件的情况，所以 CML 理论上适用于分析社会安全、设备故障和大客流这类因素所导致的单站点突发事件情况下的级联失效过程，不适用于网络中多个站点同一时刻发生突发事件的状况。由于城市轨道交通是一个复杂的系统，客流构成和分配时空异质性显著，分析多个站点同一时刻发生突发事件的级联失效过程过于困难，内部客流耦合关系和拓扑耦合关系交叉错杂，目前的级联失效模型多分析讨论单站点突发事件下级联失效过程。

基于 GAT 改进的 CML 模型对突发事件影响程度主要通过模拟突发事件来体现，但不同站点在不同模拟突发事件的变量下的级联失效过程并不相同，所以对于不同站点，出现相似级联失效影响程度的突发事件所对应的变量可能并不相同。如图 7.6 所示，通过在研究数据集所选的四个星期三早高峰时段中级联失效的平衡失效比例随模拟突发事件的变量值增加的变化情况来研究在不同突发事件的模拟变量模拟突发事件下触发最大级联失效的阈值。通过向不同的站点添加不同的模拟突发事件的变量值，基于级联失效算法模拟了不同级别的突发事件导致的级联失效结果。当模拟突发事件的变量超过 1 时，城市轨道交通网络开始触发级联失效。但随机攻击和蓄意攻击的级联失效触发阈值明显不同。随着模拟突发事件的变量的增加，世纪大道站的级联失效过程先发生突变，然后是莘庄、上海火车站和随机攻击情况。

通过对上海城市轨道交通系统早高峰不同等级突发事件级联失效的模拟可以分析得到以下结论。

（1）对于上海城市轨道交通系统来说，蓄意攻击比随机攻击更容易触发大规模的级联故障，因为实现级联故障在网络上的快速传播只需要一个相对影响较小的突发事件。因此，与蓄意攻击相比，上海城市轨道交通系统针对随机攻击更具

第7章 分级突发事件下城市轨道交通级联失效模型 ·159·

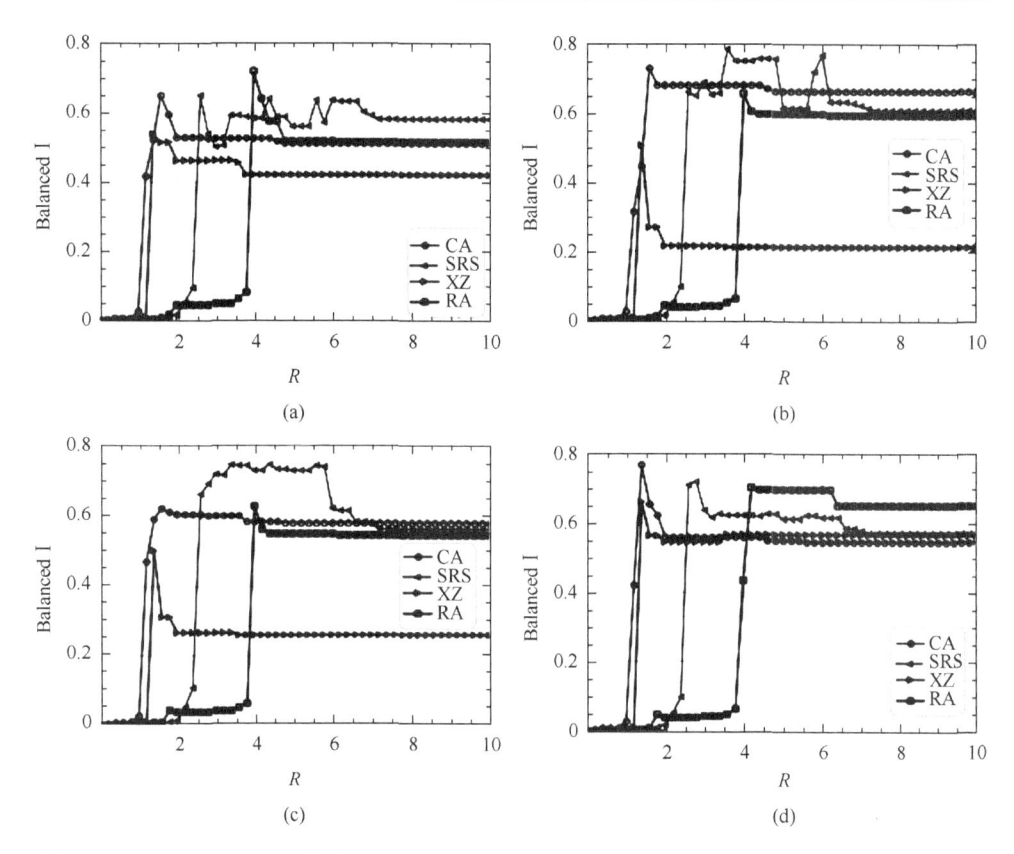

图 7.6 随机攻击（RA）、莘庄（XZ）、上海火车站（SRS）和世纪大道（CA）在四个周三的早高峰时段中的级联失效情况

Balanced I 表示平衡失效比例

有鲁棒性。级联失效的突变效应说明对于重要站点，城市轨道交通站点存在级联失效规模的突变阈值，当突破这一阈值状态时，会迅速触发大量轨道交通站点级联失效，这一分析研究结果揭示了城市轨道交通作为一种特殊交通工具的内在固有脆弱性。

（2）从上海城市轨道交通系统站点空间分布的角度看，上海城市轨道交通拓扑网络中世纪大道站和上海火车站附近的站点分布相对密集，莘庄站附近的站点相对分散，世纪大道站和上海火车站的客流构成相对莘庄站更复杂，从图 7.6（b）和图 7.6（c）可以发现，在莘庄站的平衡失效比例保持不变之前，随着 R 的增大，会出现较大的下降。这一研究结果表明，当突发事件达到一定等级时，世纪大道站和上海火车站对整个上海城市轨道交通网络的重要性高于莘庄站，而在图 7.6（a）和图 7.6（d）中，这种现象并不明显。

（3）对于上海城市轨道交通系统早高峰级联失效而言，不同日期之间的级联失效结果之间存在相关性，通过对比早高峰级联失效结果中的第一个周三和最后一个周三，两者级联失效结果曲线趋势相似，而在第二个和第三个周三的级联失效结果曲线中则存在显著的区别。这一结果表明，上海城市轨道交通系统中月中旬各站点的异质性比月初和月末更显著，重要性水平具有分层效应，这一点揭示了上海轨道交通系统中站点级联失效过程的显著时空异质性。

图 7.7 通过在研究数据集所选的四个星期三晚高峰时段中平衡失效比例随 R 的增加的变化情况来研究在不同 R 模拟突发事件下触发最大级联失效的阈值。

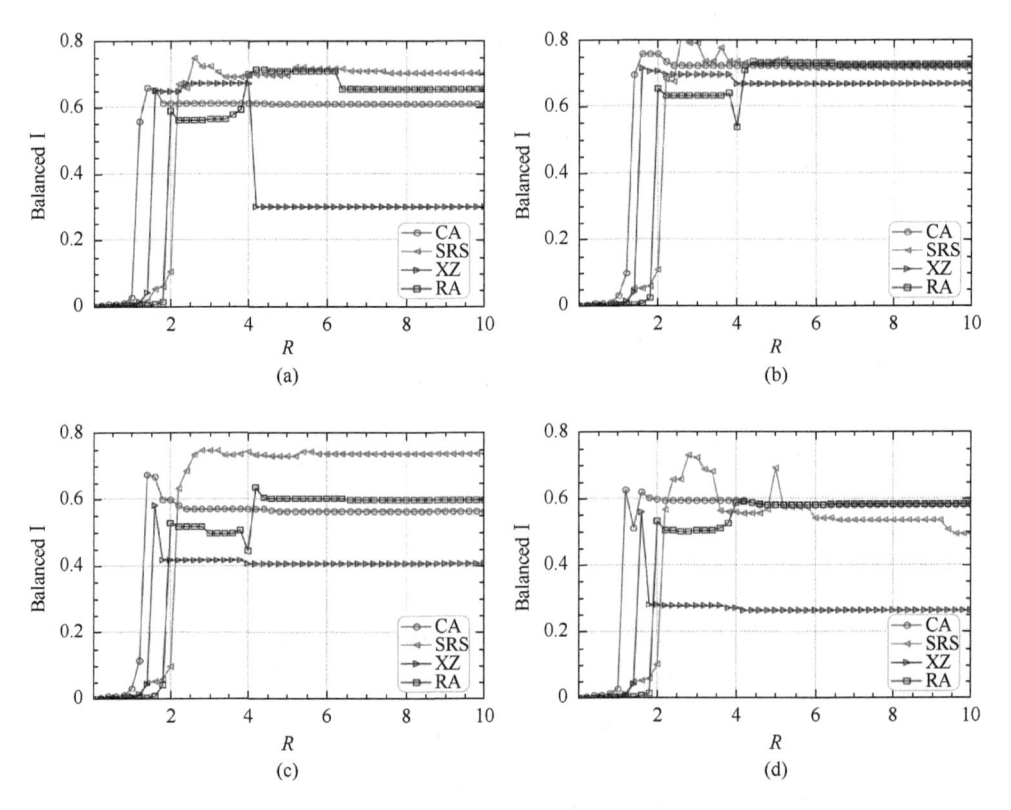

图 7.7　随机攻击（RA）、莘庄（XZ）、上海火车站（SRS）和世纪大道（CA）在四个周三的晚高峰时段中的级联失效情况

通过对比上海城市轨道交通系统早高峰和晚高峰级联失效的分布情况可以得出以下结论。

（1）早高峰的级联失效过程与晚高峰的级联失效过程差异性明显，三个重要站点和随机攻击情况下的月中旬早高峰级联失效结果中级联失效过程的相似度明显低于月初和月末的早高峰级联失效结果中级联失效过程的相似度。但是，研究数据的月中旬晚高峰级联失效结果中级联失效过程的相似度明显高于月初和月末的晚高峰级联失效结果中级联失效过程的相似度。

（2）对比早高峰和晚高峰上海城市轨道交通系统级联失效过程，部分站点早高峰和晚高峰的级联失效过程存在较高相似性，部分站点的早高峰和晚高峰级联失效过程之间相似性较弱。例如，上海火车站和世纪大道站的级联失效的平衡失效比例一般会先迅速增加，在出现一次突变后趋于稳定。而对于莘庄站来说，早高峰和晚高峰的级联失效过程中级联失效的平衡失效比例分布随机性较强，并且大多数莘庄站的级联失效过程中平衡失效比例的突变振幅较大。对于随机攻击策略来说，级联失效的平衡失效比例增加时需要比蓄意攻击策略模拟更加严重的突发事件，这同样验证了上海城市轨道交通网络应对随机攻击相对鲁棒，应对蓄意攻击相对脆弱的特点。

结合上海城市轨道交通系统早高峰和晚高峰级联失效表现，得出不同时刻关键扰动值，如表7.5所示。莘庄站的关键扰动值主要在4左右波动，世纪大道的关键扰动值主要在5左右波动，上海火车站的关键扰动值主要在6左右波动。结果表明，对于上海城市轨道交通系统而言，尽管级联失效的规模会随着突发事件导致的级联失效程度的变化而变化，同时随着时间的增加而变化，但是，每个站点在某一时间段内导致平衡失效状态的关键扰动值接近于一个常量。不同站点的抗级联失效能力可以通过不同时刻的关键扰动值来进行对比，在本章案例分析中，上海火车站的抗级联失效能力大于世纪大道站，世纪大道站的抗级联失效能力大于莘庄站。

表 7.5 不同时刻的关键扰动值

站点	早-1	早-2	早-3	早-4	晚-1	晚-2	晚-3	晚-4
莘庄	4.0	3.6	3.5	3.5	4.2	4.0	4.0	4.2
世纪大道	5.0	4.7	3.7	4.5	4.6	5.3	4.7	4.7
上海火车站	7.0	6.5	7.2	7.0	7.6	5.4	5.8	9.5

根据7.1.2节中城市轨道交通突发事件按照服务中断的受影响范围的分级策略，城市轨道交通突发事件等级可以分成三个等级：区间级、线路级和网络级。结合构建的上海城市轨道交通拓扑网络分析，当平衡失效比例小于0.05时，城市轨道交通突发事件等级可以被视为区间级。当平衡失效比例大于0.05，小于0.1时，城市轨道交通突发事件等级可以被视为线路级。当平衡失效比例大于0.1时，城市轨道交通突发事件等级可以被视为网络级。城市轨道交通突发事件分级标准如表7.6所示。

表 7.6 上海城市轨道交通突发事件分级标准

城市轨道交通突发事件级别	平衡失效比例
区间级	[0, 0.05]
线路级	[0.05, 0.1]
网络级	[0.1, 1]

基于上述级联失效结果和上海城市轨道交通突发事件分级标准，对早高峰时莘庄站、上海火车站、世纪大道站在不同模拟突发事件的变量的级联失效算法模拟情况下的突发事件进行分级，分级结果如表 7.7 所示。

表 7.7 早高峰站点级联失效算法模拟的突发事件分级结果

站点	$R=1$	$R=2$	$R=3$	$R=4$
莘庄	区间级	网络级	网络级	网络级
上海火车站	区间级	线路级	网络级	网络级
世纪大道	区间级	网络级	网络级	网络级

综合以上不同站点的级联失效仿真突发事件分级结果，不同站点在模拟级联失效过程时面对不同突发事件模拟变量的表现并不相同，在 CML 模型模拟突发事件变量为 2 时，对于上海火车站仅表现为线路级的突发事件，而对于莘庄站和世纪大道站表现为网络级的突发事件，这说明不同站点在 CML 模拟级联失效时所对应的突发事件等级不存在统一标准，每个站点对于突发事件的分级判定具有各自的突发事件模拟变量范围。由于本章所模拟的级联失效过程仅适用于分析单站点突发事件情况下的级联失效过程，不适用于城市轨道交通网络中多个站点同时发生突发事件的状况，因此需要对比分析不同站点在不同等级突发事件模拟变量下的级联失效的累积失效比例、瞬时级联失效速度等来进一步分解级联失效过程。

7.4.5 级联失效过程分析

级联失效过程分析主要是在上述改进后的 CML 模型仿真结果基础上具体分析累积失效比例和瞬时级联失效速度，并且提出本章级联失效模型仿真过程的优化内容，最后会针对案例分析中级联失效仿真结果提出级联失效优化建议。

1. 累积失效比例

根据 7.4.4 节对多个站点级联失效过程的仿真以及突发事件的分级结果，不同站点不同等级突发事件下的级联失效的累积失效比例如图 7.8 所示。

第7章 分级突发事件下城市轨道交通级联失效模型

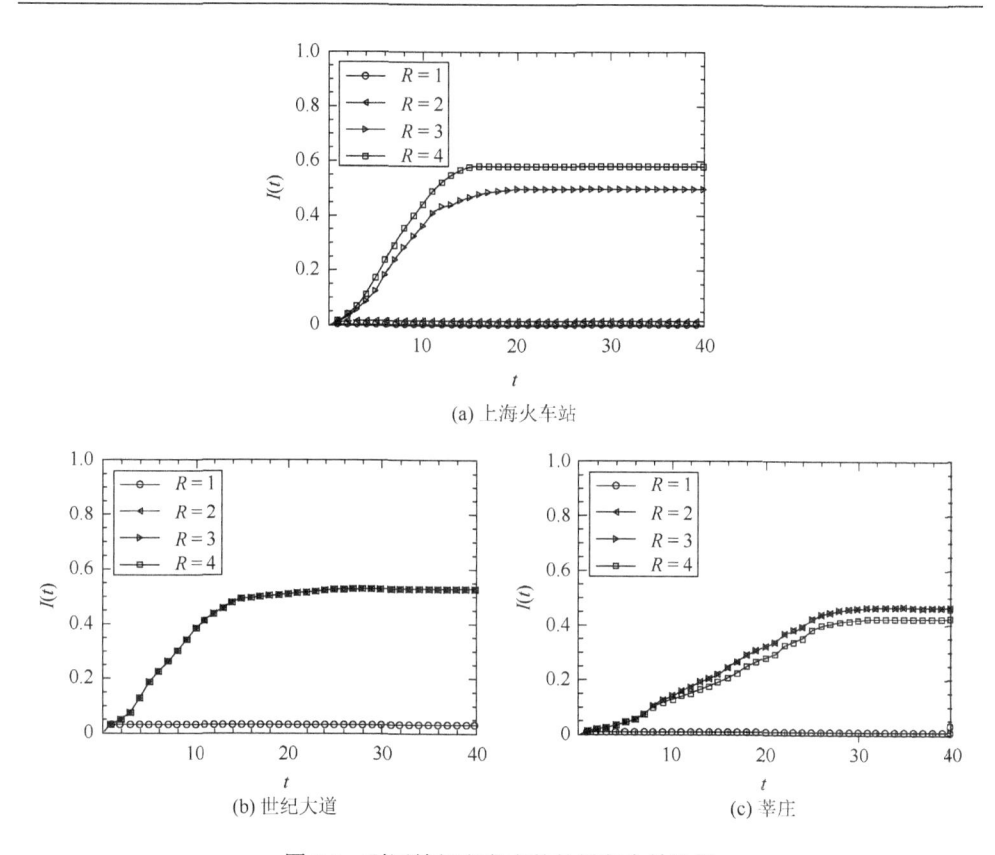

(a) 上海火车站

(b) 世纪大道

(c) 莘庄

图 7.8 不同等级突发事件的累积失效比例

通过分析不同站点不同等级突发事件下的级联失效的累积失效比例，可以得出以下结论。

（1）对于上海火车站而言，发生区间级的突发事件时，级联失效会在短时间内扩散并迅速消失。结果表明对于上海城市轨道交通系统而言，当某一站点发生低等级的突发事件时，尽管可能会在短时间内引起其他的少量相邻站点失效，但这种级联失效的信息传递也会在网络上迅速消失。这一类突发事件所导致的级联失效问题对于相关的应急管理部门来说也更容易解决。但是当发生网络级别的严重突发事件时，失效状态会逐渐蔓延到整个地铁网络。

（2）上海火车站、世纪大道站和莘庄站在仿真 $R=3$ 的级联失效过程中，突发事件判定结果均为网络级。对比莘庄站的累积失效比例增长过程，上海火车站和世纪大道站曲线明显更容易从初始失效站点开始触发更多站点的失效。根据仿真结果，莘庄站大约在第 30 个时间步才能达到最大失效比例，而上海火车站和世纪大道站分别在第 15 个时间步和第 25 个时间步。结合三个城市轨道交通站点的地理分布，由其他密集分布的站点所包围的站点触发的级联失效状态在城市轨道交通网络中传播所需的时间步骤相对会更少。

（3）对于同样是网络级的突发事件导致的级联失效而言，上海火车站在 $R=3$ 和 $R=4$ 下的级联失效仿真结果相对于世纪大道站和莘庄站的级联失效仿真结果敏感度相对更高一些。但是在区间级的突发事件导致的级联失效仿真结果中，级联失效累积失效比例相似度较高。结果表明，对于上海城市轨道交通系统而言，在发生不同等级的突发事件导致级联失效时，由于城市轨道交通网络的运营服务受损，客流的疏散受到抑制，级联失效在突发事件开始时更容易被预测，但会随着时间的推移越来越难以控制。

2. 瞬时级联失效速度

根据 7.4.4 节对多个站点级联失效过程的仿真以及突发事件的分级结果，不同站点不同等级突发事件下的瞬时级联失效速度如图 7.9 所示。对于上海城市轨道交通系统而言，瞬时级联失效速度与时间步长之间存在近似正态分布，本章通过表 7.8 中的 Kolmogorov-Smirnov 正态分布检验进行验证。当 p 值大于 0.05 时，可以被视作正态分布。

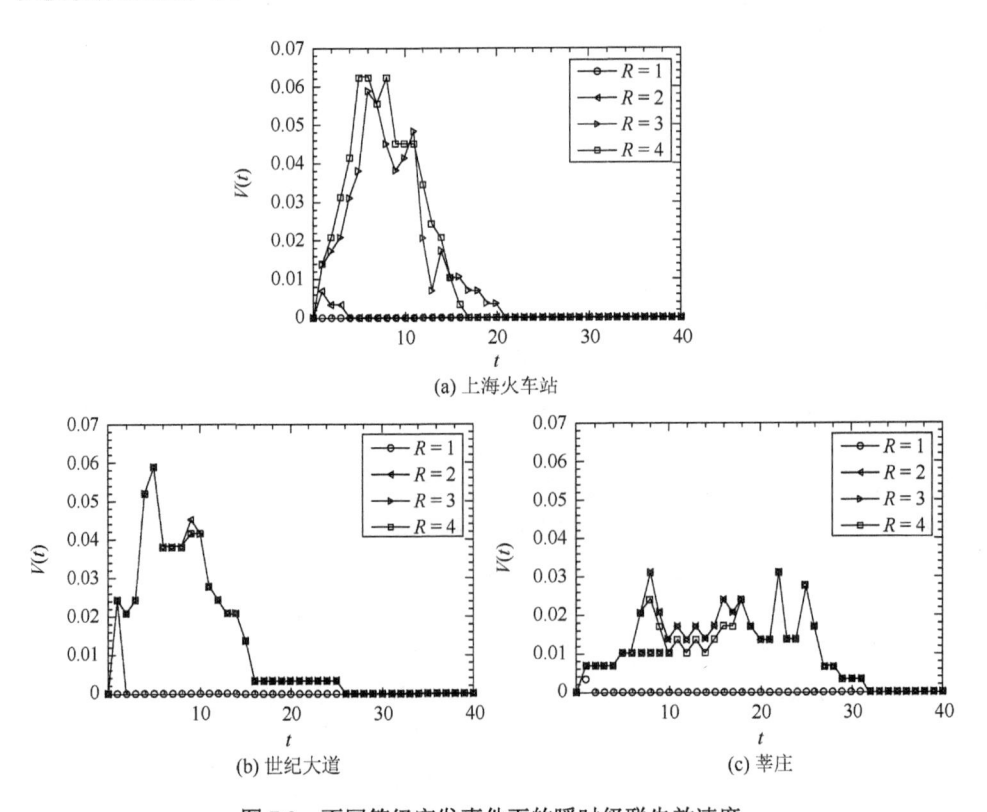

图 7.9 不同等级突发事件下的瞬时级联失效速度

表 7.8 三个站点不同 R 时的 p 值

站点	$R=2$ 的 p 值	$R=3$ 的 p 值	$R=4$ 的 p 值
上海火车站	0.90	0.47	0.95
世纪大道	0.82	0.84	0.84
莘庄	0.59	0.59	0.58

通过分析不同站点不同等级突发事件下的瞬时级联失效速度，可以得出以下结论。

（1）当城市轨道交通站点发生因区间级突发事件导致的级联失效时，随机攻击和蓄意攻击两种级联失效模拟突发事件策略下瞬时级联失效速度的峰值时间均在两个时间步以内。结果说明，对于上海城市轨道交通网络这样一个小世界网络而言，低等级突发事件所导致的级联失效在城市轨道交通系统中触发后会迅速终止。

（2）当突发事件等级提高到网络级时，瞬时级联失效峰值时间会出现明显延迟，上海火车站在第六个时间步出现峰值，世纪大道站在第五个时间步出现峰值，而世纪大道站在第八个时间步出现峰值。当突发事件为网络级时，世纪大道站和莘庄站对级联失效模拟突发事件的变量 R 的敏感度会降低，从而导致瞬时级联失效速度波动减小，但莘庄站的瞬时级联失效速度分布存在多个峰值时间且峰值时间范围相对更长，结果说明上海城市轨道交通系统站点随着级联失效模拟突发事件变量的改变，级联失效比例分布和瞬时级联失效峰值时间存在差异，当突发事件突破至网络级时，级联失效过程可预测性会提高，并且瞬时级联失效速度预测结果与时间步之间存在正态分布关系。

3. 级联失效模型理论优化分析

结合级联失效模型理论，分析上述级联失效过程可以发现，每个城市轨道交通站点的平衡失效比例不是逐渐增大到 1，而是先增大后减小。平衡失效比例的最大值接近 0.8，这说明在加入本章提出的拓扑耦合强度和客流耦合强度后，上海地铁系统不可能完全失效。以往的研究在实验中，只要扰动 R 足够大，就保证整个地铁系统完全失效，这些研究一般会假设 $\varepsilon_1 = \varepsilon_2 = 0.25$。通过分析本章中的 CML 模型公式，可以发现某站下一个时间步的状态值 $x_i(t+1)$ 几乎是一个固定的组成结构，例如当 $\varepsilon_1 = \varepsilon_2 = 0.25$ 时，CML 模型公式的第一部分是 50%的上一时间步的状态信息量，第二部分是 25%的邻居节点的拓扑信息量，第三部分是 25%的邻居节点的客流信息量，三者组合作为 CML 的核心信息量。而这也就意味着只要失效

站点的 $f(x_j(t))$ 足够大，即使是 1/4 的 $f(x_j(t))$ 也会导致下一时间步的节点失效。但是，在改进后的 CML 算法中，如果一个站点有非常多的邻居站点，该站点的邻居站点的 $\overline{\varepsilon_{1,i}}$ 和 $\overline{\varepsilon_{2,i}}$ 可能会非常小，而这会导致邻居站点下一个时间步的 $x_j(t+1)$ 值主要由当前时间步的状态 $x_j(t)$ 来决定。这样的结果表明，对于有实际客流负载的城市轨道交通网络而言，失效状态作为一个信息量被传递到一个有更多邻居节点的城市轨道交通站点时，级联失效算法所产生的下一个时间步的状态主要由当前时间步的状态决定，甚至可能出现 80%以上的信息贡献程度，而其他部分则共同组成剩余相对较少的信息量，甚至可能小于 20%。本章所提出的级联失效改进模型假设本章中的 $I(t)$ 几乎很少会直接增加到 1，即完全失效状态。当一个站点有着大量的邻居站点时，无论邻居站点失效程度多么严重，所有的邻居站点会共享该站点下一时间步信息量 $x_j(t+1)$ 的一部分。在 7.3.3 节中提出的一种双向 CML 模型研究假设为 $\varepsilon_1 = \varepsilon_2$，本章主要通过上海城市轨道交通网络的对比实验讨论 $\varepsilon_1 \neq \varepsilon_2$ 的对比情况，研究结果如图 7.10 和图 7.11 所示。对于度最大的世纪大道节点，瞬时级联失效速度结果相似度较高。世纪大道站有 7 个邻居站点，同时 GAT 训练的 7 个世纪大道站的客流耦合强度值非常接近，结果表明，对于拥有较大节点度的站点，本章提出的改进后的 CML 模型级联失效过程依然符合 CML 模型整体分布，但由于采用了不同的级联失效模型优化计算方法，在部分时间步中会得到不同的瞬时级联失效速度。

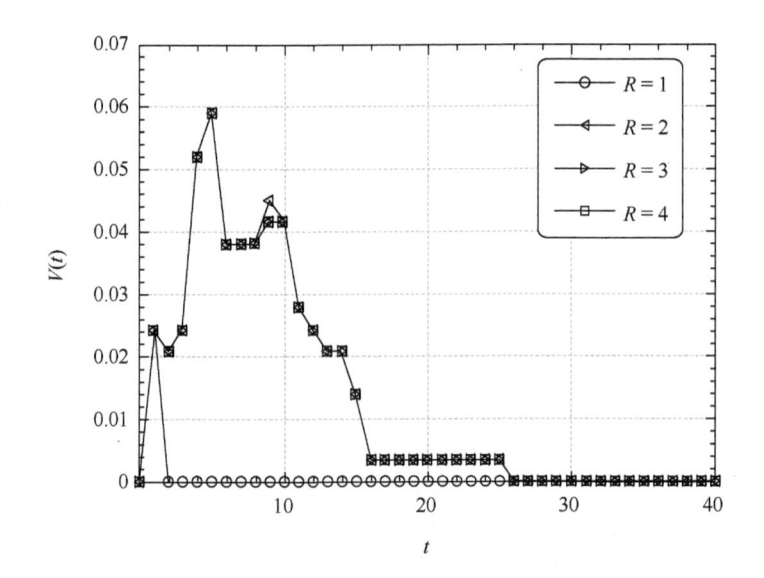

图 7.10 基于双向 CML 模型分析世纪大道站

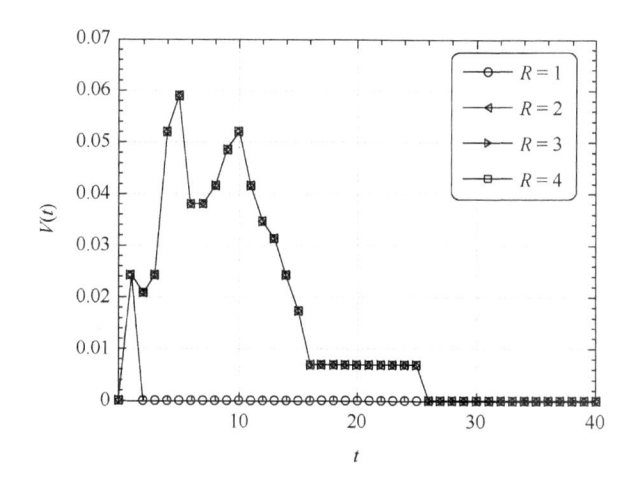

图 7.11 基于 GAT 的 CML 模型分析世纪大道站

4. 上海城市轨道交通级联失效优化建议

案例分析对上海城市轨道交通系统的级联失效过程进行了仿真研究,级联失效优化需要在现有城市轨道交通网络的基础上,提出相应的级联失效优化建议,降低网络的脆弱性,减小级联失效对网络的影响。结合上海城市轨道交通系统级联失效仿真结果提出以下两点优化建议。

1) 重要站点重点防护策略

基于上述上海城市轨道交通网络级联失效仿真结果可以发现,上海城市轨道交通系统对于随机攻击具有鲁棒性,对于蓄意攻击具有脆弱性。网络中相对重要的关键站点失效时会对网络整体产生较大影响,并且对网络中的所有站点都实施相同程度的级联失效保护措施会产生大量的消耗,因此需要更加灵活地对网络中少量的部分重要站点实施重点关注。对于重要站点的级联失效防护,首先要认真检查站点内部的基础设施的可靠性,保障基础设施安全稳定运行,同时要定期安排相应维修保养人员检查维护,降低基础设施故障概率,同时还应配置相应清洁人员注意重要站点内部环境状况。其次,应加强人员管理培训,对重要站点的工作人员进行突发事件级联失效安全培训,提高重要站点工作人员的防范意识和应急能力,从而在发生突发事件时能快速有效地处理突发状况。最后,需要加大重要站点的应急投入,优先保证重要站点的安全防范设备设施的供应齐全,提高其应对突发事件的能力,保障应急投入落实到位。

2) 优化网络站点布局

尽管城市轨道交通难以改变已建成站点或线路,但对于未来进行的城市轨道交通站点或线路建造依然能进行结构优化建议。根据上述级联失效仿真结果可以发现，分布较为密集的站点往往更容易触发大批量的站点级联失效，而分布较为分散的站点则相对安全。在规划层面应尽量保持城市轨道交通系统相对均匀的分布状态，当出现局部分布密集状态时，可以通过增大站点规模提高客流容纳能力或者在站点周围部署配置多种其他交通资源等方式变相优化网络站点布局。站点和线路的具体设置需要严格按照城市轨道交通规划等内容决定，本章在此基于研究成果提供一个可供参考的网络级联失效优化思路。

7.5 小 结

7.1 节主要介绍了城市轨道交通突发事件的定义，基于发生原因、发生位置、影响范围、严重程度对突发事件进行了分类及分级。7.2 节主要介绍了经典的级联失效算法，包括 CASCADE 模型、负载-容量模型和 CML 模型等。7.3 节提出了一种基于 GAT 改进的 CML 模型，介绍了如何通过 GAT 训练客流耦合强度来改进 CML 模型。7.4 节通过随机攻击和蓄意攻击两种攻击策略模拟进行级联失效案例分析，选择上海火车站、莘庄站和世纪大道站作为蓄意攻击的目标站点，分析了上海城市轨道交通系统在不同等级的 R 攻击或扰动情况下的级联失效阈值，讨论了基于 GAT 改进的 CML 模型突发事件的分级策略，研究了级联失效过程中累积失效比例和瞬时级联失效速度，并且对比了双向 CML 模型的结果。研究发现，城市轨道交通应对随机攻击更加鲁棒，应对蓄意攻击相对脆弱。城市轨道交通作为一种特殊交通工具具有固有脆弱性，体现在当站点失效等级 R 增加到一定程度时可能会突然触发轨道交通站点大规模的级联失效。城市轨道交通级联失效具有显著的时空异质性，体现在不同时段的失效曲线差异程度具有显著区别，月中旬相比于月初和月末更为显著。不同 CML 模型的级联失效过程对于拥有较大节点度的站点而言可以获得相似的级联失效过程。此外，当时间步足够长时，级联失效累积失效比例趋于稳定，级联失效瞬时速度趋于 0，这有助于研究重要站点在发生分级突发事件导致级联失效时城市轨道交通系统的整体状态，并借此状态量化城市轨道交通系统的服务水平。

参 考 文 献

[1] Dobson I, Newman D E. Cascading blackout overall structure and some implications for sampling and mitigation[J]. International Journal of Electrical Power & Energy System，2017，86：29-32.

[2] Motter A E, Lai Y C. Cascade-based attacks on complex networks[J]. Physical Review E Statistical，Nonlinear，and Soft Matter Physics，2002，66（6）：065102.

第 8 章　城市群无人机物流

在电子商务平台蓬勃发展的背景下，物流已经成为推动经济发展的重要引擎，从中发挥着不可或缺的作用。城市群物流配送业务量与日俱增，伴随产生的配送成本上涨、配送效率下降等问题越来越突出，促使物流企业亟须在传统物流配送模式基础上，开创新业态和新模式，以实现全行业降本、增效、提质，从而提升企业经营效益和满足民众对配送时效性、多元化的需求。

近年来，我国陆续出台的各类交通运输行业发展规划中多次提及使用无人机（unmanned aircraft）作为运载工具的新型配送模式。譬如，中共中央、国务院在 2019 年印发的《交通强国建设纲要》中明确指出，"加速新业态新模式发展……积极发展无人机（车）物流递送、城市地下物流配送等"[1]。在 2021 年印发的《国家综合立体交通网规划纲要》中首次提出发展低空经济，要求"提升智慧发展水平……推进智能网联汽车（智能汽车、自动驾驶、车路协同）、智能化通用航空器应用"[2]。2022 年，中国民用航空局更是在《智慧民航建设路线图》中提出无人驾驶航空器物流配送服务发展的目标场景是"逐步扩大中小型无人驾驶航空器末端物流配送服务范围，实现从服务乡村地区到服务城市的拓展，探索无人驾驶航空器物流机型大型化应用和商业化服务"[3]。

无人机作为一种新颖的物流运输与载运工具，凭借其独特的运输优势逐渐得到物流企业的关注，成为物流行业尝试解决当下诸多痛点的潜在方案策略和重要探索方向之一。例如，无人机能够协助甚至代替人力来执行货物运输和配送任务，缓解物流企业的用工压力和人力成本；能够实现空中直线或近似直线飞行，避免遭遇地面交通拥堵，从而减少运输距离和时间；能够进行无接触式配送，改善收件体验等。

2019 年，中国民用航空局授予杭州迅蚁网络科技有限公司所属的杭州送吧物流科技有限公司国内首张城市场景《特定类无人机试运行批准函》和《无人机物流配送经营许可》，标志着全球首个获得城市场景无人机物流试运行批准的项目正式落地。2020 年，中国民用航空局再次批准了顺丰旗下江西丰羽顺途科技有限公司在粤港澳大湾区开展"低空无人机物流配送体系"试点，这也是全球首个城市群无人机物流配送试点项目。无人机技术在城市物流领域不断创新、应用和推广，这将有力提升城市发展潜力，推动物流行业向智慧物流转型升级。

通过本章的内容，读者将了解城市群无人机物流的核心概念、关键技术以及面临的挑战。无人机在城市群物流领域中具有巨大的潜力，可以提高物流效率、降低成本，并实现更可持续的物流解决方案。然而，城市群无人机物流面临一系列复杂的问题和制约，如交通管制、设施选址、路径规划等。因此，进一步的研究和创新是必要的，以应对这些挑战并推动无人机物流的发展。本章的内容将为读者提供深入了解和研究城市群无人机物流的基础，同时也为未来的研究方向和发展提供了启示。

8.1 城市群无人机物流概述

8.1.1 无人机的概念、分类和应用

1. 概念

2023年6月，国务院、中央军委公布的《无人驾驶航空器飞行管理暂行条例》中，将无人驾驶航空器定义为"没有机载驾驶员、自备动力系统的航空器"[4]。这一定义与联合国国际民用航空组织（International Civil Aviation Organization，ICAO）对无人机的描述非常相似，即指一种在机舱内没有飞行员操控的航空器。

2. 分类

根据《无人驾驶航空器飞行管理暂行条例》，无人驾驶航空器按照性能指标分为微型、轻型、小型、中型和大型。①微型无人驾驶航空器，是指空机重量小于0.25千克，最大飞行真高不超过50米，最大平飞速度不超过40千米/小时，无线电发射设备符合微功率短距离技术要求，全程可以随时人工介入操控的无人驾驶航空器。②轻型无人驾驶航空器，是指空机重量不超过4千克且最大起飞重量不超过7千克，最大平飞速度不超过100千米/小时，具备符合空域管理要求的空域保持能力和可靠被监视能力，全程可以随时人工介入操控的无人驾驶航空器，但不包括微型无人驾驶航空器。③小型无人驾驶航空器，是指空机重量不超过15千克且最大起飞重量不超过25千克，具备符合空域管理要求的空域保持能力和可靠被监视能力，全程可以随时人工介入操控的无人驾驶航空器，但不包括微型、轻型无人驾驶航空器。④中型无人驾驶航空器，是指最大起飞重量不超过150千克的无人驾驶航空器，但不包括微型、轻型、小型无人驾驶航空器。⑤大型无人驾驶航空器，是指最大起飞重量超过150千克的无人驾驶航空器[4]。

按照平台构型的不同，无人机可分为固定翼无人机、多旋翼无人机、伞翼无人机和扑翼式微型无人机等。不同平台构型的无人机各具特点，适用于不同领域的独特应用场景。例如，固定翼无人机以其卓越的续航能力和高空飞行性能，广

泛用于测绘、地质、石油、农林等行业；多旋翼无人机操控性强，可垂直起降和悬停，主要适用于低空、低速、有垂直起降和悬停要求的任务类型，如航测、航拍和货物运输等；伞翼无人机可用于空中运输、农林作业、水文测量、巡线巡查和勘探矿产等领域；扑翼式微型无人机则主要用于军事侦察、核生化污染监测、搜寻灾难幸存者等。

3. 应用

如图 8.1 所示，尽管无人机的发展起源于 20 世纪初的国防领域军事研究，但它目前已逐渐广泛应用于民用领域，如农业生产、建筑工程、环境监测、灾后救援、交通运输等[5, 6]。

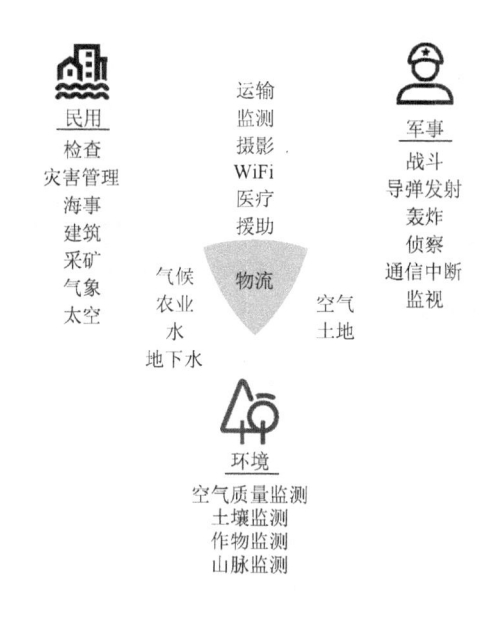

图 8.1　无人机在各种领域的应用

（1）农业生产领域。除了能向作物喷洒化学物质或水以外，配备多光谱相机的无人机在作物上空飞行时，可以拍摄照片并记录地理坐标信息，然后通过一些指标分析这些照片，根据分析结果，确定需要喷洒杀虫剂的区域，从而减少资源浪费。

（2）建筑工程领域。无人机广泛应用于航空摄影、测量、检查以及建筑工地的安全监控活动中。这种应用带来多项益处，如避免了在危险环境中工作的测量员进行危险操作，加快了地形数据的收集和自动化分析，在土地测绘、航空摄影和航空测量等活动中对环境产生积极影响。在建筑管理中使用无人机的主要限制之一是局部的法规限制，这可能因地区而异。此外，在建筑过程中，无人机的飞行可能会分散建筑工人的注意力，需要专业人员来操控无人机，而且无人机的使用可能受到天气条件和电池续航时间的限制。

（3）环境监测领域。无人机在生态保护中的应用越来越普遍，如世界自然基金会在非洲使用无人机监测破坏性活动，巴西的环保警察使用无人机监测亚马逊地区的森林砍伐情况。此外，无人机还可用于土壤监测、海洋环境监测等。

（4）灾后救援领域。在灾害管理的背景下，无人机可以成为拯救生命的有力工具，用于监测灾区以及运输人道主义援助物资[7]。当自然灾害发生并导致道路损毁时，无人机可以作为运送必需品的一种运输方式。实际上，由于无人机不受道路限制，不受道路状况的影响，将无人机整合到人道主义物流中既方便又高效，但同时也必须考虑一些关键的技术因素，如无人机的有效载荷和飞行时间有限。Kim等[8]开发了一个随机设施选址模型，考虑了无人机运行条件特性的不确定性，以将无人机纳入人道主义物流。特别是他们研究了能量消耗以及不确定性因素对电池寿命的影响。他们还提出了一种解决这个问题的快速算法。

（5）交通运输领域。交通运输是无人机应用最有前景的领域之一，但未来使用无人机必须考虑在交通基础设施上的安全导航、能源利用效率和基于预测分析的信息挖掘等因素。地面交通面临的各种挑战，如交通拥堵、交货时间限制、基础设施脆弱性、劳动力成本高昂，促使无人机的使用越来越广泛，特别是在货运和物流领域。包括亚马逊、谷歌、UPS、联邦快递和DHL在内的许多公司开始部署无人机，特别是用于末端配送。例如，亚马逊推出了"Prime Air"，通过无人机在30分钟内直接将包裹送到客户手中。谷歌拥有一项名为"Wing"的自主、环保的无人机送货服务。因此，无人机在不久的将来有望得到更广泛的应用。

8.1.2 城市群无人机物流的发展

1. 定义、特点

无人机物流本质上是通过无线遥控或自主程序操纵无人驾驶航空器来实现货物的运输。无人机在成本、时效和灵活性方面的优异表现，使近年来城市群无人机物流备受关注，促使城市末端配送朝着智能化的方向快速发展，给智慧城市的物流体系建设带来重大发展。

2. 载荷、续航能力

多旋翼无人机凭借其可垂直起降和悬停、操作容易、成本低等优点，常成为各主流物流企业进行末端配送的首选机型。四旋翼无人机是其中最常见的类型，具有四个对称分布的螺旋桨，结构简单，稳定性较好，但其载荷能力有限。为提升商业应用下的载荷能力，由六轴、八轴或更多轴数的螺旋桨驱动的无人机日益普及，从而产生更大的升力。目前多旋翼无人机的载荷已经可以达到20千克以上。此外，随着电池技术的创新，电池能量密度不断提高，这既能够增加无人机的电池容量，还有助于减轻无人机的空机重量，从而提升其续航能力。

3. 飞行、控制与通信系统

在城市场景中从事物流配送服务作业的多旋翼无人机，往往会受到高层建筑物的遮挡，需要进行超视距飞行，这对无人机的飞行、控制与通信系统有着较高的要求。飞行管理系统能够实时采集无人机运行数据，监测电池电量电压、关键的温度、工作状态，当发生超限情况时，能向操作人员发送报警信息。另外，它还需具备地理围栏识别能力和与运行方式相适应的自主应急处理能力。地面控制系统具备对无人机的自动及人工监视功能，负责指挥控制和路径规划。通信系统需要具备两种相互独立且不存在共模的控制链路，需要配备两套独立通信网络，即采用蜂窝数据通信时可同时配置两家运营商网络，同时应具备链路保护功能。为了防止无人机在运行过程中无法接收正确的指令，一些无人机运营者采用了在城市高层建筑零星布设中继站的方式解决通信问题。

4. 航线规划

为高效完成配送任务，需要根据订单货物类型、重量、尺寸、起讫点等，考虑无人机数量、载荷性能、续航能力等，同时综合考虑风向、风速、天气、地形、地物、空域限制等因素，以合理规划飞行路径和分配运力资源，从而缩短运输时间，减少配送资源消耗，提升无人机的综合效能。

5. 空中交通管理

由于航空管制、复杂城市空间环境，无人机物流在城市群中的发展面临一些挑战。各国对于无人机的适航规定以及安全准则尚未形成一致的标准。美国国家航空航天局（National Aeronautics and Space Administration，NASA）根据已有规则采取特殊豁免政策，中国民用航空局则采取基于风险的安全评估。目前对超视距运行的无人机采用的是一事一议的评审规则，每一运行种类的无人机都需要进行适航评估，这对无人机融入国家空域管理系统造成了较大障碍。

6. 对比传统物流

与传统人力配送方式相比，无人机配送具有智能化、自动化、操控便捷、空间跨越等特点，配送效率更高，运输成本更低。其主要优势如下所示。

一是提升配送效率。无人机作为新型智慧化的通用航空器，不受城市交通拥堵和复杂的地面交通管制的制约，根据配送订单的起讫点位置、时效要求、物品重量等灵活规划出更短、更合理的空中运输路径。此外，无人机的高飞行速度有助于缩短配送时间，从而提高配送效率。

二是降低人力成本。随着适龄劳动力人口的不断减少，快递量的不断攀升，物流产业运行人工成本持续上升。无人机通过自动化飞行、无人化装卸等智能化技术，能够在提高配送时效的同时减少对人工操作的依赖，从而显著减少人力投入，有效降低物流人工成本，缓解企业用工压力，减轻企业经营负担。

三是不惧地域隔阂。无人机可以提升物流对地面交通欠发达地区的覆盖能力，并增强极端条件下物流可达性。尤其是垂直起降无人机对装卸以及起降场地的要求较低，而且不受地面道路设施制约，适合在地面交通不便地区进行货物运输，具有较高的灵活性。在应急救援、灾后重建等紧急情况下，无人机物流能够在如疫情道路封锁、灾后交通设施受损等紧急或极端条件下保证公共物流运输的可达性。

四是低碳环保。随着电力成为无人机的主流动力源，其零排放的特性令其在低碳环保方面具有显著优势，有效减少碳排放，有力践行绿色环保的发展理念。此外，无人机适用于处理零散分布的配送订单，一方面，能够减少道路货物运输车辆，从而缓解城市交通拥堵；另一方面，能够有效避免传统人工配送时常常出现的车辆低满载率情况，从而减少碳排放。

8.1.3　城市群无人机物流的应用场景

无人机物流凭借其在配送效率、成本和可达性等方面得天独厚的技术优势，已经崭露头角，有望成为全球物流行业发展的重要趋势之一。特别是其自动化的飞行配送模式，为解决末端配送"最后一公里"的难题提供了可行性。疫情期间，由于全球各地实施了限制性社交措施，大型零售连锁店和快递公司选择无人机进行配送[5]。实际上，城市群无人机物流的应用场景远不止于此，以下几类场景中也可见无人机的身影。

1. 零售

几家主要在线零售商（如亚马逊、谷歌和沃尔玛）都在各自的包裹递送过程中引入了无人机。2013 年，亚马逊公布了"Amazon Prime Air"项目，该项目旨在通过无人机在 30 分钟内向客户运送重达 5 磅的包裹，并于 2016 年进行了首次试点测试。Wing 是谷歌母公司 Alphabet 提供的无人机配送服务。该公司已在弗吉尼亚州克里斯琴斯堡展开其无人机的试点测试，并于 2019 年底在芬兰开始试飞服务。2017 年 7 月，沃尔玛开始在纽约中部和罗马格里菲斯国际机场测试无人机服务。

2019年10月，他们向美国联邦航空管理局（Federal Aviation Administration，FAA）提出允许测试其用于商业目的的送货无人机的请求。

2. 餐饮

2017年，以色列物流公司 Flytrex 与冰岛的一家中餐馆合作，提供无人机餐饮配送服务。2019年，印度颇受欢迎的食品配送初创公司 Zomato 成功完成了无人机测试配送。在中国，饿了么和美团这两大外卖平台也相继在2018年和2023年获批外卖无人机配送航线。由于本身无须面对地面交通拥堵问题，无人机在单均配送效率方面优于骑手配送。

3. 医疗

在新冠疫情期间，无人机在中国东部的某些城市已逐步成为运输医疗检验样本的主要运力，具备以下三方面优势：一是实现时效提升。原本地面运输用时1个小时，改由无人机物流运输用时13分钟，且不受地面交通拥堵情况影响。二是实现高频次运输。无人机一次可运输800剂样本，且能实现高频次运输，提升送检效率。三是实现无接触配送。无人机自动飞行，无接触配送，有效降低人员交叉感染的风险。

4. 应急救援

无人机在自然灾害、城市灭火、突发卫生医疗事件等应急救援场景中也得到广泛应用。例如，2018年6月，涪江水位暴涨，四川绵阳143名工人被困孤岛，岛上断水断电，物资匮乏，冲锋舟也因急流无法靠近。当地政府协调使用了三台大疆 MG-1P 植保无人机，采用空运方式迅速将急需的物资，如矿泉水、面包、饼干、手电及蚊香等送上岛。在短短一个多小时内，这些无人机共计完成了相当于两辆面包车的物资运送，成功化解了紧急情况。

8.2 城市群无人机交通管理

基于无人机的城市空中交通（urban air mobility，UAM）是当前引起学界和业界广泛关注的新兴领域。与传统交通系统相似，UAM 需要相应的基础设施支持，包括用于无人机垂直起降的地面基础设施，并且需要相应的空中交通管理（air traffic management，ATM）系统和通信基础设施，以实现对 UAM 的有效管理。然而，目前现有的 ATM 系统无法应对预期的无人机密度增长，这对于未来无人机市场的持续发展提出了挑战。因此，在传统的空域内进行远程无人机操作通常需要对空域进行分隔，以确保飞行安全与空中交通的协调。

为了保证无人机的顺利运行，需要做出许多关键的战略和运营决策。战略决策涉及将无人机融入民用空域的决策，以及关于物理基础设施（如仓库和充电站）的决策，包括其位置的确定。物流运营商需要决定车队的组成，如无人机的数量、设计和装备，以及其他车辆的使用。而运营决策涉及充电站的调度决策，如加油、充电或电池更换过程的安排，仓库中无人机维修的调度决策。

这些决策的制定对于实现 UAM 的可行性和高效性至关重要。综合考虑战略、战术和运营层面的因素，可以确保无人机在城市空中交通中的有效运行，以满足日益增长的交通需求和应对紧急情况的挑战。因此，建立合理的决策框架和优化算法对于推动 UAM 的发展和实现可持续性至关重要。

8.2.1 无人机系统交通管理与控制

随着无人机应用的不断普及和技术的不断改进，无人机飞行数量的增加促使无人机系统交通管理（unmanned aircraft systems traffic management，UTM）受到广泛关注。目前，UTM 仍处于发展初期。在城市环境中，无人机的空中飞行受到建筑物、电力线路和其他障碍物的限制，这些障碍物的高度可能达到数百米，具体取决于地理位置。由于无人机需要额外的动力来上升飞行，尤其是携带货物的无人机，它们可能不愿越过城市建筑物飞行。相反，道路上方的空域通常较为开阔，适合无人机飞行。因此，可以合理地预测城市空中交通将主要出现在道路网络上方，并将其建模为一个由节点和链接构成的网络。这种网络结构可用于规划和管理无人机的飞行路径，以确保其与地面交通和其他空中交通之间的协调和安全。与传统的道路网络不同，无人机可能在不同的飞行高度或海拔高度上运行。此外，UTM 通常是与现有的空中交通管理系统分离但相辅相成的，目前学者主要关注低空无人机飞行运营，即低于传统的空域范围。

随着无人机系统（unmanned aircraft systems，UAS）运营需求的增加，需要采取无人机流量管理（UAS traffic flow management，UTFM）措施来缓解拥堵，以确保安全和效率。UTFM 问题是传统空中交通流量管理（air traffic flow management，ATFM）问题的扩展，旨在为计划航班分配地面延误和速度限制，从而减轻交通拥堵。通过分配空中延误（通过速度变化或路径延长）或地面延误（相对于期望起飞时间的滞留），可以实现拥堵缓解。地面延误和空中延误的最优分配可以被表述为一个大规模的优化问题。然而，尽管延误分配可以提高系统效率，但个别飞机运营者可能会受到不公平的影响。由于动态交通需求、运营者偏好的变异以及运营商市场份额的差异，UTFM 中的公平性问题变得复杂。Chin 等[9]研究了在 UTFM 背景下延误分配的公平性问题。他们发现，当运营者在对公平性的感知或价值观上存在分歧时，解决方案的整体公平性会降低。具体而言，当空地延误成本比例增加时，公平性会降低。然而，当市场份额占主导地位的运营商对其分配的延误公平性没有强烈偏好时，公平性会有所改善。考虑到不同运营者之间对公平性的偏好差异以及市场份额的影响，制定合理而公正的延误分配策略能够提高整体系统的公平性和可接受性。

UTM 的网络优化是在传统的 ATM 和空中交通管制（air traffic control，ATC）的基础上发展的，并结合了网络流和网络设计问题。随着无人机飞行量的增加，由无人机引发的空中碰撞风险也相应增加。实际上，无人机避碰系统的研究已经引起了广泛的关注。在商用飞机之间，通常通过严格的航线间隔要求来避免空中碰撞，而这些要求已经促使对最小化飞行器的冲突进行研究。典型的冲突避免控制方法包括调整飞行器的高度、速度或横向路径[10]。Levin 和 Rey[11]基于确定的无人机飞行请求，侧重于城市空中交通网络管理和无人机配送服务规划，解决了将无冲突的时空轨迹分配给无人机任务请求的问题。他们将城市空中交通网络建模为一个具有多个飞行层次的网络，并将无人机的飞行视为独立的行程，其中包括起始点、目的地和时间窗口。为了平衡服务吞吐量和运营成本，他们提出了一个整数线性规划模型，并设计了一种分支定价算法来求解该模型。在低空城市空域包裹配送场景下，Li 等[12]提出了一种无人机系统交通管理框架，包括基于聚类的无人机路径规划（path planning，PP）、考虑冲突检测和解决的 UTM，以及空域资源分配的机制设计。他们采用了一种系统方法，用于为具有异构成本函数的无人机分配发射时间和路径，以避免无人机之间的冲突，并与空中障碍物保持安全距离。研究发现，无人机飞行的配送方式严重依赖于交通密度以及无人机与其他飞行之间的相互作用程度。

与传统卡车配送运营相比，无人机配送具有一些独特的特点。例如，用于电商配送的无人机通常每次只能携带少量物品进行短距离运输，这是由有效载荷重量限制和电池容量所决定的。传统的卡车配送涉及更长距离和更大规模的物品运输。此外，无人机具有恒定的高速飞行能力，而卡车则容易受到道路交通状况的影响。无人机配送还可以提供更个性化的配送选项，订单可以在特定时间送达客户所在的任何地方。无人机配送服务等技术使得零售商能够高效提供前所未有的快速配送和高度灵活的配送时间。Perera 等[13]研究了无人机配送系统（drone delivery system，DDS）对零售商现有物流参数的影响，如面向客户的配送中心数量及提供的配送时间。他们发现，无人机配送支持更集中化的配送服务，以满足对更快速配送的需求，而传统配送方式无法做到这一点。同时，无人机配送还提供了更分散化的配送模式，使零售商能够提供前所未有的灵活配送时间，从而刺激需求增长。随着无人机技术的成熟和成本效益的提高，零售商的物流网络将逐渐变得更加分散，即通过增加"最后一公里"仓库的数量，以更快的速度配送产品。

为了有效管理无人机配送系统以提高运营效率，Chen 等[14]考虑了零售商在基于无人机的配送运营中所面临的相关战略和战术决策,并制定了关于何时提供无人机配送、如何维持配送能力以及如何定价这些配送的政策。他们提出了一个马尔可夫决策过程(Markov decision process,MDP)框架,并设计了两个启发式方法,旨在帮助在线零售商实时确定在不同服务区域中是否以及在何种程度上提供基于无人机的配送。在分配无人机配送能力时,零售商应优先考虑利润更高的商品,并在每个订单的机会成本更高且承诺的配送时间阈值更短时增加无人机数量。通过增加有效的承诺配送时间阈值和(或)降低有效的配送延迟成本与每个订单的机会成本,零售商有可能提高净利润。

尽管无人机配送相比传统的地面配送具有显著优势,但仍面临许多挑战。其中之一是无人机配送的可靠性相对较低,且服务覆盖范围和容量有限。因此,使用无人机进行包裹配送通常仅限于靠近中转站的某一特定区域。然而,这两种配送方式由于其独特的特点和优势可以相互补充。因此,联合地面和空中配送服务的优化和规划变得至关重要,可以通过最优分配包裹给卡车或无人机,以最大限度地提高服务质量并降低成本。Sawadsitang 等[15]提出了联合地面和无人机配送服务优化和规划(ground and aerial delivery service optimization and planning,GADOP)框架,考虑了无人机包裹配送的不确定性,如起飞和故障条件,以在行驶距离限制等条件下最小化总配送成本。他们将 GADOP 框架建模为一个三阶段的随机整数规划模型,并使用 L-shaped 分解算法进行求解。如图 8.2 所示,在 GADOP 框架中,供应商需要在第一阶段决定是否使用卡车或无人机为客户提供服务,预留多少辆卡车和无人机,确定卡车的路线路径以及无人机配送的服务顺序。在第二阶段,供应商计算因无人机起飞条件而无法服务的客户的违约金。在第三阶段,供应商计算因无人机故障而无法服务的客户的违约金。研究结果表明,与不考虑不确定性的基准方法相比,GADOP 框架可以实现更低的总付款金额,从而提高配送效率和成本效益。

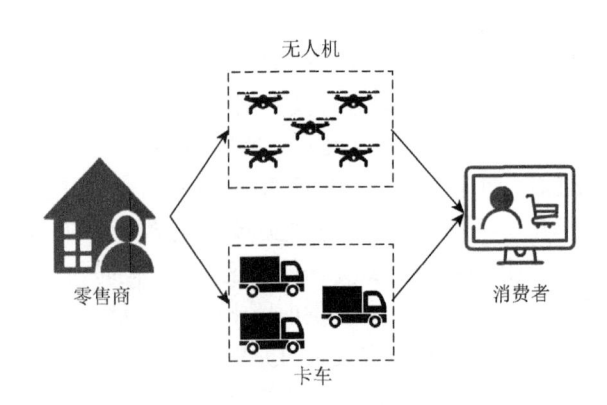

图 8.2 联合地面和无人机配送服务优化和规划框架

表 8.1 总结了以上无人机系统交通管理与控制的相关文献。该表详细列出了各文献的问题背景、所采用的模型与算法,以及它们所做出的贡献。

表 8.1 无人机系统交通管理与控制的相关文献

文献	研究问题	构建模型	计算方法	贡献或结论
Chin 等[9]	延误分配的公平性问题	考虑公平性、用户偏好和动态轨迹请求的交通流管理模型	滚动时域	基于运营商偏好变化和动态交通需求,确定公平性的适当度量标准,量化效率和公平性间的权衡
Li 等[12]	无人机配送系统的战略性交通管理	顺序延迟(sequential delay,SD)模型,顺序延迟/重新路径规划(sequential delay/reroute,SDR)模型,全优化(full optimization,FO)模型,批量优化(batch optimization,BO)模型	仿真	基于聚类的无人机路径规划、考虑冲突检测和解决的 UTM,以及空域资源分配的机制设计
Levin 和 Rey[11]	城市空中交通网络空间规划无人机配送服务	整数线性规划模型	分支定价的三种变体	无人机系统交通网络管理,平衡服务吞吐量和运营成本
Perera 等[13]	无人机配送系统对零售商现有的物流参数的影响	最大化总利润的典型模型	—	零售商的物流网络将逐渐变得更加分散(使用更多的"最后一公里"仓库),无人机的运行速度也越来越快
Chen 等[14]	考虑需求不确定性下无人机配送运营的收益和容量决策	最大化预期净利润的马尔可夫决策过程框架	启发式方法	决策何时提供无人机配送、如何维持配送能力以及如何定价这些配送
Sawadsitang 等[15]	配送不确定下的联合地面和无人机配送服务优化和规划	三阶段随机整数规划模型	L-shaped 分解	与未考虑不确定性方法相比,GADOP 框架可以显著实现更低的总支出

8.2.2 无人机物流设施选址问题

在人口稠密的大都市中,无人机空中配送独具优势,但飞行范围受限于电池容量,远离仓库的客户配送面临限制。为了应对这一挑战,学者提出以下四种方法。第一种方法是卡车和无人机协同合作配送。一辆卡车携带包裹和无人机离开仓库,无人机离开卡车为客户提供配送服务。完成配送后,无人机与卡车会合,并装载新的包裹。这种合作配送方式能够显著提高效率和扩大配送范围[16, 17]。

第二种方法是使用卡车来运输无人机。这种方式不会造成额外的高昂成本，并且卡车能够将无人机带到仅靠飞行无法到达的地方，扩展了无人机的覆盖范围[18]。第三种方法是设置更多的仓库或发射站以扩展无人机的航程[19]。第四种方法是部署充电站，用于无人机充电或更换电池。通过在适当的位置设置充电站，无人机可以在充电后再次起飞，从而显著提高配送的覆盖范围[20]。以上这些方法为无人机配送范围受限的问题提供了不同的解决方案，它们有望提高配送效率并满足客户的需求。本节将重点探讨第三、四种方法，第一、二种方法将在 8.3 节中详细讨论。

针对基于无人机配送的设施选址问题（facility location problem，FLP），需要考虑一些重要参数，包括发射回收设施的数量、发射中心的容量、每个设施中的无人机数量以及无人机的续航时间。如图 8.3（a）所示，由于无人机的有限射程，基于无人机的配送系统需要在整个地区设置更多的仓库或发射站以扩展无人机的航程。每个枢纽覆盖一个与无人机操作范围相对应的配送区域。尽管无人机可以整合到混合卡车-无人机配送系统中，但像亚马逊等电商提供的即时配送服务的独特特点可能会受到影响，因为混合系统可能无法像直接从仓库到客户位置的无人机配送那样实现快速配送。由于无人机的飞行范围受限，为了缩短配送时间，需要直接从电商仓库出发进行无人机配送，这意味着需要重新设计配送网络。

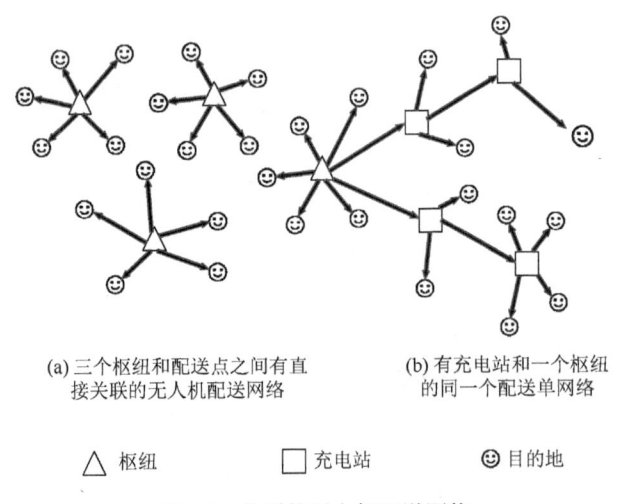

(a) 三个枢纽和配送点之间有直接关联的无人机配送网络　　(b) 有充电站和一个枢纽的同一个配送单网络

△ 枢纽　　□ 充电站　　☺ 目的地

图 8.3　典型的无人机配送网络

考虑到技术限制、政府监管和客户行为等因素，如电商提供多种当日送达服务，包括快速无人机服务，Baloch 和 Gzara[19]对无人机包裹配送的经济可行性及其对电商配送网络的影响进行了研究。他们提出了竞争设施选址（competitive facility location，CFL）的变体问题，考虑了电商之间的服务竞争以及与附近商店的竞争，对关键决策进行建模，构建了一个配送网络设计模型，包括确定开设多少个设施，在哪里开设，以及在每个客户区域提供哪些服务。为了解决这一问题，他们开发了一种基于 Logic 的 Benders 分解方法。实验结果表明，政府监管、技术限制和服务费用决策在无人机配送的未来发展中起着至关重要的作用。

在新能源车辆路网充电设施位置优化问题得到广泛研究的基础上，无人机充电问题更为复杂。这是因为候选站点的选择会直接影响无人机的备选飞行路径，并且站点的潜在服务区域将取决于无人机的飞行范围。与地面运输方式不同，无人机不受限于固定的网络，而能够在连续的空间中直接飞行，因此飞行路径必须避开障碍物和其他阻碍。为研究无人机配送服务中充电站的空间配置，Hong 等[20]提出了一个无人机配送充电选址模型（drone delivery recharging location model，DDRLM）。他们结合了欧几里得最短路径（Euclidean shortest path，ESP）、加油选址问题和最大覆盖选址模型的要素，设计了一个高效的启发式算法，用于解决构建的混合整数规划（mixed integer programming，MIP）模型。该模型可以帮助确定最佳的无人机充电站位置，以支持无人机配送服务的可行性和效率。

无人机充电站的建设涉及多个问题，包括安装成本、充电时间、充电站对无人机的安全性、充电站所有权、电池分配以及充电站状态的在线管理等。Huang 等[18]关注充电站的部署问题。他们认为，通过电池更换而非现场充电可以解决无人机电池耗尽的问题，从而避免无人机长时间占用充电站。对于无法完成整个配送任务的单次电池飞行情况，无人机可以在部分充电站更换电池后再次起飞。因此，相邻两个充电站应在一定的范围内设置。为了实现所需的连通性和覆盖范围，他们提出了一个两阶段的充电站部署方法。在第一阶段，采用三角形模式部署一组充电站，以实现对需求区域的完全覆盖。在第二阶段，移除未覆盖或需求最少的充电站，重新定位剩余的充电站，并重复此过程，直到没有更多的充电站可移除。通过这种方法，他们旨在实现高效的无人机充电站布局，以满足配送服务的要求。

Pinto 和 Lagorio[21]在其研究中指出，Baloch 和 Gzara[19]所提出的解决方案可能导致仓库需求增加过度，从而带来显著的固定成本和库存成本。与 Hong 等[20]和 Huang 等[18]的研究类似，他们从网络设计的角度解决了扩展无人机运营范围的问题，并允许对无人机进行现场充电。在具备现场充电能力的网络中，无人机可以从枢纽出发飞行至最终目的地。如果目的地超出无人机的飞行范围，它可以在充电站降落充电或自动更换电池。这样的充电站可以由自主结构或设备组成，并集成到现有结构（如路灯或建筑物）中。如图 8.3（b）所示，通过战略地部署这些充电站，可以扩展无人机的飞行范围，使其能够从离中心较远的地点到达更远的地点，而不仅仅限于直接从中心进行配送。

充电站网络设计必须综合考虑成本和相关约束，其中包括充电站的数量以及与服务区域相关的选址决策。在点对点无人机配送网络设计中，Pinto 和 Lagorio[21] 结合了基础设施投资（即充电站部署的数量）和服务效能（即最小化行驶距离）这两个目标。他们提出了一种精确的混合整数优化模型和一种启发式方法，以解决具有中间充电站的包裹配送网络的设计问题，以满足所有潜在配送地点对包裹公司服务的需求。这项研究为无人机配送网络的设计提供了有益的指导，并推动了充电站部署的优化和提高服务效率的探索。

鉴于对灾害救援管理的挑战以及及时应对紧急情况的重要性，近年来无人机在人道物流领域的应用引起了研究人员的关注。尽管将无人机整合到人道主义物流中看似高效和方便，但我们必须考虑到无人机的一些特点，如有限的有效载荷和飞行时间。因此，有必要研究如何在不确定条件下操作无人机。Kim 等[8]在其研究中提出了一个无人机设施选址问题，旨在确定无人机设施的位置、数量和运输能力。他们考虑到无人机最长飞行距离的不确定性，基于机会约束构建了针对受灾地区的随机设施选址模型，并采用了基于 Benders 分解的启发式算法，以在较短的时间内生成高质量的解。

在无人机配送系统中，充电站和仓库起着关键作用，它们是配送网络的主要组成部分。客户需求（作为网络的最低级别）最终通过发射站（作为网络的最高级别）得到满足。充电站则在发射站和需求点之间提供支持，确保无人机能够顺利地沿着长途航线进行配送。Shavarani 等[22]考虑到客户需求、新设施开设成本、无人机采购成本和无人机续航能力等不确定变量，研究了多层拥挤模糊容量的设施选址问题。他们通过最小化与充电站、仓库、无人机采购和运输等因素相关的总成本，以确定最佳的设施选址方案。通过案例研究，他们发现每公里运输成本、需求率和地理分布等参数对于确定系统结果具有重要影响。

由于城市地区的交通拥堵和不良道路状况，传统地面运输给紧急医疗服务（emergency medical service，EMS）的可达性和有效性带来了严峻挑战。因此，越来越多的人开始关注速度更快、受道路限制较少且需要更少人力的无人机配送，尤其是在运送血液样本、测试套件和自动电动除颤器等时间敏感产品方面。在需求产生随机但服务资源有限的情况下，服务拥挤是衡量 EMS 性能的一个关键因素。因为一些请求不能立即得到响应，而必须在队列中等待。Boutilier 和 Chan[23]旨在设计一个无人机网络来运送自动电动除颤器。他们综合考虑了现有急诊医疗服务的响应时间，并构建了一个综合的选址-排队模型。这项研究为改善心脏骤停应急响应提供了有益的指导，并强调了无人机技术在改善 EMS 性能方面的潜力。

表 8.2 总结了以上无人机系统设施选址问题的相关文献。该表详细列出了每项研究的主要贡献，显示是否建立了数学模型，并提供了相应的数学方法和用于测试的实例。大多数研究都采用启发式算法来解决选址设施问题。

表 8.2 无人机系统设施选址问题的相关文献

文献	研究问题	模型	计算方法	贡献或结论
Baloch 和 Gzara[19]	基于服务的竞争环境下开发了一个配送网络设计方案	多项式 Logit 市场份额模型，非线性数学模型	基于 Logic 的 Benders 分解方法	政府法规、技术限制和服务收费决策对无人机配送的未来发展起着至关重要的作用
Hong 等[20]	无人机配送充电站选址问题	混合整数规划模型	启发式算法	结合欧几里得最短路径、加油站选址问题和最大覆盖选址模型的要素
Huang 等[18]	无人机充电站部署问题	在满足覆盖率和连通性要求的同时最小化充电站数量的优化模型	启发式算法	构建模型是 NP 难的集合覆盖问题的推广
Pinto 和 Lagorio[21]	考虑中间站的无人机点对点配送网络设计	双目标的混合整数优化模型	启发式算法	假设在需要时对无人机的电池进行现场充电，决策站点数量
Kim 等[8]	无人机随机覆盖设施选址问题	基于随机覆盖的无人机设施选址模型	基于 Benders 分解的启发式算法	模型适用于将无人机纳入人道物流的紧急规划
Shavarani 等[22]	拥挤的模糊容量多层设施选址问题	混合整数非线性数学模型	遗传算法	考虑设施的不同级别采用了多级设施选址方法
Boutilier 和 Chan[23]	用于紧急医疗的无人机网络设计	集成的选址-排队模型	求解器，机器学习	优化响应时间分布的尾部，会产生更大、地理分布更广的无人机网络，提高了各地区响应时间的公平性

8.3 无人机物流路径规划问题

在优化计算车辆行程的问题中，涉及多种术语，如车辆路径规划（vehicle routing）、轨迹优化（trajectory optimization）、路径规划、运动规划（motion planning）等。这些术语之间的差异对应着实际意义上的不同，涉及不同的假设和模型，这取决于在确定无人机轨迹时需要考虑的三个不同程度的关注点。

第一，关注的是轨迹的可行性，即所规划的路径必须满足动态约束，并且可以由无人机的控制系统执行。在确定轨迹时，需要考虑无人机的物理特性和运动能力，以确保所规划的路径能够被无人机精确跟踪和执行。第二，关注的是无人机的安全性，即在飞行过程中，无人机必须成功地避免与障碍物或地面的碰撞。

在路径规划过程中，必须考虑周围环境中的障碍物信息，并利用传感器和避障算法来确保无人机飞行的安全性。通过合理规划路径，无人机能够在不与障碍物发生碰撞的情况下完成任务。第三，关注的是无人机路径的高效性。为了实现高效的路径规划，可以引入成本函数来衡量路径的优劣，并通过优化算法在可接受的计算时间内将成本最小化，以获得最优路径或至少一条高效路径。这样可以减少无人机的飞行时间和能量消耗，提高任务执行效率。

在关注路径规划的第一点时，通常在较小的尺度上采用最详细的物理模型，使用轨迹优化的概念。轨迹优化是一种最优控制问题，其目标是确定一条轨迹，以最小化一些性能指标，如飞行时间或能源消耗，同时满足一组关于无人机运动学（如位置、速度和加速度）和动力学（如力和力矩）的约束条件。这些约束条件通常是时间的函数[24]。轨迹优化考虑到飞行器的动态约束，并生成一个以时间为索引的状态和控制的解决方案，包括位置、速度和加速度等信息。

将物理模型的细节级别降低时，如忽略车辆动力学，但仍考虑到无人机和环境对象的位置和几何形状时，关注点转向第二点，即路径规划或运动规划，其主要目标是避开障碍物，确保无人机能够安全地完成任务。路径规划问题的变体可能保留一些车辆动力学，如运动或风约束。

路径问题（routing problem）涉及更高层次、更宏观的视角，即如何安排车辆去访问特定的地点。旅行商问题（traveling salesman problem，TSP）和车辆路径问题是运筹学和组合优化领域中的经典问题。TSP 侧重于计算一条访问所有客户点的最短路径，并最终返回起始位置。VRP 旨在找到最优的路径分配方案，使得车辆的行驶距离或成本最小化。任务分配（task assignment）是路径问题的子问题。它不是简单地将货物分配给无人机，而是寻找一种最佳方法，将指定位置的任务分配给无人机，同时满足任务的约束条件。无人机任务分配问题与 VRP 具有一些相似之处，但不同之处在于它允许多次访问子路径。

如图 8.4 所示，无人机物流路径优化问题可以进一步细分为以下四类[5]：①无人机旅行商问题（TSP with drones，TSP-D）；②无人机车辆路径问题（VRP with drones，VRP-D）；③无人机配送问题（drone delivery problem，DDP）；④无人机与装载车辆问题（carrier-vehicle problem with drones，CVP-D）。TSP-D 主要关注计算无人机访问所有客户的最短路径，并最终返回起始位置。VRP-D 需要为一组必须服务的客户分配路径，以最小化运营成本。这两个类别涉及无人机和卡车的配送问题。另外，DDP 和 CVP-D 属于仅由无人机进行配送的问题宏类。DDP 的重点是如何通过无人机进行配送，以满足多个客户的需求，并优化配送效率。而 CVP-D 则关注如何有效地将货物装载到无人机上，以最大化装载效益并降低配送成本。对无人机物流路径优化问题的分类，可以更好地理解和研究不同类型问题的特点和挑战，为无人机物流系统的设计和优化提供指导。

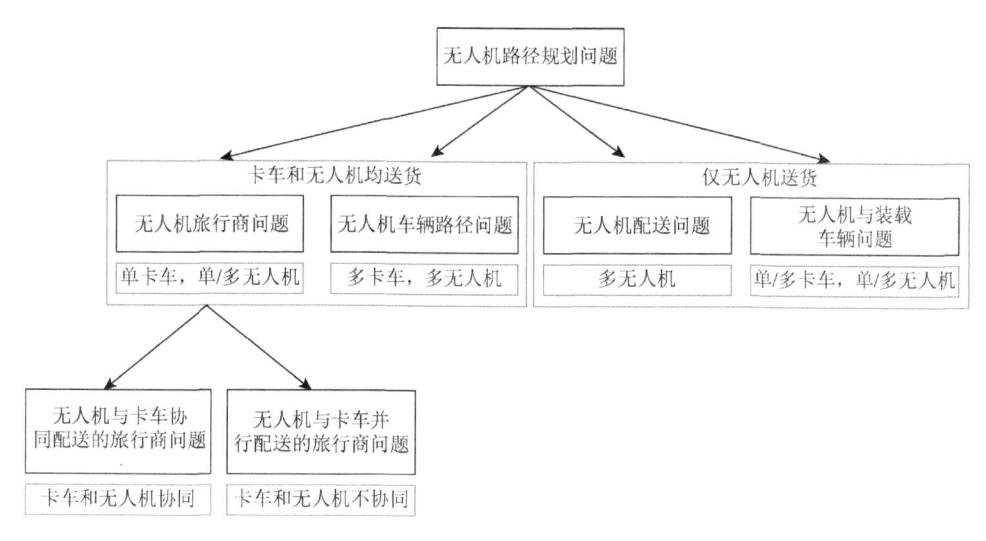

图 8.4 无人机物流路径规划问题分类

8.3.1 无人机旅行商问题

利用无人机进行配送的概念因其相对于传统配送车辆存在的多种优势而具有吸引力。无人机能够在无人操控的情况下运行，且具有较低的运输成本。此外，与传统卡车相比，无人机因避免地面交通拥堵而速度更快。尽管具备这些优势，但由于无人机的物理特性，采用这种新型配送方式仍存在一些限制。首先，由于大多数配送无人机采用电池供电，它们的飞行续航能力受到电池容量的限制。其次，配送无人机具有有效载荷能力（重量和尺寸），通常一次只能携带一个包裹。相反，卡车可以携带多个包裹，包括较重和较大的包裹，并具有长途行驶能力，可以在返回车场之前为多个客户提供配送服务。然而，与无人机相比，卡车的运营成本较高，速度较慢。为了克服两种车辆的局限性，可以通过将卡车和无人机运用于配送网络中来互补各自的优势，通过允许无人机从更靠近客户的位置起飞来缓解无人机的续航限制。

TSP 问题广泛应用于运输服务、货物分配、配送规划等物流领域。受到无人机与传统配送卡车协作分拣快递包裹的场景启发，Murray 和 Chu[16]首次提出了将配送卡车和无人机结合起来的路径规划问题，提出了传统 TSP 的两个新的变体问题。这两个变体问题分别被称为无人机与卡车协同配送的旅行商问题（flying sidekick traveling salesman problem，FSTSP）和无人机与卡车并行配送的旅行商问题（parallel drone scheduling traveling salesman problem，PDSTSP）。

类似于 FSTSP 问题，Agatz 等[25]假设在同一节点发射和回收无人机，并且考虑无人机和卡车的不同行驶速度，且允许卡车重新访问节点。他们将基于无人机的旅行商问题建模整数规划模型，并提出了基于局部搜索和动态规划的路径优先和集群次之的启发式算法。这两篇文献为 TSP-D 的扩展和变体提供了理论基础。

本节将详细介绍基于无人机与传统配送卡车协作模式的两种基本模型，即 FSTSP 和 PDSTSP。同时，本节还将涵盖这两种问题的相关变体，并对其进行总结。这些研究将有助于深入理解无人机与卡车协作配送场景下的路径规划问题，为相关领域的优化和决策提供参考与指导。

1. FSTSP 及相关研究

1）FSTSP 模型构建

FSTSP 是由 Murray 和 Chu[16]提出的，旨在解决在无人机和配送卡车协同工作下的最优客户分配问题。FSTSP 是 TSP 的一种变体，其中路径规划决策与客户-无人机和客户-卡车分配决策以及卡车和无人机的同步约束相结合，目标是在考虑无人机载荷能力和电池功率约束的情况下，最小化为所有客户提供服务所需的时间。如图 8.5 所示，在配送中心与客户之间距离较远的情况下，一种可行的方案是将无人机与传统配送卡车进行配对。配送卡车从配送中心出发，携带无人机和所有客户的包裹。卡车司机开始进行投递工作时，无人机从卡车上起飞，负责递送单个客户的包裹。在无人机自主运行期间，无须司机干预。之后，无人机返回到卡车上，而卡车已经移动到下一个客户的位置。司机需要装载包裹、更换电池，并将无人机安全固定在行驶中的卡车上。这种协同配送方案可以提高配送效率和灵活性，尤其适用于大范围分布的客户和远距离的配送路线。在无人机的出动中，起始节点是无人机起飞和与卡车汇合的节点。无人机为一个客户提供服务，而卡车则可以访问多个客户。然而，无人机的起始和终止节点不能相同，并且它们限定为客户位置或仓库。同步约束被添加以确保无人机和卡车同时到达终止节点。无人机的路径规划受其电池容量的限制。在终止节点，无人机的电池会被更换并伴随一定的充电服务时间。

该问题中设定了一些关键参数，包括客户数量、可通过无人机投递的客户数量以及卡车和无人机的速度限制。尽管考虑到较大的电池容量，但无人机的巡航速度较慢，限制了其能够投递包裹的数量。无人机只能访问一个客户，其飞行自主权受限，无法运送一些重量较大的包裹，这意味着某些客户只能由卡车来提供服务。卡车和无人机必须同时（即卡车运输无人机）或独立地离开和返回单个仓库一次，并且在行程中最多访问任何节点一次。相同类型的车辆具有相同的速度，但卡车和无人机的行程时间不同。为了解决上述问题，Murray 和 Chu[16]采用了 Clarke-Wright 节约启发式算法。该算法首先找到了经典 TSP 问题的解，然后尝试通过评估可实现的节省来插入无人机并从卡车路线中移除一些客户。在该算法中，仅指定了一个节点或车辆作为无人机的降落位置。

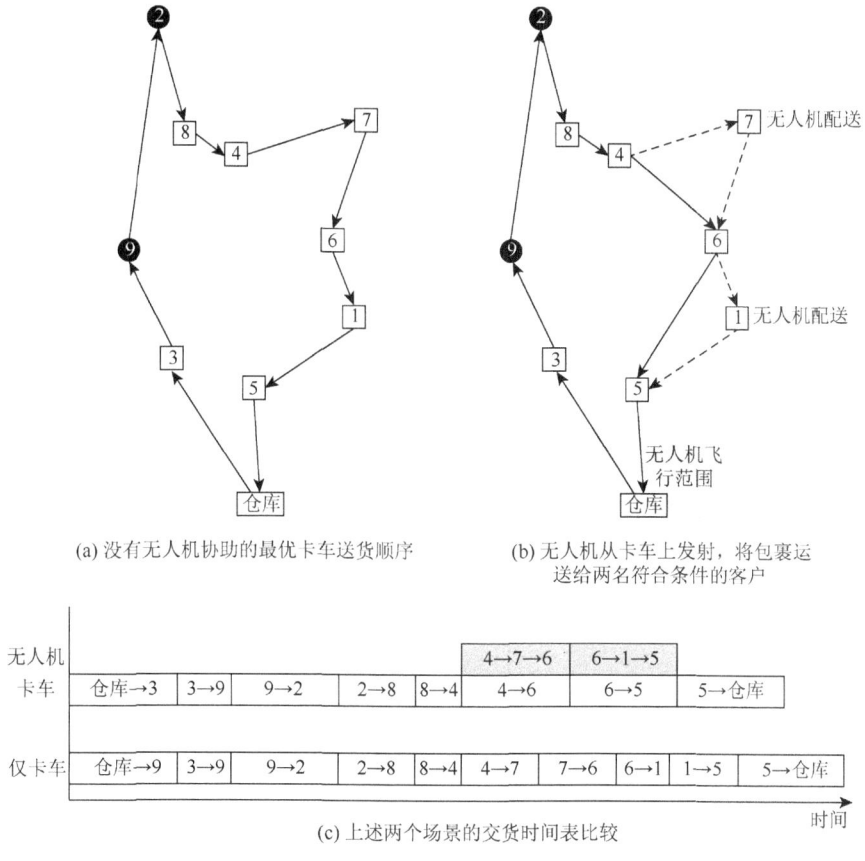

(a) 没有无人机协助的最优卡车送货顺序

(b) 无人机从卡车上发射，将包裹运送给两名符合条件的客户

(c) 上述两个场景的交货时间表比较

图 8.5　无人机与卡车串联配送

圆形节点所示的客户 2 和 9 没有资格通过无人机获得服务

2）单卡车单无人机的 FSTSP 变体问题

无人机配送系统与现有基于卡车的配送系统相比，具有许多独特的功能和特点。卡车和无人机具有不同的行驶速度，而无人机的运载能力和飞行距离有限。无人机在一定时间后需要重新与卡车连接，进行装载、充电或更换电池。如果无人机在降落在卡车上之前电池没电了，它就必须降落在地面上，并且存在被盗或损坏的风险。为了确保卡车和无人机能够顺利进行协同配送，需要做出几个关键决策：确定无人机需要服务的客户集合，即哪些客户将由无人机负责配送；制定配送顺序，即无人机将按照怎样的顺序为不同客户提供服务；确定无人机的发射和回收地点，即无人机起飞和降落的位置。

由于 Murray 和 Chu[16] 以及 Agatz 等[25]提出的 TSP-D 问题计算时间较长，Es Yurek 和 Ozmutlu[26]提出了一种基于分解方法的迭代算法求解 TSP-D 问题，以最小化配送完成时间。算法的第一阶段确定卡车路线和哪些客户分配给无人机，第二阶段求解混合整数线性规划模型，通过调整第一阶段得到的路径和分配决策来优化无人机路线。从最短的卡车路线开始，迭代地改进分配和路线决策。对于使用指定参数生成的算例，所提算法的求解时间更短，平均在 15 分钟内能求解 12 个客户节点的问题。另外，Poikonen 等[27]针对 Agatz 等[25]的 TSP-D 变体问题，提出了四种基于分支定界的启发式方法，允许卡车在无人机送货时停车。他们分析了无人机电池持续时间和速度对 TSP-D 解的影响，得出结论：当无人机的电池容量为 20 分钟且卡车速度翻倍时，单架无人机可以实现显著的节省效果。Ha 等[28]考虑了 TSP-D 问题的一个新变体，其目标是最小化运营成本，包括总运输成本以及为实现车辆间同步所产生的时间浪费成本。他们提出了两种算法来解决该问题。第一种算法是 TSP-LS（TSP-local search，基于局部搜索的旅行商问题）算法，它在 Murray 和 Chu[16]的方法基础上进行改进，通过局部搜索将最优的 TSP 解转化为可行的 TSP-D 解。第二种算法是基于贪婪随机自适应搜索过程（greedy randomized adaptive search procedure，GRASP）的方法。在可接受的运行时间内，GRASP 算法在解的质量方面优于 TSP-LS 算法。

强化学习在各种路径规划问题中具有较好的表现，包括 TSP 问题。然而强化学习在 TSP-D 中表现不佳，难以有效协调一辆卡车和一架无人机的异构车队的路径规划。Bogyrbayeva 等[29]将 TSP-D 建模为马尔可夫决策过程，考虑卡车与无人机之间的交互作用，提出了一种基于注意力编码器和长短期记忆（long short-term memory，LSTM）解码器的混合模型，实验结果表明他们所提出的模型在性能上与传统运筹学方法相媲美。

Roberti 和 Ruthmair[30]引入动态规划递归方法来建模 TSP-D 的几种变体，基于时间上卡车流和无人机流的同步提出了紧凑的混合整数线性规划（mixed integer linear program，MILP），其目的是为搭载单架无人机的单辆卡车找到一条路线，以最小化访问所有车辆所需的总完成时间（通过卡车或无人机）和返回仓库的次数。在不同的情景下，即使只有一架无人机，如果无人机足够快，也可以显著减少路径的完成时间。

以 Murray 和 Chu[16]为代表的一些学者提供了 FSTSP 及其扩展的整数线性规划（integer linear program，ILP）和 MILP 模型，其中考虑了不同的目标函数和/或运营条件。然而，大多数模型存在维度上的缺陷，导致即使在小规模案例中，求解它们也变得不可行。这主要是由于同步问题通常采用大 M 约束进行建模。实际上，这些约束使得使用现成的优化软件无效，需要设计特定的精确行和/或列生成算法。Boccia 等[31]提供了基于扩展图定义的新的 FSTSP 表示方法，通过紧凑 ILP 对问题进行建模，并采用列生成方式解决同步问题，从而避免使用大 M 约束。

尽管在无人机辅助配送领域的研究中，大部分研究工作都集中在建模和计算方面，但也有少数关于理论方面的研究。Carlsson 和 Song[32]讨论了在欧几里得平面中，作为 TSP 问题推广形式的马蝇路径问题（horsefly routing problem）的连续逼近结果，分析了单卡车单无人机配送系统的优势，并证明了包裹配送效率的提高与卡车和无人机速度之比的平方根成正比。Moshref-Javadi 等[33]假设无人机必须返回其起始位置，因此一辆卡车可以停在客户位置并从每个停靠位置多次发射无人机为客户服务，将其建模为多次行程的无人机旅行修理工问题（multi-trip traveling repairman problem with drones，MTRPD）的特殊形式，并提出了混合禁忌搜索-模拟退火算法来解决该问题。对卡车无人机协同配送系统性能影响最大的参数包括每辆卡车搭载的无人机数量、无人机与卡车的速度比以及卡车和无人机的服务时间。针对配送过程中可以一次访问多个客户的情况，Gonzalez-R 等[34]提出了 FSTSP 模型的扩展即卡车无人机团队物流问题（truck-drone team logistics，TDTL），允许卡车在同一位置等待无人机，且允许无人机在与卡车连续两次会合之间的过程中访问多个客户。他们建立了考虑无人机电量消耗的约束条件，假设电量消耗与飞行距离呈线性关系，无人机在指定的汇合点更换充电电池。

关于 TSP-D 问题的大部分研究通常考虑确定性的问题输入，如固定的卡车行驶时间。然而，在实际中确定性并不是常态。特别是，道路交通状况随时间变化，高峰和非高峰时段之间的行驶时间存在显著差异。此外，在"最后一公里"配送中，每个客户通常有一个关联的服务时间窗口，配送必须在此窗口内完成。由于交通状况的不确定性，有些客户可能无法在承诺的时间窗口内得到服务。更糟糕的是，一位客户的延误可能会产生连锁效应：延迟会沿着服务顺序传播到后续客户，进而影响整个配送流程。因此，在正常交通条件下可行的路径规划，在交通拥堵时无法按计划为客户提供服务。为了减轻这种风险，在规划联合无人机和卡车路线时必须考虑道路交通状况的不确定性。Yang 等[35]考虑卡车行程时间的不确定性，研究了鲁棒的无人机-卡车配送问题（robust drone-truck delivery problem，RDTDP），旨在寻找卡车-无人机联合路线以最大化利润，并设计了一种精确的分支定价求解方法得到鲁棒解，使得客户能够不受交通状况的影响获得可靠准时的服务。在问题假设中，他们强制要求卡车在无人机起飞的位置等待，这在标准 TSP-D 中并不是必需的。虽然允许无人机在不同位置起飞和降落增加了决策过程的灵活性，但也显著增加了无人机损坏的风险，因为无人机可能需要在集结点等待卡车。

3）单卡车多无人机的 FSTSP 变体问题

Murray 和 Raj[36]通过考虑卡车上的多个无人机、客户和无人机相关的服务时间以及无人机的重量和时间限制来扩展 FSTSP，称为多个无人机与卡车协同配送的旅行商问题（multiple flying sidekicks traveling salesman problem，mFSTSP），其中送货卡车和异构的无人机车队协同工作将小包裹投递给地理位置分散的客户。每个无人机都可以从卡车上起飞为单个客户送货，然后返回卡车上以装载新包裹或被运输到新的起飞位置。该问题的目标是利用送货卡车和无人机车队完成配送过程并在最短时间内返回仓库。Raj 和 Murray[37]研究了将无人机速度视为决策变量的 mFSTSP 问题，提供了一种三阶段算法，动态调整无人机速度以最小化总配送时间。他们认为，以可变速度操纵无人机可以节省大量时间。在某些情况下，优化无人机速度还可以缩短卡车行驶距离，降低无人机每次行程的能耗，并减少无人机在等待与卡车会合时的飞行时间。

Cavani 等[38]专注于使用单个传统车辆和多个无人机协同工作以满足客户要求的配送系统，即多无人机的旅行商问题（traveling salesman problem with multiple drones，TSP-mD），并提出了一个 MILP 模型，采用基于分支定界法的精确分解方法实现对该模型的求解，可以求解最多 24 个客户的算例。

Salama 和 Srinivas[39]允许卡车在非客户位置（灵活站点）停车进行无人机的发射和回收，决策包括将每个客户位置分配给一个车辆，卡车和无人机的路径规划，以及在每个停靠点安排无人机的发射和回收操作与卡车司机的活动。他们提出了一个 MILP 模型来联合优化这三个决策，目标是最小化配送完成时间。基于最小化总成本或配送完成时间这两个目标，Salama 和 Srinivas[40]通过将无人机从停在焦点（理想的无人机发射位置）的卡车同时调度到附近的客户位置来并行执行配送任务。关键决策是将配送地点划分为小集群，确定每个集群的焦点，并通过所有焦点安排卡车路线，以便每个集群中的客户订单由无人机或卡车完成。允许焦点在配送区域的任何位置，而不仅限于客户位置，可以显著节省配送成本和完成时间。

Luo 等[41]研究了多次访问的多无人机 TSP 问题（multi-visit traveling salesman problem with multi-drones，MTSP-MD），其目标在于最小化卡车和无人机共同为所有客户提供服务所需的时间（持续时间）。该问题包括考虑有效载荷容量约束和能量续航约束的无人机飞行问题，带有先行约束的 TSP 问题，卡车路径和无人机调度协同问题。他们将问题建模为 MILP 模型，并提出了一个多起点禁忌搜索算法，证明了在考虑多次访问、多无人机以及具有更大有效载荷容量和更大电池容量的无人机时，可以显著降低成本。

与考虑卡车和无人机协同配送问题的大多数文献不同，Tiniç 等[42]允许无人机的发射和回收位置相同。卡车可能会在无人机的发射地点等待无人机取回它们，或者它可以前往下一个客户位置。他们构建了基于最低成本的单辆卡车与多架无人机协同工作旅行商问题（minimum cost traveling salesman problem with multiple drones，min-cost TSPMD），目标是找到卡车和无人机的最优配送计划，以最小化包括车辆运营和等待成本在内的总运营成本，提出了基于流的和基于割的 MILP 模型，设计了分支定界算法以得到问题的最优解。

从运输规划的角度来看，调度问题是确定无人机从货车上起飞和降落的时间与地点以服务客户，如果所有客户都被分配给一辆单一的货车（其配载的无人机没有被使用），如图 8.6（a）所示，它就成为传统的旅行商问题；如果所有客户都被分配给货车和无人机的配对，如图 8.6（b）所示，它就成为带有无人机的旅行商问题。在 TSP-D 中，货车是第一梯队网络中的车辆，用于将包裹从城市配送中心运送到中转点（卫星）或客户，而无人机则是第二梯队网络中的车辆，用于将包裹从卫星运送到客户。如果所有客户都被分配给货车和多个无人机的配对，如图 8.7（a）所示，它就成为带有多个无人机的旅行商问题。在 TSP-mD 中，两梯队物流网络中的卫星位置不仅影响两种车辆的运输距离，还影响无人机是否能够安全回收。在货车上部署更多的无人机可以同时为更多的客户提供服务，但由于在不确定的导航环境下存在同步失败，降低运行时间的预期结果仍然是不确定的。如图 8.7（b）所示，Zhao 等[43]考虑不确定的导航环境，研究了单辆卡车与一个异构无人机车队协同配送的鲁棒旅行商问题（robust traveling salesman problem with multiple drones，RTSP-mD），将 RTSP-mD 建模为二阶锥规划（second-order conic programming，SOCP）模型，以同时最小化预期完成配送时间和卡车与无人机同步风险，并提出了一个三阶段的 ALNS 算法求解问题。

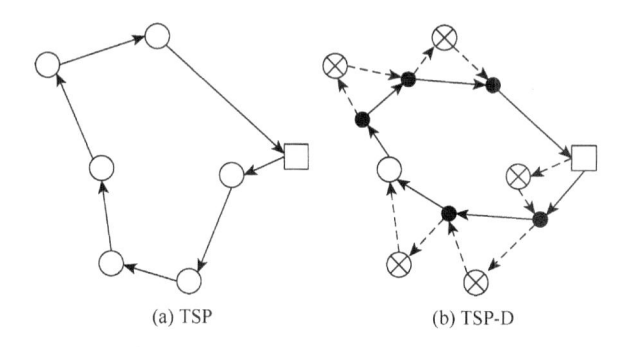

(a) TSP　　(b) TSP-D

图 8.6　TSP 和 TSP-D 的解的图示说明

正方形表示城市配送中心，空心圆表示卡车客户，实心圆表示卫星，叉圆表示无人机客户，实线表示卡车路径，虚线表示无人机路径

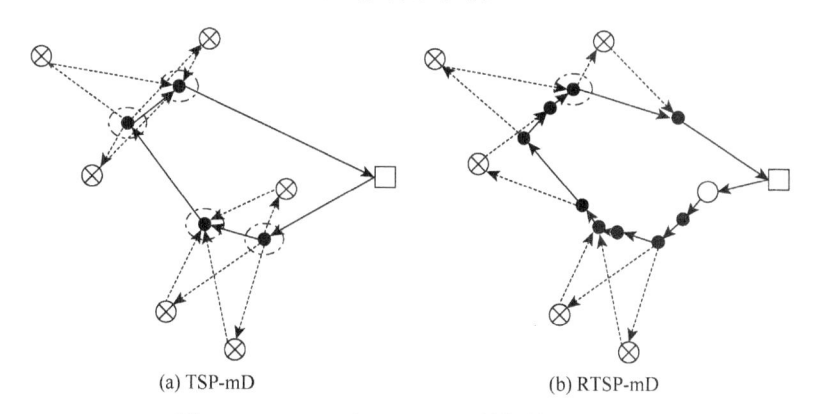

(a) TSP-mD　　(b) RTSP-mD

图 8.7　TSP-mD 和 RTSP-mD 的解的图示说明

正方形表示城市配送中心，空心圆表示卡车客户，实心圆表示卫星，叉圆表示无人机客户，实线表示卡车路径，虚线表示无人机路径

2. PDSTSP 及相关研究

1）PDSTSP 模型构建

考虑到无人机有限的飞行距离，通常将无人机的起始站点设置在靠近客户的配送中心（delivery center）。这可能需要迁移现有的配送中心或建设新的配送中心。为了实现规模经济效益，这些配送中心通常位于人口密集的城市地区附近。然而，由于包裹重量或客户位置的限制，仍然存在一定比例的快递包裹需要通过传统方式进行投递。在图 8.8（b）中，圆形节点表示无法通过无人机进行配送的客户。

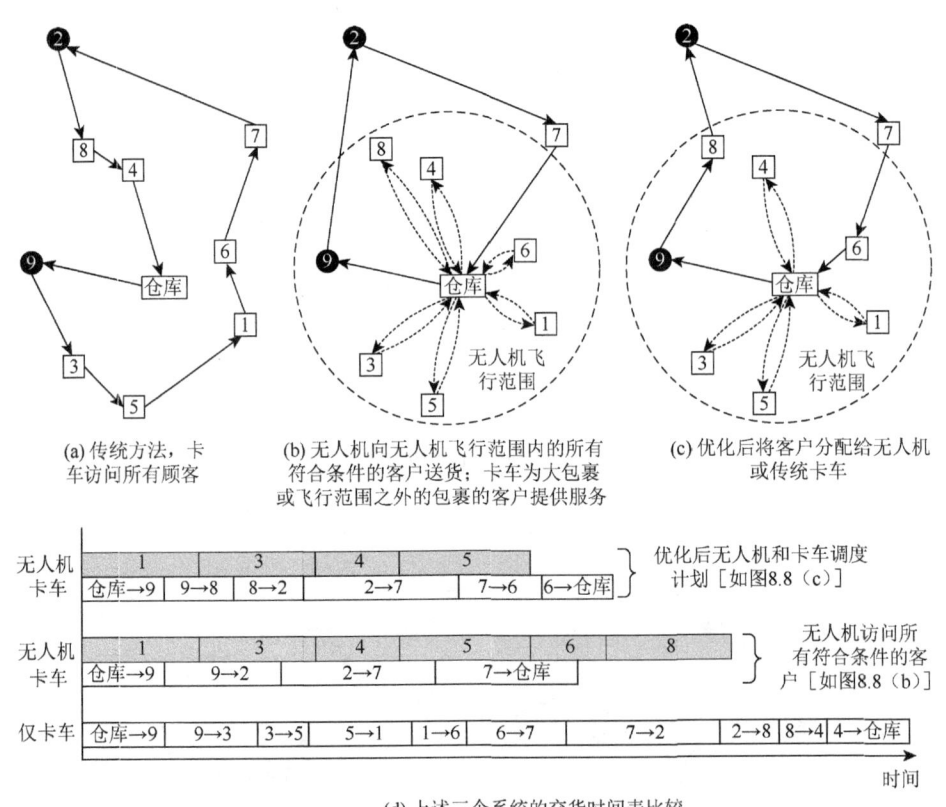

图 8.8　无人机与卡车并行配送

客户2和9（圆形节点）没有资格通过无人机配送（例如，由于包裹重量限制）

根据可用无人机的数量和机队的性能特点，将所有符合条件的客户都通过无人机进行配送可能并不是最优选择。例如，在图 8.8（c）中，如果卡车向一些原本可以通过无人机进行配送的客户投递包裹,则可以减少为所有客户提供服务所需的总时间。因此,在配送中心靠近客户的情况下[如图8.8(b)和(c)所示],需要制订最优的卡车和无人机分配方案。这个问题被称为PDSTSP。

在PDSTSP问题中,卡车和无人机同时用于配送任务,卡车按照TSP路线投递包裹,而无人机则为配送中心附近的客户提供服务,以最小化卡车返回集散地的时间。为了解决这个问题,Murray和Chu[16]提出了一种启发式方法,该方法基于构建初始解的策略。在初始解中,无人机为满足一定条件(如要求包裹不超过无人机容量)的客户提供服务。然后,采用局部搜索启发式方法来改善解的质量。这种方法旨在找到一种近似最优的方案,使得同时考虑卡车和无人机的配送方案能够更加高效地完成任务。

2)单卡车多无人机的PDSTSP问题的变体

PDSTSP是两个NP难问题的推广,即TSP问题和相同的并行机调度问题(parallel identical machine scheduling problems)。Dell'Amico等[44]为PDSTSP提出了一个简化的MILP模型和几种数学启发式算法,都基于用于解决TSP问题的经典Lin-Kernighan算法,并结合局部搜索进行模型求解。他们所提出的算法在Murray和Chu[16]提出的基准实例上取得了具有竞争力的效率和效果,但没有考虑规模更大的实例。

PDSTSP方法及其变体的潜力取决于仓库的位置。为了扩大覆盖范围,可以考虑建立额外的仓库。然而,传统仓库的建设和维护成本较高,特别是在人口密集的城市地区。为了克服无人机的飞行范围限制,Kim和Moon[17]提出了考虑无人机站点的旅行商问题(traveling salesman problem with a drone station,TSP-DS),其中无人机站点被定义为存放无人机和充电设备的设施,通常远离包裹配送中心,无人机从该站点起飞。TSP-DS问题被构建为MILP模型,该模型可以分解为独立的TSP问题和并行机调度问题分别进行求解。

为了充分发挥无人机在运输系统中的优势,需要解决的一个问题是,由于电池容量的限制,目前无人机的有效载荷能力和操作范围相对较小。Paczan等[45]提出了一种新的方法来处理这个问题,使用所谓的集体无人机(c-drone)模式,即多架无人机可以联合在一起,在空中运输几乎任何尺寸、重量或数量的物品。通过共享资源,如电源和操作指令,一架集体无人机可能比一架无人机更有效地运行。此外,联合无人机的尺寸将更加明显,产生更强的雷达或物体检测信号,且更容易被地面雷达或空中交通管制员侦测到,从而提高无人机和其他飞机的安全性。同样,当多架无人机联合形成一个集体无人机时,部分无人机可以降低一个或多个电机的转速,依靠集体无人机的升力,从而降低总的飞行能耗。图8.9描述了由三架无人机连接的集体无人机的配置。

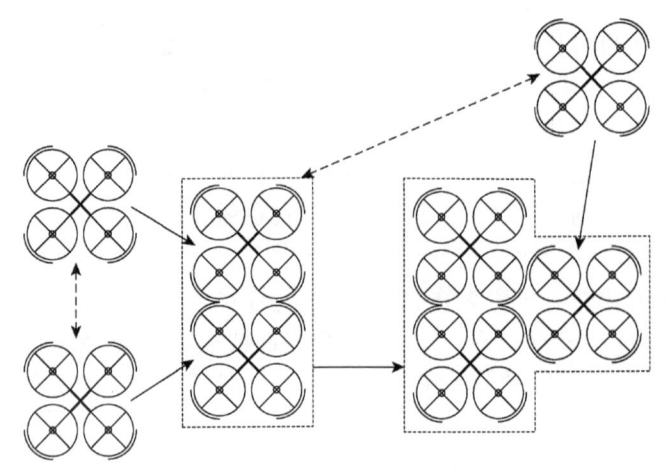

图 8.9　集体无人机配置俯视图[41]

考虑到实际中无人机的功耗是速度和包裹重量的非线性函数，Nguyen 和 Hà[46]认为使用集体无人机可以平等地分配包裹有效载荷给各个无人机单位，从而降低每架无人机的功耗。这种方法能够在电池储能方面留有更多余地，使无人机能够在需要时以更高的速度飞行更远的距离，从而有望显著扩展无人机对远程客户的覆盖范围，提高配送速度。他们针对集体无人机 PDSTSP 提出了新问题（PDSTSP-c）。无人机配送能力的扩展进一步增加了车辆分配决策的灵活性和复杂性。为了使集体无人机进行配送，必须在仓库准备好固定数量的无人机来执行协同作业，即无人机之间存在同步性约束。他们基于可变的无人机速度为不同需求确定无人机群数量，构建了一个双指数 MILP 模型，设计分支切割算法以求解小规模问题，并提出一种元启发式算法来应对大规模问题。

表 8.3 总结了以上 TSP-D 文献的主要特征。对于第一列中每个文献列出 4 个参数：无人机数量、目标函数、是否考虑窗口、是否存在取送货操作。然后还有 3 个参数描述了无人机的特征：①无人机是否可以进行多次访问；②是否估计能源消耗；③是否考虑无人机容量。表 8.3 还给出了有关卡车和无人机之间是否协同合作，以及问题是否包含随机或动态信息。

表 8.3　TSP-D 文献中主要特征总结

文献	无人机数量	目标函数	时间窗	取送货	无人机多次访问	无人机能耗	无人机容量	卡车和无人机间同步	随机或动态
Murray 和 Chu[16]	1	完成时间						√	
Agatz 等[25]	1	运营成本						√	
Es Yurek 和 Ozmutlu[26]	1	完成时间						√	

续表

文献	无人机数量	目标函数	时间窗	取送货	无人机多次访问	无人机能耗	无人机容量	卡车和无人机间同步	随机或动态
Poikonen 等[27]	1	运营成本						√	
Ha 等[28]	1	运营成本					√	√	
Roberti 和 Ruthmair[30]	1	完成时间			√			√	
Bogyrbayeva 等[29]	1	完成时间						√	
Boccia 等[31]	1	完成时间						√	
Carlsson 和 Song[32]	1	完成时间						√	
Moshref-Javadi 等[33]	n	客户等待时间						√	
Gonzalez-R 等[34]	1	完成时间			√	估计		√	
Yang 等[35]	1	利润	√		√			√	鲁棒
Murray 和 Raj[36]	n	完成时间				建模	√	√	
Raj 和 Murray[37]	n	完成时间				建模	√	√	
Cavani 等[38]	n	完成时间						√	
Salama 和 Srinivas[39]	n	完成时间						√	
Salama 和 Srinivas[40]	n	完成时间						√	
Luo 等[41]	n	完成时间			√	√	√	√	
Tiniç 等[42]	n	运营成本						√	
Zhao 等[43]	n	完成时间				√	√	√	鲁棒
Murray 和 Chu[16]	n	完成时间							
Dell'Amico 等[44]	n	完成时间							
Kim 和 Moon[17]	n	配送时间					√	√	
Nguyen 和 Hà[46]	n	完成时间				建模	√		

从表 8.3 可以看出，目前的研究中没有考虑到无人机和卡车的取送货操作，仅有一篇文献考虑了配送过程中的时间窗口因素。所有作者都假设卡车的容量是无限的。除了三篇论文外，其他研究都表明无人机只能执行单次配送任务，其中很多文献没有考虑无人机的容量，而是假设所有的客户都可以由无人机服务。大

多数论文没有使用能源消耗模型或对能量消耗进行准确评估，而是对无人机的最大飞行距离或最大飞行时间设置限制。只有两篇文献考虑了不确定信息，因此动态或随机情况并没有得到广泛的研究。

表 8.4 总结了上述 TSP-D 文献中的实际贡献。该表详细列出了每个研究的贡献，并指示是否建立了数学模型，并提供了相应的数学方法和用于测试的实例。需要注意的是，大多数研究都采用启发式算法来解决 TSP-D 的变体问题，只有四篇文献提出了精确算法。由于很难找到 TSP-D 的最优解，因此最大的测试实例规模限制在 40 个客户。

表 8.4 TSP-D 文献中的数学模型、算法

文献	问题类别	研究问题	构建模型	计算方法	算例规模（客户数量）
Murray 和 Chu[16]	FSTSP	FSTSP	MILP	贪婪启发式	至多 10 个
Agatz 等[25]	FSTSP	TSP-D	ILP	路线第一集群第二的启发式	至多 100 个
Es Yurek 和 Ozmutlu[26]	FSTSP	TSP-D	MILP	迭代分解启发式	至多 20 个
Poikonen 等[27]	FSTSP	TSP-D	—	基于分支定界的启发式	至多 200 个
Ha 等[28]	FSTSP	TSP-D	MILP	TSP-LS，贪婪随机自适应搜索过程	至多 100 个
Roberti 和 Ruthmair[30]	FSTSP	TSP-D	MILP	分支定价精确算法	至多 39 个
Bogyrbayeva 等[29]	FSTSP	TSP-D	马尔可夫决策过程	强化学习	至多 100 个
Boccia 等[31]	FSTSP	FSTSP	ILP	列和行生成算法	至多 20 个
Carlsson 和 Song[32]	FSTSP	马蝇路径问题	—	启发式	至多 500 个
Moshref-Javadi 等[33]	FSTSP	MTRPD	MILP	混合禁忌搜索-模拟退火算法	至多 159 个
Gonzalez-R 等[34]	FSTSP	TDTL	MIP	迭代贪心启发式	至多 250 个
Yang 等[35]	FSTSP	RDTDP	MILP	分支定价	至多 40 个
Murray 和 Raj[36]	FSTSP	mFSTSP	MILP	三阶段启发式	至多 100 个
Raj 和 Murray[37]	FSTSP	mFSTSP-VDS	非线性模型	三阶段启发式	至多 100 个
Cavani 等[38]	FSTSP	TSP-mD	MILP	分支切割	至多 24 个
Salama 和 Srinivas[39]	FSTSP	CTDRSP-FL	MILP	基于模拟退火和可变邻域搜索的优化启发式算法	至多 50 个

续表

文献	问题类别	研究问题	构建模型	计算方法	算例规模（客户数量）
Salama 和 Srinivas[40]	FSTSP	JOCR	MILP	求解器	至多 35 个
Luo 等[41]	FSTSP	MTSP-MD	MILP	启发式	至多 100 个
Tiniç 等[42]	FSTSP	min-cost TSPMD	MILP	分支切割	至多 100 个
Zhao 等[43]	FSTSP	RTSP-mD	SOCP	三阶段 ALNS 算法	至多 48 个
Murray 和 Chu[16]	PDSTSP	PDSTSP	MILP	贪婪启发式	至多 10 个
Dell'Amico 等[44]	PDSTSP	PDSTSP	MILP	启发式	至多 229 个
Kim 和 Moon[17]	PDSTSP	TSP-DS	MILP	分解算法	至多 80 个
Nguyen 和 Hà[46]	PDSTSP	PDSTSP-c	MILP	RnR 元启发式算法	至多 200 个

注：MIP：mixed integer programming，混合整数规划；mFSTSP-VDS：mFSTSP with variable drone speeds，基于可变无人机速度的 mFSTSP；CTDRSP-FL：collaborative truck-drone routing and scheduling problem with flexible launch and recovery locations，具有灵活发射和回收位置的协同卡车-无人机路径和调度问题；JOCR：jointly optimize delivery locations clustering and truck-drone routing，联合优化配送地点集群和卡车无人机路线

8.3.2 无人机车辆路径问题

1. VRP-D 模型构建

VRP-D（无人机车辆路径问题）是 TSP 的扩展，其中车队由多辆卡车和一架或多架无人机组成。Wang 和 Sheu[47]提出了一种基于弧的模型以构建 VRP-D，然后将其重新构建为基于路径的模型，并应用分支定价法进行求解。使用飞行时间更长的无人机可以将总物流成本降低约 10%。

与经典的车辆路径问题不同，车辆与无人机组成的车辆路径问题中存在两种类型的车辆：无人机可以多次飞行和降落，每次可能与不同的卡车会合；卡车可以在不同的时间和位置发射和回收多架无人机。卡车和无人机可以独立地为客户提供服务，并且这两种类型的车辆之间存在多对多的关系。无人机可以从仓库、卡车或停靠站起飞，而降落仅允许在仓库和停靠站（用于充电和装载）进行。在这些停靠站，卡车可以重新装载包裹并接收有限数量的无人机，以将它们靠近客户，因为无人机的飞行范围有限。卡车和无人机具有负载能力，如果不超过其容量，无人机可以携带多个包裹（因此可以连续访问多个客户）。

图 8.10 展示了一个简单的 VRP-D 和其解决方案，其中使用了两辆卡车和两架无人机进行配送。无人机 2 最初由卡车 2 从仓库带走，然后飞行服务两个客户，在对接枢纽降落进行后续服务，最后飞回仓库。

图 8.10 VRP-D 举例

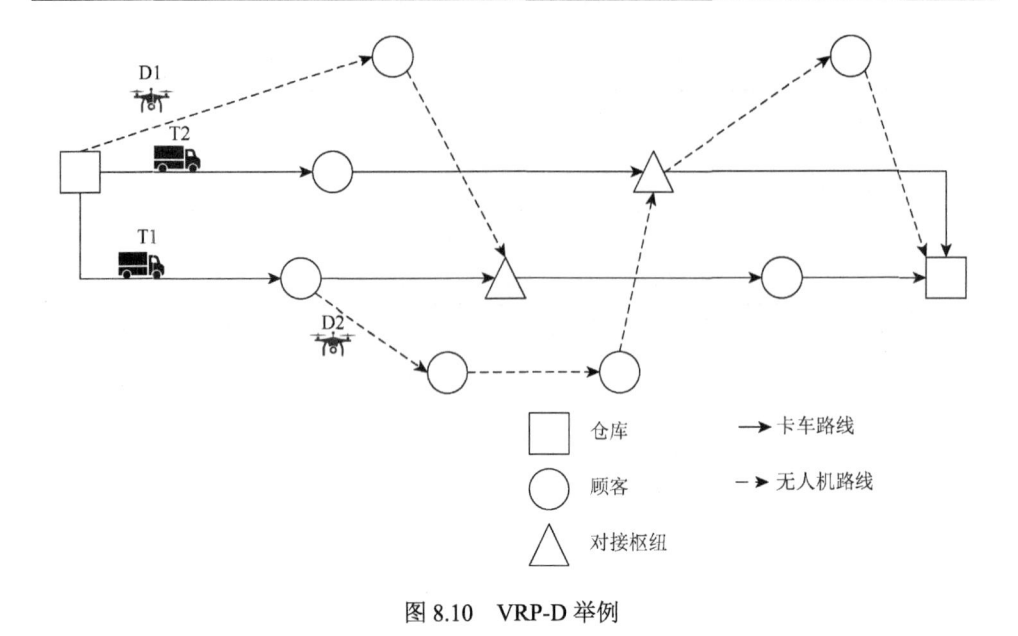

2. 多卡车多无人机的 FSTSP 变体问题

Kitjacharoenchai 等[48]和 Sacramento 等[49]基于 Murray 和 Chu[16]提出的 FSTSP 模型,定义了两个 VRP-D 的变体问题。Kitjacharoenchai 等[48]将 FSTSP 推广为多卡车多无人机旅行商问题(multiple traveling salesman problem with drones,mTSPD),其中多辆卡车和多个无人机共同执行配送任务。他们提出了一个 MIP 模型,使卡车和无人机完成配送后尽快返回仓库,并提出了一种自适应插入(adaptive insertion, ADI)算法来解决 mTSPD 问题。Sacramento 等[49]考虑了卡车或无人机访问客户的时间限制约束和车辆容量限制的多卡车情况,在运输过程中无人机和卡车同步行动,配送结束后它们可以一起或分开返回集散地。他们提出了一种 ALNS 元启发式算法来求解问题,并使用了多个实际参数值来对具有最多 200 个客户的实例进行测试,得出结论:无人机的续航能力对解决方案和有效载荷容量产生显著影响,而无人机的速度不会影响成本。

Tamke 和 Buscher[50]将 FSTSP 模型扩展到了多个卡车和无人机的情况,其中车队由相同结构的卡车组成,每辆卡车配备相同数量的无人机,单个卡车与其关联的无人机形成串联。这些串联用于为不同位置的多个客户提供服务,每个客户只能由一架无人机或一辆卡车服务一次。所有串联在同一个配送中心开始和结束配送。他们提出了两个 MILP 模型,将最小化机队的最大完成时间(min-max VRPD)和最小化机队的总完成时间(min-sum VRPD)作为目标函数,均通过分支切割算法来求解。Yin 等[51]的研究与 Tamke 和 Buscher[50]类似,但在两个主要方面有所不同。从建模的角度看，Yin 等[51]考虑了带有时间窗口的卡车和无人机协同配送的路径规划问题，其中无人机可以在一个节点从其关联的卡车上起飞，在客户的时间窗内独立服务一个或多个客户，然后在沿卡车路线的一个节点处重新加入卡车，并对每辆卡车的承载能力施加了限制。他们的问题旨在最大化为客户提供服务所获得的利润，以应对卡车行程时间的不确定性，从求解算法的角度提出了一种比分支切割算法更高效的分支定价切割算法求解模型。

3. 多卡车多无人机的 PDSTSP 变体问题

大多数研究都是在让无人机和卡车共同工作的背景下进行的，无人机从卡车上起飞，然后在卡车自身进行配送任务时降落。这种方法在配送中心远离客户的情况下可能更为普遍。如果配送中心较小，深入城市区域并且靠近客户，可以使用无人机进行直接配送。对于物流供应商来说，这个过程更易于实施，因为它不需要任何同步协同。供应商只需要将任务分配给卡车和无人机。此外，让无人机和卡车并行工作还可以确保整个配送过程的稳健性。Ham[52]考虑两种不同类型的无人机任务（配送和取货），扩展了 PDSTSP 问题，一旦无人机完成投递任务，它可以选择返回仓库配送下一批包裹，或直接飞往另一个客户处进行取件。他们研究了基于时间窗口、配送取件同步和多次访问约束的多卡车、多无人机和多仓库的集成调度问题，以最小化所有任务的完成时间，并提出了一种约束规划方法，对分布在 8 平方英里（1 平方英里 = 2.589 988 平方千米）区域 100 个客户的问题实例进行了测试。

Saleu 等[53]考虑多辆卡车和多个无人机以扩展 PDSTSP 问题，称为并行无人机调度多旅行商问题（parallel drone scheduling multiple traveling salesman problem，PDSMTSP）。他们提出了一个混合两心启发式方法来求解该问题，首先构建一个巨型路线，以覆盖所有客户，然后将巨型路线进行切割，以确定一组卡车旅行路线和一组分配给无人机的客户。

PDSTSP 通常关注的是为客户提供服务的速度，如运输系统的服务质量。在物流配送中，需要考虑的另一个重要因素是运输成本。Nguyen 等[54]提出最小成本卡车与无人机并行配送调度车辆路径问题（parallel drone scheduling vehicle routing problem，PDSVRP），考虑多辆卡车和多架无人机，以最小化卡车和无人机产生的总运营成本。他们将问题构建为 MILP，并开发了一种破坏与重建算法以求解模型，该算法同样适于求解 PDSTSP。无人机电池容量被认为是提高收益的最重要参数，其次是卡车-无人机成本比。

4. VRP 变体问题

Schermer 等[55]假设无人机也可以在每条弧的某些离散位置上进行发射和回收，称为有航路操作的 VRP-D 问题（vehicle routing problem with drones and en route operations，VRPDERO）。他们将问题建模为一个 MILP 模型，其目标为最小化总工作时间，提出了一种结合可变邻域搜索和禁忌搜索的启发式算法，从而论证了考虑航路操作可以提高无人机的利用率并改善总工作时间。Schermer 等[56]提出了一种允许无人机执行循环操作的 VRP-D 的新变体问题，并提出无人机分配和调度问题（drone assignment and scheduling problem，DASP），结合经典的节省启发式方法和 VRP 的局部搜索过程来进行启发式求解。

大多数卡车-无人机配送系统需要卡车移动到新位置以取回无人机，即当无人机外出配送时，卡车必须继续其行程。虽然这种串联配送模式在节省服务完成时间方面具有吸引力，但它需要卡车和无人机之间的同步，这在实际应用中并不容易实现。因为卡车的行程受交通状况的影响很大，可能会导致迟到。此外，这种送货方式使司机无法持续监控无人机，可能对市区居民造成潜在威胁。其他卡车-无人机配送系统要求卡车必须在客户所在地等待取回无人机[33, 57, 58]。

在双层车辆路径规划问题（two-echelon vehicle routing problem，2E-VRP）中，来自中央仓库的包裹通过称为卫星的中间仓库配送给客户。第一梯队需要为位于仓库的车队设计路线，以将包裹运送到某些卫星。第二梯队需要为位于卫星上的车辆规划路线以服务客户。第一梯队和第二梯队的车辆分别与 VRP-D 中的卡车和无人机类似。但是，两个问题中的车辆确实具有一些不同的特征。具体来说，在 2E-VRP 中，第二梯队车辆在卫星处等待，即无法在不同卫星之间移动。相比之下，VRP-D 中的无人机可以由卡车从一个调度地点运送到另一个调度地点。另一个显著差异是 2E-VRP 中的卫星数量通常很少。大多数使用精确方法的作品通常将卫星数量设置为客户数量的 5%左右。VRP-D 中，每个客户都可以被视为潜在的卫星或第二梯队客户，这使得为卡车枚举所有路线是不切实际的，因为它们可能需要拜访许多客户。

为了解决企业使用无人机和卡车配送包裹所面临的物流挑战，Li 等[59]引入了带有时间窗和移动卫星的双层车辆路径问题（two-echelon vehicle routing problem with time windows and mobile satellites，2E-VRP-TM），优化卡车和无人机组合的配送路线。通常情况下，一辆卡车会搭载多架无人机。第一梯队负责从配送中心出发，按照客户的时间窗口要求进行包裹配送。第二梯队是卫星移动卡车派出无人机，可直接从配送中心发射，按照客户的时间窗口要求提供包裹送达服务。当第一梯队车辆停靠在客户位置等待第二梯队车辆出发和返回时，第一梯队车辆作为移动卫星。他们设计了基于车流的模型，包括移动卫星同步约束以确保梯队交互，并设计了 ALNS 启发式算法。

图 8.11 说明了一个 2E-VRP-TM 问题的路径示例。客户编号为 1 到 20。客户 1 到 10 由卡车服务，而其他十个客户由从配送中心（表示为 0）或选定客户位置的卡车派出的无人机提供服务。在这些客户地点，一架或多架无人机可能会从

配对的卡车上起飞，运送货物，然后返回。停在客户位置的卡车是移动卫星。在图 8.11 中，客户 2、3 和 4 是移动卫星位置。3 号卡车搭载无人机行驶的路线中，8:45 从配送中心出发，9:02 到达客户 2 处停靠。3-1 号无人机从客户 2 处起飞，分别于 9:03 和 9:13 到达客户 8 和客户 11，然后于 9:20 返回 3 号卡车。搭载无人机的 3 号卡车于 10:08 返回配送中心。搭载无人机的 2 号卡车行驶路线中，7:47 从配送中心出发，8:32 到达客户 3 处停靠。随后，2-1 号无人机从客户 3 处起飞，分别于 8:34、8:42 和 8:49 到达客户 16、12 和 17，然后于 8:56 返回 2 号卡车。2-2 号无人机从客户 3 处起飞，分别于 8:35 和 8:41 到达客户 10 和 14，然后于 8:52 返回 2 号卡车。然后，载有无人机的 2 号卡车于 9:06 到达客户 4 并停放。2-2 号无人机于客户 4 处起飞，分别于 9:11、9:17 和 9:23 到达客户 13、9 和 15，然后于 9:29 返回 2 号卡车。载有无人机的 2 号卡车于 9:42 返回配送中心。4 号卡车行驶的路线是 0—6—7—0，8:49 从配送中心出发，分别于 9:01 和 9:28 到达客户 6 和 7，并于 9:48 返回配送中心。1-1 号无人机 8:41 从配送中心起飞，分别于 8:44、8:56 和 9:05 到达客户 18、19 和 20，最后 9:15 返回配送中心。

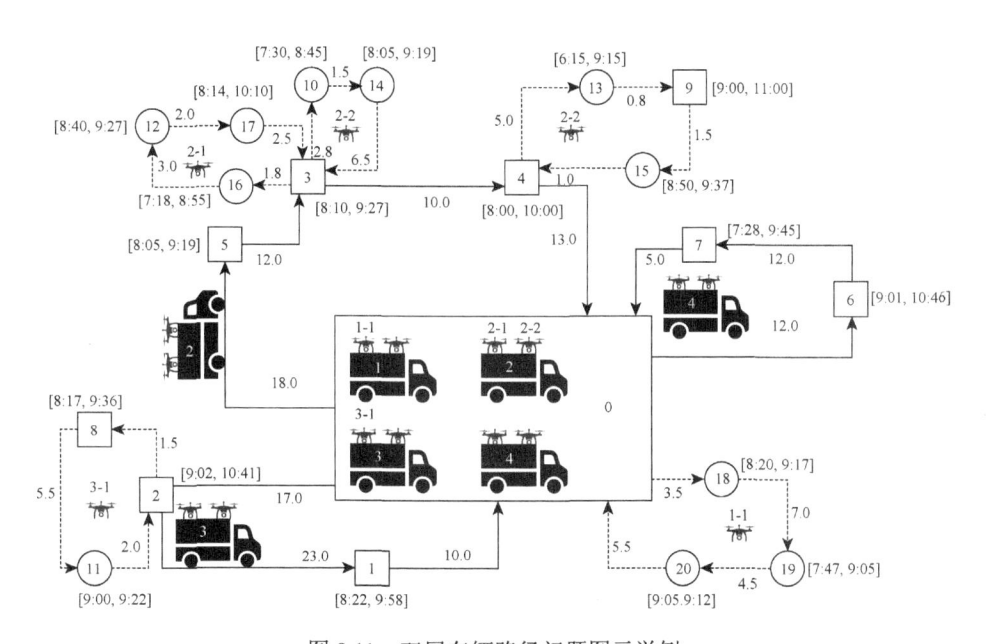

图 8.11 双层车辆路径问题图示举例

Liu 等[60]研究了双层路径规划问题的新变体，将卡车和无人机参与的配送过程描述为一个双层配送系统。第一层是从主要集散地到客户的卡车路径规划，第二层是从卡车到客户的无人机路径规划。他们假设无人机可以在一条飞行路线上运送多个包裹，提出了一个综合考虑有效载荷、电机效率、行驶距离和恒定飞行速度的能耗模型。

现有关于 VRP-D 或 2E-VRP 的研究通常将一辆车搭载的无人机数量或卫星中卡车的数量设置为固定值,导致分配无人机或车辆从而规划路线的灵活性较低。Zhou 等[61]研究了无人机的 2E-VRP 问题,首次考虑无人机与车辆的分配决策问题,将每辆车所携带的无人机数量视为决策变量,考虑了诸如客户服务期限和无人机能量容量等多个实际约束条件,为规划车辆和无人机路径提供了更大的灵活性。

包裹配送通常由许多轻量级需求组成,这意味着可以将重量需求预先分配给卡车。在分配给无人机的需求中,可能有一些需求只能由功能强大但速度较慢的无人机提供。使用功能强大但速度慢的无人机可能会降低无人机配送的效益。因此,同构无人机的速度和飞行时间受到分配给无人机的最重需求的限制。异构无人机可以更好地满足不同类型的需求,提高配送效率,这也有助于减少配送时间并扩大无人机可以配送的需求范围。Kang 和 Lee[57]考虑多个具有不同特性(如速度和电池容量)的无人机由卡车携带并且可以在卡车停放和等待时用于配送任务,提出了异构无人机-卡车路径规划问题(heterogeneous drone-truck routing problem,HDTRP)。该问题需做出三个阶段的决策:卡车的路线、部署无人机的等待节点以及分配无人机进行配送。所提出的模型不需要无人机和卡车之间的精确同步,因为卡车只需在安全位置等待无人机返回。他们构建 MIP 模型以最小化卡车行驶时间和等待无人机返回时间的总和,并基于 Benders 分解方法设计了一种精确算法求解模型。值得注意的是,HDTRP 与双层选址-路径问题(two-echelon location routing problem,2E-LRP)有着密切的联系,其中两条分层车辆路线在某些节点处相互连接,称为需要确定的卫星。在 HDTRP 中,卡车路线和无人机配送路线在等待节点处分层连接。在 2E-LRP 中,潜在卫星和客户之间有明显的区别。上层路径规划仅涉及卫星节点,而下层路径规划仅服务于客户。此外,2E-LRP 通常不考虑时间,因为它本质上是设施选址问题和车辆路径规划问题的组合。而在 HDTRP 中,无人机只能在卡车到达特定节点后才能使用。

Gu 等[62]假设每辆车都配备有一架能够在单次行程中为多个客户提供服务的无人机,针对有多次访问的 VRPD(vehicle routing problem with drones with multiple visits,VRPD-MV)提出了一种高效的分层解决方案评估方法。Masmoudi 等[63]将 VRP-D 扩展为包括一支配备多包裹载荷舱的无人机舰队,以便在单次飞行中为更多客户提供服务。无人机可以返回卡车(与其起始的卡车不同)来更换耗尽的电池和/或拾取更多包裹。该问题被称为配备多包裹载荷舱的 VRP-D(VRP-D equipped with multi-package payload compartments,VRP-D-MC),旨在最大化总利润。他们论证了使用配备不同舱室配置的无人机的好处,使用综合卡车和无人机舰队相较于仅卡车车队可以获得增量总利润。此外,他们还考察了在拾取要配送的物品时更换无人机电池的好处,以及包裹负载对无人机能耗的影响。

在卡车和无人机协同配送的模式下,卡车和无人机合作为客户提供服务,使得无人机可以覆盖更远的地区。然而,由于无人机只能由相应的卡车收集,该方法的有效性严重依赖两个资源之间的协调。一旦出现延迟,整个配送计划可能受到严重的干扰。为加强卡车和无人机之间的协作,一些公司引入了对接枢纽,来缓冲卡车和无人机之间的直接连接,扩展无人机的服务范围。图 8.12(a)说明了枢纽站如何协助卡车-无人机模式实现配送。它允许无人机在此停留进行电池充电,并等待访问的卡车进行补给。由于中转站的存在,卡车和无人机之间的连接变得相对独立,这使得卡车更加灵活,不必担心无人机的回收问题[47]。Xia 等[64]将对接枢纽视为一个包裹转运仓库,确保枢纽消耗的包裹可以由来访卡车补充,研究了具有载荷相关无人机的车辆路径问题(vehicle routing problem with load-dependent drones,VRPLD),其中无人机的能耗是与负载相关的,并由一个非线性函数表示。他们为该问题提出了一个混合整数非线性模型,基于 Danzig-Wolfe 分解框架开发了一个分支定价切割算法,并提出了一系列加速策略,以加快精确算法的收敛速度。在合理的位置设置中心可以显著降低配送成本,并提高卡车和无人机的协作效率。

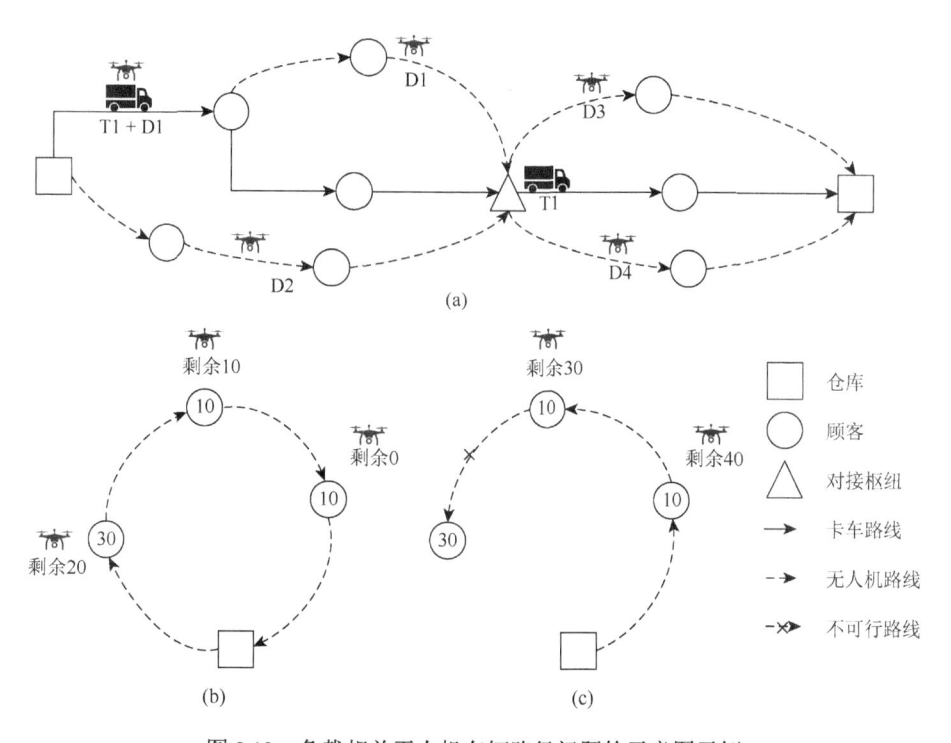

图 8.12 负载相关无人机车辆路径问题的示意图示例

取送货问题（pickup and delivery problem，PDP）属于车辆路径规划问题的一类。根据起点和终点的数量，PDP 可以分为三类：一对一问题、一对多对一问题和多对多问题。一对一问题是指每件货物都有指定的取货点和交付点，取件和配送节点通常是成对的。一对多对一问题是指车辆从仓库运载一些商品，配送给许多客户，同时从这些客户那里收集其他货物并配送给仓库。多对多问题是指有多个取货点和交付点，车辆从多个取货节点收集货物，供应给多个配送节点。

针对"最后一公里"配送问题，Luo 等[65]探讨了多卡车和多次访问无人机的一对一取送问题（one-to-one pickup and delivery problem with multi-trucks and multi-visit drone，OPDP-MTMV）。每辆卡车都配备有一架无人机用于提供取送服务。无人机可以在一次飞行中携带多个包裹。取送请求可以由卡车或无人机提供服务，无人机的能耗基于飞行时间和多次访问无人机行程中的负载变化而变动。

尽管使用无人机进行取送货服务具有许多优点，但目前其实施仍处于早期阶段，仅限于某些特殊情况。更广泛的应用仍然存在一些障碍，如需要适应无人机操作的基础设施和合适的环境。Meng 等[66]提出了一种混合卡车-无人机路径规划问题的变体，允许无人机在每次飞行中为多个客户提供取送货服务，考虑无人机的卡车容量和负载相关能耗，称为基于取送货的多次访问无人机路径规划问题（multi-visit drone routing problem for pickup and delivery services，MDRP-PD）。它是以成本最小化为目标的基于取送货 VRP-D 的扩展，涉及一组配备支持无人机的卡车车队的部署和路径规划，以满足所有客户的取货和送货需求，并最小化总成本。他们通过无人机的飞行距离、自身重量和所携带包裹的重量明确对无人机的能耗进行建模，并给出了混合卡车-无人机模式优于仅卡车模式的充分条件。

近年来，卡车和无人机协同路径规划问题受到研究人员的广泛关注。尽管 FSTSP 存在许多变体问题，但研究大多集中在商业应用，侧重于最小化运营成本或最小化旅行时间的单目标研究。Das 等[67]研究了一种新的机制，该机制将多车辆与多无人机协同工作，以卡车作为无人机的移动起飞和回收站点。这种同步配送问题被构建为一个多目标 MILP 模型：第一个目标是最小化行驶距离，第二个目标是通过在用户定义的时间窗口内合理安排配送任务以最大程度提高客户满意度。同步卡车和无人机路径规划问题是车辆路径规划问题和作业调度问题的独特交叉点，它涉及根据不同的约束和优化目标，将客户节点分配给卡车或无人机来服务。

Lu 等[7]将卡车和无人机的协同配送模型应用于人道主义物流，并提出了一种多目标人道主义取送货的无人机车辆路径问题（multi-objective humanitarian pickup and delivery vehicle routing problem with drones，m-HPDVRPD），以解决配送路径问题和物资分配问题。容量大、行驶距离远的卡车可以在供应点装载更多的物资。当卡车受限时，搭载在货车上的无人机被用来执行配送任务，配送后由卡车回收。然后这两种车辆将继续为剩余的需求节点配送。实际上，一旦发生灾害，在短时间内紧急救助的资源通常是有限的。人道主义救援物资的配送挑战，不仅仅在于缩短运送时间，更在于如何有效调配有限的资源，尽可能满足人们的需求。他们将 m-HPDVRPD 建模为一个双目标 MILP 模型，同时最小化最大协同路径规划时间和最大化需求节点的最小满足率。他们针对该问题设计了一种具有局部搜索算子的混合多目标进化算法（hybrid multi-objective evolutionary algorithm with specialized local search operators，HMOEAS）和一种混合多目标蚁群算法（hybrid multi-objective ant colony method，HMOACM），论证了该模型在抗疫物资的配送效率方面具有优势。

对于公司来说，同时满足时间紧迫的按需服务请求并以相对较低的成本维持经济上可持续的物流系统是一项挑战。与送货服务相比，按需取货服务研究较少，例如，按需取件服务通常支持卖家发货、客户退货以及回收快递箱和餐具等。Gu 等[68]研究了一种有预约配送和按需取件的动态卡车-无人机路径规划问题（dynamic truck-drone routing problem with scheduled deliveries and on-demand pickups，D-TDRP-SDOP），调度卡车和无人机进行确定性配送和不确定包裹取件请求，以最大化总利润。为了更好地描述现实世界的问题，通过添加现实约束和独特特征进一步扩展了卡车无人机路径规划问题，如卡车及其相关无人机必须满足最长工作时间和客户提供的截止日期限制。这种运营模式适用于多个客户需要及时服务的城市物流服务。他们将该问题建模为马尔可夫决策过程，并提出了一个启发式求解框架。改进的无人机技术，如更高的无人机速度和更高的电池容量，有望使系统处理更多的按需请求并增加最终利润。然而，当无人机能力达到一定阈值时，收益将不再增加。

Wang 等[69]提出并解决了一个具有时变道路行程时间的卡车-无人机混合路径规划问题（truck-drone hybrid routing problem with time-dependent road travel time，TDHRP-TDRTT），其目标是最小化总配送成本，包括卡车和无人机的固定成本，以及它们各自向客户配送的成本。他们设计了一个迭代局部搜索启发式算法来求解，所提出的模型与算法提高了配送的及时性，显著降低了卡车的行驶里程，并有助于克服地形限制。协同调度避免了配送路线之间的相互干扰，增强了在时变路网条件下运行的卡车-无人机协同配送系统的鲁棒性。

表 8.5 总结了上述 VRP-D 文献的主要特征。七篇文献考虑了时间窗口的影响。另外，四篇文献着重考虑了无人机的取送货操作和多次访问的情况。11 篇文献关注了能耗和充电问题，其中 Liu 等[60]提出了一个详细的能耗模型。与 TSP-D 问题类似，大多数研究考虑了无人机的最大飞行距离或最大飞行时间的限制，并假设充电或更换电池所需的时间是固定的。此外，近一半的文献还考虑了无人机和卡车的容量限制，这是在实际配送中需要考虑的重要因素之一。然而，仅有一篇文献考虑了随机需求，即客户需求的不确定性。

表 8.5　VRP-D 文献中主要特征总结

文献	目标函数	时间窗	取送货	无人机多次访问	无人机能耗	无人机容量	卡车容量	卡车和无人机间同步	随机或动态
Kitjacharoenchai 等[48]	配送时间							√	
Sacramento 等[49]	运营成本					√	√	√	
Tamke 和 Buscher[50]	完成时间				√			√	
Yin 等[51]	运营成本	√		√		√	√	√	
Ham[52]	最晚返回站场时间	√	√						
Saleu 等[53]	完成时间				√				
Nguyen 等[54]	运营成本					√	√		
Wang 和 Sheu[47]	运营成本			√		√	√	√	
Schermer 等[55]	最晚返回站场时间					√	√		
Schermer 等[56]	最晚返回站场时间							√	
Li 等[59]	运营成本	√						√	
Liu 等[60]	运营成本			√		√		√	
Zhou 等[61]	完成时间								
Kang 和 Lee[57]	完成时间				√			√	
Gu 等[62]	运营成本			√	√	√			
Masmoudi 等[63]	利润最大	√						√	
Xia 等[64]	运营成本			√	√	√			
Luo 等[65]	运营成本		√	√		√			
Meng 等[66]	运营成本								
Das 等[67]	多目标	√						√	
Lu 等[7]	多目标			√	√		√	√	
Gu 等[68]	利润最大化	√	√	√	√	√			鲁棒
Wang 等[69]	运营成本	√				√	√	√	

表 8.6 提供了有关所提出的 VRP-D 变体的数学建模、算法和测试实例的相关信息。在这些文献中，除了 6 篇外，其他所有提出解决方法的文献都采用了启发式算法。这些文献使用的测试实例的规模从 13 个客户到 400 个客户不等。

表 8.6　VRP-D 文献中数学模型、算法和算例总结

文献	研究问题	构建模型	计算方法	算例规模
Kitjacharoenchai 等[48]	mTSPD	MILP	启发式	至多 50 个
Sacramento 等[49]	VRP-D	MILP	ALNS 元启发式	至多 200 个
Tamke 和 Buscher[50]	基于 FSTSP 的 VRPD	MILP	分支切割	至多 30 个
Yin 等[51]	TD-DRPTW	MILP	分支定价切割	至多 45 个
Ham[52]	PDSTSP	MIP	约束规划	至多 100 个
Saleu 等[53]	PDSTSP	MILP	混合元启发式	至多 199 个
Nguyen 等[54]	PDSTSP	MILP	元启发式	至多 400 个
Wang 和 Sheu[47]	VRP-D	MILP	分支定价	至多 13 个
Schermer 等[55]	VRPDERO	MILP	基于可变邻域搜索和禁忌搜索的启发式	至多 100 个
Schermer 等[56]	VRPD	MILP	启发式	至多 100 个
Li 等[59]	2E-VRP	MILP	ALNS 启发式	至多 100 个
Liu 等[60]	2E-RP-T&D	基于两阶段路线建模	混合启发式	至多 100 个
Zhou 等[61]	2E-VRP-D	MILP	分支定价	至多 35 个
Kang 和 Lee[57]	HDTRP	MIP	分支切割	至多 50 个
Gu 等[62]	VRPD-MV	MILP	迭代局部搜索启发式与可变邻域下降过程混合来求解	至多 200 个
Masmoudi 等[63]	VRP-D-MC	—	自适应多起始模拟退火元启发式算法	至多 200 个
Xia 等[64]	VRPLD	MINLP	分支定价切割	至多 18 个
Luo 等[65]	OPDP-MTMV	—	迭代局部搜索算法	至多 50 个
Meng 等[66]	MDRP-PD	MILP	两阶段启发式	至多 101 个
Das 等[67]	VRPD	多目标 MILP	Pareto 蚁群算法	50 个
Lu 等[7]	m-HPDVRPD	双目标 MILP	混合多目标进化算法，混合多目标蚁群算法	至多 200 个
Gu 等[68]	D-TDRP-SDOP	马尔可夫决策过程	启发式	100 个
Wang 等[69]	TDHRP-TDRTT	数学模型	迭代局部搜索启发式算法	至多 200 个

注：TD-DRPTW：truck-based drone delivery routing problem with time windows，具有时间窗的基于卡车的无人机送货路线问题；2E-RP-T&D：two-echelon routing problem with truck and drone，卡车和无人机的两梯队路径问题；MINLP：mixed-integer nonlinear programming，混合整数非线性规划

8.3.3 无人机配送问题

DDP 是 VRP 的一个变体，其中车队仅由无人机组成。通常，该问题考虑到与无人机相关的几个特殊方面，如能源消耗、电池容量和有限飞行范围。

一些关于 DDP 的研究假设一架小型无人机在一次飞行中可以配送多个包裹。Dorling 等[70]提出了两种多行程 VRP（multitrip VRP，MTVRP）来解决 DDP 问题，其中一个仓库的单架无人机进行多次行程，向一组客户点进行配送，即通过在可能的情况下重复使用无人机来弥补其有限的承载能力。他们明确考虑了无人机能耗和总起飞重量之间的关系，考虑在满足配送时间限制的同时最小化成本，在满足预算约束的同时最小化整体配送时间。该能耗模型建模为 MILP，并基于模拟退火启发式方法进行求解。仿真结果证明了在 VRP 中重复使用无人机和优化电池容量的好处。Cheng 等[71]通过保留行程的能耗、货物负载和行驶距离之间更详细的非线性关系来扩展 MTVRP 模型，构建了具有与无人机容量、客户时间窗口和无人机电池容量相关的约束的 2-指标模型，设计了分支切割算法，论证了与非线性能量模型相比，对无人机能量使用线性近似导致能量消耗平均差异约 9%。

除了能源限制之外，还需要考虑时间相关路由问题，其中无人机应能够实时地更改、调整、修改和优化其路线。Coelho 等[72]提出了多目标绿色无人机路径规划问题（green unmanned aerial vehicle routing problem，GUAVRP），最小化了七个目标函数：总行驶距离、无人机最大速度、使用的车辆数量、最后取件和配送包裹的完成时间、每个包裹的平均停留时间以及最大化调度结束时的电池负载。所提出的模型考虑了无人机的操作要求，如能够携带的最大重量、最小电池放电深度、无人机的最大速度等。他们考虑了动态场景，即新的订单可能随时到达，可以在完成当前行程后考虑途中的无人机，并使用了多目标智能池搜索（multi-objective smart pool search，MOSPS）元启发式方法，以获得所提出的路径规划问题的一组非支配解。

除了节约成本的潜力外，无人机配送还强调了服务的灵活性优势。后者通常通过在面对各种现实场景中的动态性和随机性时得以体现，如按需餐饮配送服务。随着手机应用程序的即时通信、位置共享和移动支付等功能的不断改进，全球范围内对即时送餐服务的需求呈现出巨大的市场潜力。无人机配送是满足餐饮配送和其他类似业务中灵活运输需求的有效运输方式之一，而实现高效的无人机舰队运营尤为关键。Liu[73]提出了一个静态和动态无人机配送模型来优化按需取餐送餐过程，提出的问题属于动态车辆路径问题（dynamic vehicle routing problems，

DVRP）或动态一对一取送问题的类别。餐单是随时间随机发起的，它们的取餐和送餐位置坐标在整个服务区域也是随机和任意的。车队运营商需要近乎实时地调度送货无人机，以确保最迅速高效地配送所有订单，同时还需要考虑食物种类、无人机速度、承载能力和电池消耗更换等因素。他们构建了 MIP 模型来确保运营安全性，最小化延迟和最大化效率，提出了一种用于在线车队调度操作优化驱动的渐进算法。与典型的基于图形的车辆路径问题公式不同，所提出的时间离散和空间连续的 MIP 公式内生地考虑了几何形状和移动性，因此允许动态输入具有任意取货和送货位置的订单信息。

受亚马逊仓库机器人大军的显著扩张和无人机用于"最后一公里"包裹配送的启发，Ham[74]提出了一种仓库中由无人机驱动的物流传输系统，使用无人机在机器人移动配送中心之间进行作业转移，即通过无人机直接进行取件和配送并直接放置到运送纸箱中，消除拣货和补货时的所有人工操作。受时间窗口和优先关系约束，该物料传输无人机调度问题（material transfer drone scheduling problem，MTDSP）旨在最小化所有作业的最长完成时间。

Liu[75]提出了一种新颖的无人机即时包裹运输服务的商业模型，即考虑客户竞标、电池容量和电池寿命周期成本的无人机运输服务的新商业模式，并评估了支撑服务运营的无人机路径规划问题的不同建模和解决方法。他们提出了两种 MIP 模型来对无人机调度和路径规划问题进行建模，以决策接受哪些运输订单、派遣哪些无人机以及每个无人机的路线。他们比较了三种计算方法，包括两种基于列生成的算法和一种蛮力路径枚举算法。蛮力算法是最有效和最可扩展的方法，在计算时间和解决方案质量方面远远优于其他替代方法。此外，MIP 模型在实际计算中表现不理想，他们提出了一种优化-仿真框架，用于评估跨越多个调度周期的长期性能，消除客户需求、资源使用和运营成本的不确定性。

观察表 8.7，可以清楚地看出该表描述了上述 DDP 问题的主要特征，其中无人机的特性受到了广泛关注。事实上，除了一篇文献外，其他所有研究都考虑了具有容量限制的无人机以及多次访问的情况。此外，四篇文献提出了描述能量消耗的模型。Dorling 等[70]使用了一个不考虑速度和飞行时间的因素来评估能量消耗。Coelho 等[72]提出了一个依赖于无人机速度的简单函数来评估能量消耗，并允许在某些站点对无人机进行充电。仅有一篇文献考虑了时间窗口的限制，而有三篇文献允许取送货操作。此外，还有三篇文献考虑了实时场景，即订单可能在一天的不同时间到达。通过表 8.8 可以了解到每篇文献在数学建模、算法类型以及计算研究中使用的实例方面的相关信息。这些研究为解决 DDP 问题提供了不同的方法和工具，以实现更高效、更可行的无人机配送方案。

表 8.7　DDP 文献中主要特征总结

文献	目标函数	时间窗	取送货	无人机多次访问	无人机能耗	无人机充电	无人机容量	随机或动态
Doring 等[70]	配送时间			√	√		√	
Cheng 等[71]	运营成本			√	√		√	
Coelho 等[72]	多目标	√	√	√	√	√	√	动态
Liu[73]	多目标			√			√	动态
Ham[74]	完成时间	√	√					
Liu[75]	利润		√	√	√	√	√	动态

表 8.8　DDP 文献中数学模型、算法和算例总结

文献	研究问题	构建模型	计算方法	算例规模
Doring 等[70]	DDP	MILP	模拟退火启发式	至多 500 个
Cheng 等[71]	MTDRP	MINLP	分支切割	至多 50 个
Coelho 等[72]	GUAVRP	MILP	启发式	至多 10 个
Liu[73]	DVRP	MIP	在线调度算法	至多 353 个
Ham[74]	RMFS	MIP	约束规划	至多 144 个
Liu[75]	DDP	MIP	基于列生成的算法，强力路径枚举法	至多 50 个

注：MTDRP：multi-trip drone routing problem，多行程无人机路径问题；RMFS：robotic mobile fulfillment system，移动机器人履行系统

8.3.4　无人机与装载车辆问题

CVP-D 是 TSP-D、VRP-D 和 DDP 的结合，由具有互补能力的车辆团队执行自主配送。在这种配送系统中，大型和缓慢的载体车辆（如大型地面车辆）运输具有有限操作范围的小型和快速车辆（如无人机）。CVP-D 的主要思想是快速车辆在以载体车辆为基地的多次行程中，在最短时间内访问给定的一组客户。通常载体车辆和无人机应该保持同步，且不事先给定目标客户的访问顺序。在另一类卡车-无人机组合问题中，所有配送任务都分配给无人机，卡车仅用于携带无人机。Mathew 等[76]将所有配送任务分配给无人机，而卡车仅用于携带无人机的问题，称为异构配送问题（heterogeneous delivery problem，HDP），且证明了 HDP 是 NP 难的，并提出了将其高效约化为广义旅行商问题。Gambella 等[77]提出了混合整数二阶锥规划（mixed-integer, second-order conic programming，MISOCP）模型和

基于排名的精确枚举过程,以在最短时间内求解泛化的载体-车辆问题,并达到最优解。

"母舰"系统,即集成车辆无人机系统,是一种使用无人机提供产品配送服务的系统。该系统通常由卡车组成,这些卡车将无人机从它们的仓库运载到客户附近,无人机被派遣执行多项取送任务。母舰系统可以看作是取送货问题的一种。Karak 和 Abdelghany[78]研究的母舰系统是一对多的问题,因为车辆和无人机从同一仓库出发,将货物运送给客户,并从客户那里提取商品并将其运回仓库。与之前提出的 FSTSP 系统相比,以母舰系统的形式将无人机与车辆集成具有多个优势。例如,母舰系统考虑同时调度多架无人机,每架无人机一次调度可以服务多个客户,在无人机调度和收集位置方面提供了更大的灵活性。母舰系统卓越灵活的配置提供了更高效地执行取送货服务的能力。母舰系统还设想减少城市地区卡车运输造成的交通堵塞问题,它增加了对无人机的依赖并减少了所需的车辆停车次数,其中大多数客户由车辆服务。此外,母舰系统有望减少驾驶员的工作量,因为它将驾驶员的任务限制在指定站点之间的驾驶和从无人机装载或卸载包裹,不参与任何上门取货或送货任务,提高了其工作条件和安全性。母舰系统还为车辆在特殊位置调度和回收无人机提供了灵活性,可以明智地选择这些位置以减少客户的不便(如噪声、安全和审美)。他们研究了用于取送货的混合车辆-无人机路由问题(hybrid vehicle-drone routing problem,HVDRP),针对无人机调度过程中的车辆-无人机路径交互,考虑与飞行范围和承载能力限制相关的无人机操作限制,将其建模为一个 MIP 模型,以最小化为所有客户提供服务的车辆和无人机路径成本。Poikonen 和 Golden[79]考虑两种车辆串联的路径规划问题,即母舰和无人机路径问题(mothership and drone routing problem,MDRP),其中母舰通常是大型交通工具,如大型船舶或飞机,无人机则由母舰携带,发射到某个位置,然后返回母舰加油或装载新货物,再次发射。他们提出了一种分支定界算法,可解决小规模实例,并描述了基于贪心方法和局部搜索策略的启发式算法,用于解决更大规模的实例。

无人机在配送轻包裹的高附加值和强及时性方面具有显著优势。在可观的潜在效益驱动下,无人机物流技术受到了亚马逊、DHL、谷歌、美团、京东等物流企业的广泛关注。特别是亚马逊和顺丰速运正在构建"干线超大型无人机 + 分支大型无人机 + 末端小型无人机"三级物流配送体系,分支大型无人机搭载多架小型无人机,然后将其运送到配送区域,延长其续航时间,末端小型无人机为小型可充电无人机,为客户配送轻质包裹。Wen 和 Wu[80]研究了一种基于"一架大无人机 + 多架小无人机"的异构多无人机投递问题(heterogeneous multi-drone delivery problem,HDDP),大型无人机不投递包裹,小型无人机在一次飞行中将多个包裹运送到分区域的客户节点,然后返回自动机场进行再次装载。HDDP 将

DDP 扩展为双层路径规划问题(two echelon routing problem, 2E-RP),且受到"卡车第一,无人机第二"[16]和"集群第一,路径规划第二"[40]的启发,他们提出了一种三阶段迭代优化算法。

本质上,HDDP 是一个双层路径规划问题,其中一架大型无人机协助小型无人机进行包裹配送,其目标是最小化总配送时间和配送成本。在配送过程中,首先将客户划分为 K 个聚类,每个聚类对应一个子区域。然后,大型无人机携带 K 个小型无人机和若干包裹飞往子区域,发射 K 个小型无人机并飞往配送中心。小型无人机在相应的子区域内递送所有包裹,完成配送任务后飞往机场进行回收。HDDP 的示意如图 8.13 所示。

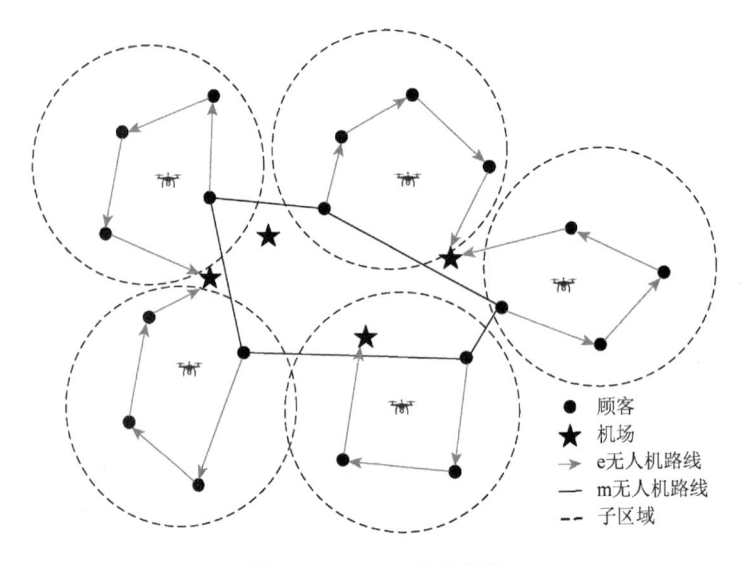

图 8.13 HDDP 的示意图

在过去几年中,一个或多个车辆访问一组目标位置的任务分配问题得到了广泛的研究。任务分配问题在物流、地形测绘、环境监测和灾难救援等领域有着广泛应用,可以看作是 TSP 问题或 VRP 问题的变体。Bai 等[81]引入了基于客户顺序的优先约束,研究了一架无人机与一辆卡车协同工作的优先约束异构配送问题(precedence-constrained heterogeneous delivery problem,PCHDP)以最小化为所有客户提供服务的时间。每个客户都会收到一个由无人机运送的包裹,并且卡车被限制在一组停车点或街道点之间行驶,这些点作为描述街道网络拓扑图上的顶点。他们结合拓扑排序,为问题提出了几种任务分配算法,将其方法与遗传算法进行了比较以证明其效率。

Poikonen 和 Golden[82]提出了 k-多次访问无人机路径规划问题(k-multi-visit

drone routing problem，k-MVDRP），考虑单卡车和 k 架无人机之间的串联，当 $k=1$ 时，则该问题称为多次访问无人机路径规划问题。该问题放宽了文献中常出现的许多简化约束，假设无人机携带多个异构包裹，考虑无人机能量消耗与包裹重量相关的函数，卡车上能配载任意数量的无人机。

Dayarian 等[83]首次提出使用无人机补给配送车辆。他们聚焦于当日送达（same-day delivery，SDD）的配送服务，订单在一天内动态到达且运营商必须决定如何以及何时将其派送给客户。该方法使用一辆卡车和一架无人机，卡车在一天内只能进行一次行程，且不允许延迟配送，其目标是最大化完成配送的订单总数。他们提出了两种补给策略，一种是卡车仅在完成配送任务后才从无人机接收新包裹（称为限制补给），另一种是卡车在某个位置与无人机会合以进行补给（称为灵活补给）。为了解决这一问题，他们设计了启发式算法，结果显示与仅有卡车的配送系统相比，使用无人机进行补给能够显著增加服务客户的数量，且相对于限制补给策略，灵活补给策略提供了更好的结果。

与 Dayarian 等[83]不同，Pina-Pardo 等[84]假设在配送计划制订时已知每个订单的发货日期，考虑单个补给无人机，提出了基于发货日期和无人机补给的旅行商问题（traveling salesman problem with release dates and drone resupply，TSPRD-DR），即找到卡车的最优配送路线，以及确定无人机在何时和何地为卡车补充新订单。他们设计了一个 MILP 模型以最小化配送过程的完成时间，将问题分解为卡车路径规划和无人机补给决策两部分，研究结果表明使用无人机进行补给可以将总配送时间减少多达 20%。

Dukkanci 等[58]基于两级配送系统提出了能源最小化和范围约束的无人机配送问题（energy minimizing and range constrained drone delivery problem，ERDDP），将无人机与传统运输手段结合使用。卡车在第一级运营，充当无人机的调度点，而无人机在第二级进行实际的配送任务。无人机可以从中央仓库起飞，也可以由卡车运输到停车区域再进行起飞。在后一种情况下，每辆卡车携带一架无人机到指定的停车区域，从该区域为一个客户提供服务，然后返回卡车进行准备，以进行任何后续的配送。当所有配送任务完成后，卡车带着无人机返回仓库。对于直接从仓库运营的无人机，事件顺序相同，只是无须运输到停机坪。仓库和潜在站点统称为起飞点。图 8.14 是上述描述的配送系统的可视化表示，其中有一个仓库和五个停机坪（用"P"表示），实线箭头表示卡车的移动，虚线箭头表示无人机在起飞点和客户之间的配送任务。这种类型的配送结构适用于交通网络存在一定限制的情况，如交通不便的农村地区或交通拥堵的城市地区。能源消耗是无人机配送的关键制约因素，决定了无人机能否充分发挥其提供快速送货、降低成本和减少排放的潜力。在采用特定的无人机能耗模型时必须经过慎重选择，尤其需要进行更多的实证研究，以确保所选模型准确反映送货无人机的设计和使用情况[85]。

Dukkanci 等[58]通过将能源模型嵌入配送问题中，明确计算了无人机的能耗，并将无人机的速度视为决策变量，构建了非线性模型以最小化总运营成本。

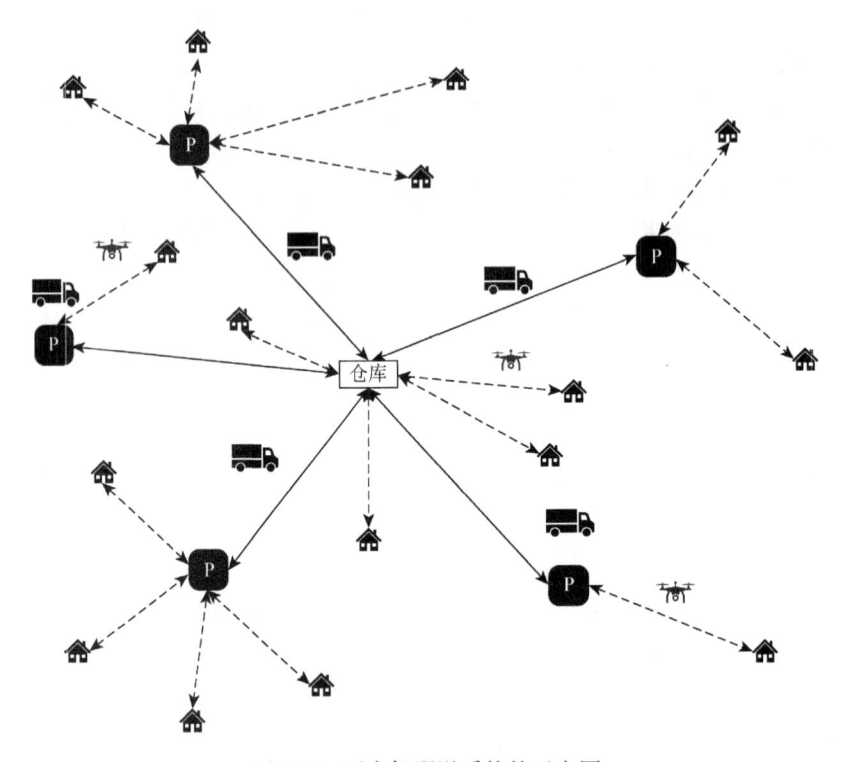

图 8.14　无人机配送系统的示意图

考虑二级网络需求和道路网络不确定性，Dukkanci 等[86]提出了不确定情况下使用无人机进行救援分配的灾后配送问题，将关键的救援物资分发给灾后集结点上的灾民。他们从一组候选站点中选择仓库和发射点，将发射点分配给仓库，将灾民聚集处分配给由小型无人机服务的发射点，和（或）由大型无人机提供服务的仓库。该问题的目标是在满足配送时间限制以及无人机的航程和容量限制的情况下，最小化总需求未满足量。

表 8.9 概述了上述 CVP-D 文献的主要特征。大多数研究中，车队由一辆卡车和一台或多台无人机组成。只有两篇文献考虑了多辆卡车携带多个无人机，而只有一篇论文允许在配送过程中进行取送货操作。没有文献研究涉及时间窗口的限制。其中有四篇文献提出了能耗模型。在能耗模型方面，Poikonen 和 Golden[82]的能耗函数考虑了包裹的重量。所有文献都在确定性场景下进行研究，仅一篇文献考虑了动态场景。通过表 8.10 的总结，可以了解到每个研究在数学模型、算法类型以及计算测试所使用的实例方面的信息。

表 8.9　CVP-D 文献中主要特征总结

文献	卡车数量	无人机数量	目标函数	时间窗	取送货	无人机多次访问	无人机能耗	无人机容量	随机或动态
Mathew 等[76]	1	1	总距离和时间						
Gambella 等[77]	1	1	完成时间						
Karak 和 Abdelghany[78]	1	n	运营成本		√	√		√	
Poikonen 和 Golden[79]	1	1	完成时间						
Wen 和 Wu[80]	1	n	完成时间			√	√	√	
Bai 等[81]	1	1	完成时间						
Poikonen 和 Golden[82]	1	n	完成时间			√	√	√	
Dayarian 等[83]	1	1	订单量					√	动态
Pina-Pardo 等[84]	1	1	完成时间		√				
Dukkanci 等[58]	m	n	运营成本				√		
Dukkanci 等[86]	m	n	未满足客户需求				√	√	鲁棒

表 8.10　CVP-D 文献中数学模型、算法和算例总结

文献	研究问题	构建模型	计算方法	算例规模
Mathew 等[76]	HDP, MWDP	—	启发式	至多 12 个
Gambella 等[77]	CVTSP	MISOCP	基于排名的精确算法	至多 15 个
Karak 和 Abdelghany[78]	HVDRP	MIP	混合 Clarke 和 Wright 算法	至多 100 个
Poikonen 和 Golden[79]	MDRP	—	分支定界	至多 200 个
Wen 和 Wu[80]	HDDP	—	三阶段迭代优化算法	至多 100 个
Bai 等[81]	PCHDP	—	启发式任务分配算法	至多 120 个
Poikonen 和 Golden[82]	k-MVDRP	IP	启发式	至多 50 个
Dayarian 等[83]	VRPDR	—	启发式	至多 60 个
Pina-Pardo 等[84]	TSPRD-DR	MILP	基于分解的启发式	至多 50 个
Dukkanci 等[58]	ERDDP	非线性模型	精确算法	至多 37 个
Dukkanci 等[86]	CVP-D	SOCP	精确和启发式	至多 365 个

注：MWDP：multiple warehouse delivery problem，多仓库配送问题；CVTSP：carrier-vehicle traveling salesman problem，装载车辆旅行商问题；IP：integer programming，整数规划

8.4 无人机物流协同优化问题

随着无人机数量的增加和物流规模的扩大，无人机操作的运营规划问题已经无法满足日益复杂的物流需求。因此，通过协同优化的方法，实现无人机与物流设施间的协同工作和资源共享，成为提升无人机物流系统整体性能的重要途径。

本节将重点探讨无人机物流协同优化问题，并介绍其中涉及的库存-路径问题、选址-路径问题、选址-调度问题和选址-分配问题。这些问题涉及无人机物流系统中的关键决策，涵盖了从库存管理、选址决策到路径规划和任务分配等方面的优化。通过协同优化的方法，可以实现无人机物流系统的资源最优配置、路径最优化和任务最优分配，从而提高物流效率、降低成本、缩短配送时间，满足多样化的物流需求。

8.4.1 库存-路径问题

库存路径规划问题（inventory routing problem，IRP）是经典 VRP 问题的扩展，将库存管理和路径决策结合在一起。该问题在离散的时间范围内定义，客户需求与本地储存设施相关联，这些设施储存额外的供应以满足未来的需求。Najy 等[87]首次研究了考虑卡车-无人机协同配送的库存路径规划问题（inventory routing problem with drone，IRP-D）。他们提出了一个 MILP 模型，并设计了基于分支切割方法和基于 IRP 基解的启发式方法以应对这一问题。

在紧急情况下，为了挽救更多的生命，卫生系统面临着提供安全和充足血液的巨大挑战。除了管理血液采集过程外，及时将血液送达到危机现场也是一个重要的决策问题。为了提供满足受伤人员需求的足够血液，并考虑到不同血型的相容性，Kallaj 等[88]研究了移动采集血液的服务车辆和无人机将血液收集和运输到受灾地区的库存路径问题，确定每个血液流动站和无人机的最佳路线以及每个血液流动站的停留时间，以优化灾难中血液供应链的路线和库存管理。他们提出了一个双目标数学模型，包括最大化采集到的血液量和最小化车辆到达危机城市的最长时间。他们还进一步考虑血液需求和供应者数量的不确定性，将问题形式化为两阶段随机问题。他们应用多目标粒子群（multiple objective particle swarm optimization，MOPSO）算法以求解该问题，研究结果表明无人机数量的增加会导致采血量的增加和车辆最晚到达时间的缩短。

8.4.2 选址-路径问题

仓库选择和位置问题通常通过枢纽选址问题（hub location problem，HLP）进行评估，并可以扩展考虑库存管理或资源分配等其他特征。Hong 等[20]和 Chauhan 等[89]提出了针对有限航程的无人机配送的枢纽覆盖设施位置模型。然而，以 HLP 为重点的研究局限于对运输成本的不准确估计。为了克服这一限制，研究人员引入了选址-路径问题（location-routing problem，LRP），该问题是对 HLP 的一种松弛版本。在考虑充电站位置以延长无人机任务航程的前提下，Macias 等[90]设计了一种基于无人机的人道主义物流任务设计框架，在给定一组救援分配中心的情况下，确定车辆的轨迹、充电站的数量和位置，以及满足救援需求的车辆行程，同时最小化任务完成时间、成本和能耗。他们提出了一个两阶段的顺序优化方法，包括轨迹优化和选址-路径问题。轨迹优化被定义为一个非线性优化问题，以最小化电池消耗。选址-路径问题确定了集散中心的位置、无人机的路径和电池管理，同时最小化总成本，包括集散中心和电池的固定成本、行程时间成本以及未满足或过度满足需求的罚款成本。

考虑站点选择、产品易腐性和疫情影响，Zhang 和 Li[91]提出协同车辆-无人机配送网络（collaborative vehicle-drone distribution network，CVDDN）优化问题，该问题看作是配送站选址分配问题（distribution sites location-allocation problem，DLAP）和车辆-无人机协作路径问题的组合。他们将其建模为一个双目标数学模型，旨在最小化总成本和产品价值损失。针对该问题，提出了一种高效的两阶段混合启发式算法，利用改进的 K 均值聚类算法找到配送站点的有效位置策略，ENSGA-II（扩展的 NSGA-II）结合了 NSGA-II 算法框架和灵活的禁忌搜索规则，以寻找 VRPD 的混合车辆-无人机配送路线。

无人机站是可用于发射和操作无人机的设施[17]。当卡车将包裹运送到无人机站时，这些站点会自动处理并将包裹装载到无人机中。此外，这些站点还提供更换和充电服务，以满足返程无人机的电池需求。Kloster 等[92]结合了并行机调度（parallel machine scheduling）和设施选址（facility location）问题，提出了基于无人机站的多个旅行商问题（multiple traveling salesman problem with drone stations，mTSP-DS），通过卡车或无人机为所有客户提供服务，同时使总运输时间最小化。图 8.15 可视化显示了 mTSP-DS，其中包括三个无人机站，但只有两个无人机站由两辆卡车激活（每辆卡车分配给一个无人机站）。他们提出三个启发式算法用于求解 MILP 模型，以决策哪辆卡车激活哪个无人机站。与传统 mTSP 问题相比，使用无人机站点可以显著节省配送时间和能耗。

图 8.15 mTSP-DS

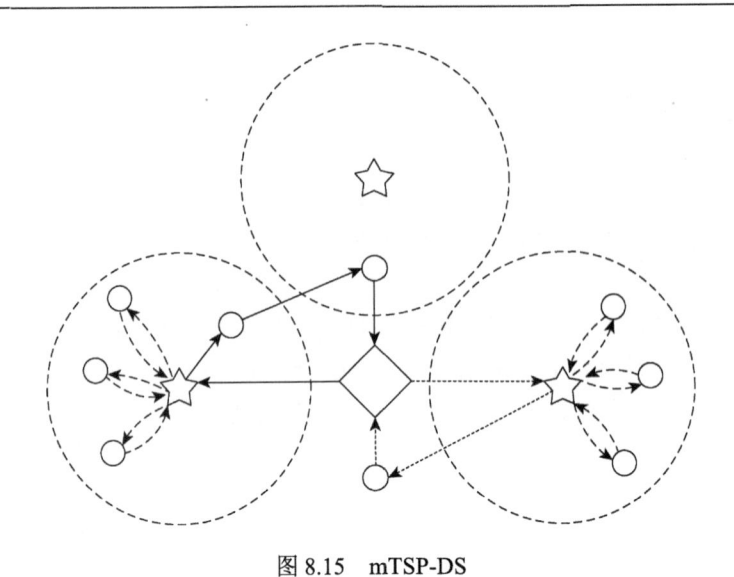

正方形、圆形和星形分别代表仓库、客户和无人机站点

8.4.3 选址-调度问题

受到应对灾害期间人道主义紧急医疗物资运送问题的启发，Gentili 等[93]针对将易腐物品运送到只能通过无人机到达的偏远需求点的一般性问题进行了研究。每架无人机在不执行任务时可以从平台上移动，并且每架无人机具有有限的配送范围以服务一个需求点。与每个需求点对应的是一个与时间相关的负效用函数或成本函数，它反映了所需物品的优先配送时间以及物品的腐败特性，该特性模拟了随时间递减的物品品质。

作为第一个考虑无人机选址与调度问题（drone location and scheduling problem，DLS）的研究者，Gentili 等[93]解决了确定平台位置以及同时确定每个平台服务哪些需求点以及以什么顺序配送的问题，以最小化物品配送的总负效用。一旦选择了平台位置，DLS 就会简化为一个纯粹的无关机器调度问题（unrelated machine scheduling problem），其中作业对应于需求点，处理时间与需求点和平台之间的距离有关。他们还研究了该模型的两阶段扩展，即在第一个阶段后可以重新进行平台选址。

Ghelichi 等[94]提出了一个多站点无人机选址和调度模型，以解决使用无人机舰队将医疗物品及时送达农村和郊区的问题。他们考虑了无人机在飞行过程中可以访问一个或多个充电站的情况，重点关注无人机有限的有效载荷能力和运行覆盖范围，以及配送的能源消耗和时间窗口。该研究扩展了 Gentili 等[93]提出的时间段公式，其目标是优化设施选址、充电操作的安排和无人机舰队的航行计划，以最小化为所有需求点提供服务的总完成时间。

灾害事件的不确定性和信息匮乏是灾害响应中的关键因素。在灾害发生后的最初几个小时，不仅需要迅速关注的位置是未知的，而且人们为了寻求帮助而进行的移动可能给救援工作增加复杂性。Ghelichi 等[95]基于随机优化方法和需求点位置的不确定性，研究了利用无人机舰队及时向受灾地区运送援助物资的物流问题，旨在确定一组无人机起飞平台的位置，在需求位置的所有可能情况下的最小化总成本。对于每组无人机平台候选组合，通过解决一个空间-时间无人机调度子问题来获得其对应的负效用分布，而无人机调度子问题以最小化总负效用为目标，为每个无人机制定最优的行程安排和顺序。他们设计了一种近似方法，将问题分解为三个可处理的阶段。第一阶段确定了一组平台候选组合。第二阶段则解决了一组需求位置的每个可能场景下的无人机调度子问题。最后一阶段基于样本平均逼近方法和机会约束规划的性质，选择最优平台组合。

8.4.4 选址-分配问题

由于无人机的有限射程，基于无人机的配送系统需要在整个地区设置更多的仓库或发射站。Chauhan 等[89]提出了一种称为无人机最大覆盖设施选址问题（maximum coverage facility location problem with drones，MCFLPD）的方法来选择无人机发射设施的位置，以满足客户需求的空间分布。他们将无人机能耗作为有效载荷和距离的函数，从候选设施位置集合中选择一定数量的设施作为无人机发射站，将有限数量的无人机分配到选定的设施，并在满足设施容量和无人机射程限制的情况下，分配选定设施和无人机的需求位置。每架无人机从设施位置到需求点的来回进行多次一对一的配送，直到电池耗尽。他们提出了一个整数线性规划模型，其目标是在明确考虑无人机能耗和范围约束的同时最大化覆盖率，并设计了贪心算法和三阶段启发式算法，其中涉及设施位置和分配问题、多个背包子问题以及最后的局部随机搜索阶段。

城市地区的交通拥堵和一些农村地区的道路状况不佳，给依靠传统地面运输的紧急医疗服务带来了重大挑战，降低应急服务的可达性和有效性。因此速度更快、道路限制更少、劳动力需求更少的无人机配送逐渐受到重视，特别是在运送血液样本、测试套件和自动电动除颤器等时间敏感产品方面。在应急服务网络中，服务设施选址和需求分配的决策极大地影响了系统的性能。服务拥挤是衡量紧急医疗服务性能的一个关键因素，通常在需求随机产生但服务资源有限的情况下发生。因此，某些到达的请求不能立即得到响应，而必须在队列中等待。这类设施选址问题称为随机拥挤设施选址问题（stochastic facility location problem with congestion，SFLC）。该领域的研究可分为固定服务器和移动服务器的 SFLC，取决于居民是否前往设施获取服务，或者移动服务器（如救护车、无人机）是否主动前往需求站点提供服务。

Zhu 等[96]考虑短期灾后无人机人道主义救援应用，即将紧急医疗产品送至客户需求点，提出基于无人机的两阶段鲁棒设施选址问题（two stage robust facility location problem with drones，two-stage RFLPD），将无人机配送和分配纳入设施选址问题中。第一阶段旨在确定设施的候选位置并将无人机分配给这些设施。第二阶段将客户分配到开放的设施中，并分配无人机为客户服务。该模型利用需求场景集来描述客户需求的不确定性，并获得使固定成本、运输成本和惩罚成本之和最小化的选址-分配-指派计划。他们提出了三种不同的问题模型，其中两个模型采用了无人机电力消耗模型，而第三个模型具有更大的运营灵活性。他们采用列生成方法和 Benders 分解来解决两个模型，与确定性无人机设施选址问题模型相比，所提出的模型在模拟运行中能够显著降低平均成本。考虑随机需求和拥挤，Wang 等[97]构建了一个基于无人机的排队选址模型，其中无人机作为移动服务器。实际中，配送决策通常在信息不准确的情况下进行，并且客户请求通常具有不同的优先级。他们采用模糊理论来处理优先级排队策略下的模糊无人机续航能力和需求到达率，共同确定设施位置、无人机部署和需求分配，同时采用多目标优化方法来平衡总成本、系统效率和公平的响应时间。

儿童疫苗在社会福利中扮演着至关重要的角色，但在偏远地区，糟糕的交通和薄弱的冷链系统限制了疫苗的可获得性。这为利用无人机进行疫苗运输提供了机会，因为无人机运输速度快，且几乎不依赖基础设施。Enayati 等[98]研究使用无人机进行多式联运疫苗分配的战略性问题，同时确定当地分发中心、无人机基地和无人机中继站的位置，综合考虑设施选址（用于数据中心、无人机基地和中继站）、多模式固定费用网络流和带中继站的网络设计问题。他们设计了两个互补的数学优化模型，第一个模型考虑了疫苗的整体旅行时间，第二个模型基于分层网络框架，以跟踪与每个起始-目的地（OD）对相关联的疫苗流动和旅行时间。

预计未来无人机技术在物流运输领域将有广泛应用，因此与这些决策相关的优化问题将成为广泛研究的焦点。为了提供对本节内容的概览，表 8.11 列出了相关文献的详细信息。

表 8.11　无人机协同优化文献中数学模型、算法和算例总结

文献	问题类别	研究问题	构建模型	计算方法
Najy 等[87]	库存+路径	IRP-D	MILP	分支切割，启发式
Kallaj 等[88]	库存+路径	移献血车和无人机的血液收集与运输问题	双目标，基于场景的两阶段随机规划	多目标粒子群
Macias 等[90]	选址+路径	动态 LRP	MILP	双阶段运营规划方法

续表

文献	问题类别	研究问题	构建模型	计算方法
Zhang 和 Li[91]	选址+路径	CVDDN，DLAP+VRPD	双目标数学模型	基于改进的 K 均值聚类和扩展的非支配排序遗传算法-Ⅱ（ENSGA-Ⅱ）的高效两阶段混合启发式算法
Kloster 等[92]	选址+路径	mTSP-DS	MILP	启发式
Gentili 等[93]	选址+调度	单阶段和两阶段 DLS	MILP	求解器
Ghelichi 等[94]	选址+调度	MDLS	时间槽行程调度模型	启发式
Ghelichi 等[95]	选址+调度	SDLS	CCP	多阶段分解启发式
Chauhan 等[89]	选址+分配	MCFLPD	ILP	贪婪和三阶段启发式
Wang 等[97]	选址+分配	无人机交付的模糊设施位置拥塞和优先级问题	MISOCP	求解器
Zhu 等[96]	选址+分配	two-stage RFLPD	非线性模型，线性模型	列和约束生成方法，Benders 分解
Enayati 等[98]	选址+分配	MVDD	两个模型	求解器

注：MDLS：multi-stop drone location and scheduling，多站无人机选址与调度；SDLS：stochastic drone location and scheduling，随机无人机选址与调度；CCP：chance constrained programming，机会约束规划；MVDD：multimodal vaccine distribution network design with drones，无人机多模式疫苗配送网络设计

8.5 无人机物流发展方向和趋势

随着无人机相关技术的不断更新和成熟，无人机在物流领域的应用显示出独特的性能优势，如低成本、环境保护和节能。无人机的应用可以减少对环境和社会的影响[99,100]，为物流的可持续性作出贡献。本章对城市群无人机物流系统的相关主要研究进行了综述。这些研究包括无人机交通管理、无人机物流路径规划问题以及无人机物流协同优化问题等。首先，无人机交通管理是确保无人机在城市空域中安全运行的关键问题。这涉及无人机的飞行管制、空中交通流量管理以及与其他空中交通参与者的协调。其次，设施选址问题涉及确定无人机的停机场和充电站等基础设施的最佳位置。合理的设施选址可以提高无人机物流系统的效率和覆盖范围。无人机物流路径规划问题是指如何以最小化时间、能耗或其他指标确定无人机的最佳飞行路径。针对不同的应用场景和约束条件，需要设计有效的路径规划算法。最后，无人机物流协同优化问题涉及多架无人机之间的任务分配和协作问题、设施选址问题、库存的路径规划问题等。

为确保无人机的成功运营，需要制定一系列战略性决策。这些战略性决策涉及将无人机整合到民用领域的决策，以及关于物理基础设施的决策，如无人机停

放点和充电站的选址。这些决策的制定对于实现无人机空中管理的可行性和高效性至关重要。在制定这些决策时，需要综合考虑战略、战术和运营层面的因素。战略层面的决策涉及长期规划和目标设定，如确定无人机在城市空中交通中的角色和功能。战术层面的决策关注中期规划和资源分配，如确定无人机的数量和分布。运营层面的决策则涉及日常运营和调度，如无人机的飞行路径和任务分配。通过综合考虑这些层面的因素，可以确保无人机在城市空中交通中的有效运行，应对日益增长的交通需求和应急情况的挑战。建立合理的决策框架和优化算法对于推动空中管理的发展和实现可持续的城市空中交通至关重要。

合理的路径规划可以确保合理的车辆运输路线，这对于提高配送速度、降低成本和提高效率具有重大影响。先前的综述侧重于无人机路径规划问题，并总结了许多可以用于路径优化的算法。这些算法包括数学模型、约束条件和无人机数量类型等。基于先前学者使用的模型和算法，进行了算法优化并提出了新的解决方案；许多学者通过示例测试了算法，验证了算法的优越性和准确性。无人机路径规划问题仍然是当前和未来的研究热点。

无人机在末端配送中减少环境负担的潜力引起了学者的关注。先前的综述侧重于无人机末端配送问题和决策问题的相关概念，还包括卡车和无人机协同配送中的路径优化等问题。相关文献探讨了人们对新型末端配送方法的偏好，同时基于绿色物流和城市物流概念，研究了需要解决的末端问题。除了末端配送问题，本章还总结了无人机在医疗安全、灾后救援中的应用问题。

目前，物流配送主要依赖地面运输，而空气污染和交通拥堵问题日益严重。与传统配送车辆相比，大多数无人机采用电池驱动，因此在配送过程中产生的碳排放更少，能耗更低，更加环保。综合考虑环保、成本和配送效率等因素，在可持续性的视角下，无人机在物流中的应用可能是一个不错的选择。随着无人机技术的普及和提升，无人机有望实现更大规模的包裹配送，这将在减少交通拥堵、提高配送效率以及降低配送成本方面发挥重要作用。无人机的灵活性和快速响应能力使其能够适应不同的环境和配送需求。此外，无人机可以通过空中直线飞行来避开地面障碍物，进一步提高配送效率。然而，无人机在物流配送中还面临一些挑战，如空域管理、安全性、法规限制等。为了实现无人机配送的可行性和安全性，需要解决这些问题并制定相应的政策和规范。此外，无人机的自主飞行能力、飞行距离和载重能力也需要不断改进和提升，以适应不同规模和距离的配送任务。

基于以上的综合考虑，我们在下面提出了未来研究的可能方向。

（1）环境影响。将无人机整合到末端配送中对环境的负面影响要比传统燃油车辆小。无人机在配送过程中不会产生二氧化碳排放，噪声也更低，并且可以帮助减少城市中心的交通拥堵[99]。因此，从"绿色"角度研究无人机的使用具有重要意义。事实上，污染排放的产生与传统卡车的负载密切相关。因此，研究在非同步车队的情况下如何利用无人机与卡车进行协同配送，或研究使用中转站作为无人机的停车基地，以优化配送过程并减少对环境的影响。此外，这些研究可以通过考虑使用替代燃料车辆（如电动车辆）来扩展。

（2）能耗估计。能源管理对于实施高效和安全的配送过程至关重要。特别是对于无人机而言，能量中断可能会对城市地区造成严重损害。因此，研究与能量消耗和充电策略相关的几个方面是值得探讨的。目前大多数文献将能量消耗视为无人机飞行的近似最大时间或距离，并且通常假设电池充电时间是瞬时的。无人机可能配备不同类型的电池，对应的能量消耗和充电功能也不同。因此，针对特定类型的无人机电池的无人机调度模型可能不适用于其他类型。然而，为了更准确地估计能量消耗，可以在问题的定义和求解过程中引入更精确的能量消耗模型。这样的模型可以考虑无人机在不同任务和环境条件下的能耗特性，如飞行速度、负载重量、飞行高度等因素。此外，还可以研究如何设置中间服务点或充电点，以便在配送过程中避免发生能量中断。

（3）真实无人机参数。在测试模型和方法时，使用真实的无人机技术参数对于实践者来说非常相关。然而，目前只有极少数文献使用了真实设置，并且提供所使用的无人机类型、真实模型及其主要特征的信息。旋翼机身的无人机似乎是最常见的类型。尽管无人机的使用可以提高配送服务的效率，但评估在配送操作中使用无人机的实际成本也非常重要。一方面，带有旋翼机身的无人机具有较高的灵活性，但另一方面，它们的能源消耗较高，从而导致运输成本的增加。未来的研究可以着重考虑更现实的情景，寻找在最大化性能和最小化成本之间的良好平衡。

（4）动态系统。末端配送在物流过程中扮演着关键的角色，尤其对于在线零售商而言更是如此。消费者对服务质量的要求越来越高，因此为零售商提供快速、经济的配送服务成为一个关键问题。无人机的应用可以提高配送速度并降低成本。无人机可以帮助以更低的成本加快交付速度。Dayarian 等[83]提出了一个针对动态客户请求的配送系统，其中无人机在其巡回过程中动态地补给一辆卡车。Liu[73]则专注于按需送餐过程。优化动态配送是一个新的有趣的挑战。无人机技术和自动化技术的最有价值的特点之一是部署的灵活性。因此，未来的研究应该制订动态规划方案，以满足一系列平均或具有一定保证的相关无人机操作的期望准则。

（5）不确定性。在无人机配送系统中，存在许多不确定的因素，如行程时间、请求变动等，这些因素可能对无人机的运营和性能产生影响。因此，考虑这些不确定因素对无人机运输系统行为的影响是非常有意义的研究方向。考虑其他与无人机操作相关的参数也是有意义的，这些参数可能受到不确定性的影响，如与能源消耗相关的因素，如天气条件和可用能源量。这些因素往往受到大气温度等气象条件的影响。未来的研究还应该发展应对数据不确定性的方法。数据不确定性的一个重要来源是无人机的运动特性、对天气条件的敏感性以及为避免碰撞而进行的动态路径重新规划的必要性。研究数据不确定性下的无人机运输系统行为可以通过建立模型和仿真来进行。这些模型可以考虑不确定性因素的概率分布和变化范围,以及它们对无人机运输系统的影响。通过对不同情景和不确定性条件的仿真分析,可以评估无人机系统的性能和可靠性,并提供决策支持和优化策略。此外,还可以探索一些应对不确定性的策略和算法,以提高无人机运输系统的鲁棒性和适应性。这些策略可以包括动态路径规划、调度调整和资源分配等方面的方法,以应对不确定性因素的变化和影响。

(6) 安全性。安全性是研究基于无人机的配送系统时必须重视的一个关键方面。在不同地区,无人机飞行的政策和规定可能存在差异,因此在设计和实施无人机配送系统时必须遵守相应的安全约束。其中一些安全约束包括最大允许飞行高度和最大可运载负荷。这些限制是为了确保无人机的飞行安全和稳定性,防止超载或飞行过高导致意外事件的发生。此外,还有时间限制的考虑,通常情况下无人机被限制在白天进行飞行,夜间禁止飞行。这是为了确保良好的能见度和避免夜间飞行所带来的风险。另外,还存在一些禁飞区域,无人机不得在这些区域内飞行。这些禁飞区域可能包括机场、军事设施、重要基础设施等,飞行于这些区域可能会带来安全隐患。因此,在规划无人机航线时,必须严格遵守禁飞区域的限制,并寻找合适的绕行路径。在考虑禁飞区限制下设计无人机航线是一个重要的研究主题。这需要综合考虑各种因素,如安全约束、配送效率和成本效益。研究人员可以探索优化算法和决策模型,以寻找在安全约束下最佳的无人机航线规划策略。

(7) 放松假设。为了进一步完善无人机在配送系统中的应用,可以放松一些现有的假设,并考虑与无人机相关的其他运营方案。这些假设包括无人机在多个配送点之间协同工作的情况,以及无人机在不同卡车上起飞和降落的可能性。无人机技术的进步使得无人机能够在移动卡车上降落。这种假设的实施可以提高配送服务的效率和灵活性,但需要妥善解决无人机与卡车间的同步问题。同时,研究人员可以考虑时间限制,利用无人机的灵活性和高效性,制定出合理的卡车与无人机配合的策略,以实现最佳配送方案。未来的调查可以捕捉到无人机调度的具体方面,包括发射点类型、时间组成、最大速度和选定速度、服务的连续性等。

(8) 经济性。虽然现有的大多数研究侧重于最小化完成时间或总行驶距离,但在规划模型中融入需求可能会显著提升运营规划的效果。未来的研究应该发展适当的收益管理方法(如智能定价),以将需求转移到最有吸引力的服务上,从而增加商业无人机应用的盈利能力。

(9) 政策监管。制定适当的技术和监管政策既能解决公众对隐私和安全的关切，又能促进无人机的创造性部署计划。过于严格和僵化的规定可能会将有前途的初创企业推出市场，并导致重大利益的损失；而过于宽松的监管可能会允许某些无人机进行其尚未具备的能力的操作，从而导致重大事故，导致公众对这项新兴有前景的技术的信心受损。

参 考 文 献

[1] 中国政府网. 中共中央 国务院印发《交通强国建设纲要》[EB/OL]. https://www.gov.cn/zhengce/2019-09/19/content_5431432.htm[2019-09-19].

[2] 中国政府网. 中共中央 国务院印发《国家综合立体交通网规划纲要》[EB/OL]. https://www.gov.cn/gongbao/content/2021/content_5593440.htm?eqid=b5623bdf000c8b2900000004645b6a37[2023-10-21].

[3] 中国民用航空局. 中国民用航空局关于印发智慧民航建设路线图的通知[EB/OL]. http://www.caacnews.com.cn/1/1/202201/P020220121491747678948.pdf[2023-10-21].

[4] 国务院，中央军委. 无人驾驶航空器飞行管理暂行条例[EB/OL]. https://www.gov.cn/zhengce/content/202306/ content_6888799.htm[2023-10-21].

[5] Macrina G, Di Puglia Pugliese L, Guerriero F, et al. Drone-aided routing: a literature review[J]. Transportation Research Part C: Emerging Technologies, 2020, 120: 102762.

[6] Pasha J, Elmi Z, Purkayastha S, et al. The drone scheduling problem: a systematic state-of-the-art review[J]. IEEE Transactions on Intelligent Transportation Systems, 2022, 23 (9): 14224-14247.

[7] Lu Y C, Yang C, Yang J. A multi-objective humanitarian pickup and delivery vehicle routing problem with drones[J]. Annals of Operations Research, 2022, 319 (1): 291-353.

[8] Kim D, Lee K, Moon I. Stochastic facility location model for drones considering uncertain flight distance[J]. Annals of Operations Research, 2019, 283 (1): 1283-1302.

[9] Chin C, Gopalakrishnan K, Egorov M, et al. Efficiency and fairness in unmanned air traffic flow management[J]. IEEE Transactions on Intelligent Transportation Systems, 2021, 22 (9): 5939-5951.

[10] Dias F H C, Hijazi H, Rey D. Disjunctive linear separation conditions and mixed-integer formulations for aircraft conflict resolution[J]. European Journal of Operational Research, 2022, 296 (2): 520-538.

[11] Levin M W, Rey D. Branch-and-price for drone delivery service planning in urban airspace[J]. Transportation Science, 2022, 57 (4): 843-865.

[12] Li A, Hansen M, Zou B. Traffic management and resource allocation for UAV-based parcel delivery in low-altitude urban space[J]. Transportation Research Part C: Emerging Technologies, 2022, 143: 103808.

[13] Perera S, Dawande M, Janakiraman G, et al. Retail deliveries by drones: how will logistics networks change?[J]. Production and Operations Management, 2020, 29 (9): 2019-2034.

[14] Chen H, Hu Z C, Solak S. Improved delivery policies for future drone-based delivery

systems[J]. European Journal of Operational Research, 2021, 294 (3): 1181-1201.
[15] Sawadsitang S, Niyato D, Tan P S, et al. Joint ground and aerial package delivery services: a stochastic optimization approach[J]. IEEE Transactions on Intelligent Transportation Systems, 2019, 20 (6): 2241-2254.
[16] Murray C C, Chu A G. The flying sidekick traveling salesman problem: optimization of drone-assisted parcel delivery[J]. Transportation Research Part C: Emerging Technologies, 2015, 54: 86-109.
[17] Kim S, Moon I. Traveling salesman problem with a drone station[J]. IEEE Transactions on Systems, Man, and Cybernetics: Systems, 2019, 49 (1): 42-52.
[18] Huang H L, Savkin A V, Huang C. Reliable path planning for drone delivery using a stochastic time-dependent public transportation network[J]. IEEE Transactions on Intelligent Transportation Systems, 2021, 22 (8): 4941-4950.
[19] Baloch G, Gzara F. Strategic network design for parcel delivery with drones under competition[J]. Transportation Science, 2020, 54 (1): 204-228.
[20] Hong I, Kuby M, Murray A T. A range-restricted recharging station coverage model for drone delivery service planning[J]. Transportation Research Part C: Emerging Technologies, 2018, 90: 198-212.
[21] Pinto R, Lagorio A. Point-to-point drone-based delivery network design with intermediate charging stations[J]. Transportation Research Part C: Emerging Technologies, 2022, 135: 103506.
[22] Shavarani S M, Mosallaeipour S, Golabi M, et al. A congested capacitated multi-level fuzzy facility location problem: an efficient drone delivery system[J]. Computers & Operations Research, 2019, 108: 57-68.
[23] Boutilier J J, Chan T C Y. Drone network design for cardiac arrest response[J]. Manufacturing & Service Operations Management, 2022, 24 (5): 2407-2424.
[24] Coutinho W P, Battarra M, Fliege J. The unmanned aerial vehicle routing and trajectory optimisation problem, a taxonomic review[J]. Computers & Industrial Engineering, 2018, 120: 116-128.
[25] Agatz N, Bouman P, Schmidt M. Optimization approaches for the traveling salesman problem with drone[J]. Transportation Science, 2018, 52 (4): 965-981.
[26] Es Yurek E, Ozmutlu H C. A decomposition-based iterative optimization algorithm for traveling salesman problem with drone[J]. Transportation Research Part C: Emerging Technologies, 2018, 91: 249-262.
[27] Poikonen S, Golden B, Wasil E A. A branch-and-bound approach to the traveling salesman problem with a drone[J]. INFORMS Journal on Computing, 2019, 31 (2): 335-346.
[28] Ha Q M, Deville Y, Pham Q D, et al. On the min-cost traveling salesman problem with drone[J]. Transportation Research Part C: Emerging Technologies, 2018, 86: 597-621.
[29] Bogyrbayeva A, Yoon T, Ko H, et al. A deep reinforcement learning approach for solving the traveling salesman problem with drone[J]. Transportation Research Part C: Emerging

Technologies, 2023, 148: 103981.

[30] Roberti R, Ruthmair M. Exact methods for the traveling salesman problem with drone[J]. Transportation Science, 2021, 55 (2): 315-335.

[31] Boccia M, Masone A, Sforza A, et al. A column-and-row generation approach for the flying sidekick travelling salesman problem[J]. Transportation Research Part C: Emerging Technologies, 2021, 124: 102913.

[32] Carlsson J G, Song S. Coordinated logistics with a truck and a drone[J]. Management Science, 2018, 64 (9): 4052-4069.

[33] Moshref-Javadi M, Lee S, Winkenbach M. Design and evaluation of a multi-trip delivery model with truck and drones[J]. Transportation Research Part E: Logistics and Transportation Review, 2020, 136: 101887.

[34] Gonzalez-R P L, Canca D, Andrade-Pineda J L, et al. Truck-drone team logistics: a heuristic approach to multi-drop route planning[J]. Transportation Research Part C: Emerging Technologies, 2020, 114: 657-680.

[35] Yang Y, Yan C W, Cao Y F, et al. Planning robust drone-truck delivery routes under road traffic uncertainty[J]. European Journal of Operational Research, 2023, 309 (3): 1145-1160.

[36] Murray C C, Raj R. The multiple flying sidekicks traveling salesman problem: parcel delivery with multiple drones[J]. Transportation Research Part C: Emerging Technologies, 2020, 110: 368-398.

[37] Raj R, Murray C. The multiple flying sidekicks traveling salesman problem with variable drone speeds[J]. Transportation Research Part C: Emerging Technologies, 2020, 120: 102813.

[38] Cavani S, Iori M, Roberti R. Exact methods for the traveling salesman problem with multiple drones[J]. Transportation Research Part C: Emerging Technologies, 2021, 130: 103280.

[39] Salama M R, Srinivas S. Collaborative truck multi-drone routing and scheduling problem: package delivery with flexible launch and recovery sites[J]. Transportation Research Part E: Logistics and Transportation Review, 2022, 164: 102788.

[40] Salama M, Srinivas S. Joint optimization of customer location clustering and drone-based routing for last-mile deliveries[J]. Transportation Research Part C: Emerging Technologies, 2020, 114: 620-642.

[41] Luo Z H, Poon M, Zhang Z Z, et al. The multi-visit traveling salesman problem with multi-drones[J]. Transportation Research Part C: Emerging Technologies, 2021, 128: 103172.

[42] Tiniç G O, Karasan O E, Kara B Y, et al. Exact solution approaches for the minimum total cost traveling salesman problem with multiple drones[J]. Transportation Research Part B: Methodological, 2023, 168: 81-123.

[43] Zhao L, Bi X H, Li G D, et al. Robust traveling salesman problem with multiple drones: parcel delivery under uncertain navigation environments[J]. Transportation Research Part E: Logistics and Transportation Review, 2022, 168: 102967.

[44] Dell'Amico M, Montemanni R, Novellani S. Matheuristic algorithms for the parallel drone scheduling traveling salesman problem[J]. Annals of Operations Research, 2020, 289 (2):

211-226.

[45] Paczan N M, Elzinga M J, Hsieh R, et al. Collective unmanned aerial vehicle configurations: US11480958B2[P]. 2022-10-25.

[46] Nguyen M A, Hà M H. The parallel drone scheduling traveling salesman problem with collective drones[J]. Transportation Science, 2023, 57 (4): 866-888.

[47] Wang Z, Sheu J B. Vehicle routing problem with drones[J]. Transportation Research Part B: Methodological, 2019, 122: 350-364.

[48] Kitjacharoenchai P, Ventresca M, Moshref-Javadi M, et al. Multiple traveling salesman problem with drones: mathematical model and heuristic approach[J]. Computers & Industrial Engineering, 2019, 129: 14-30.

[49] Sacramento D, Pisinger D, Ropke S. An adaptive large neighborhood search metaheuristic for the vehicle routing problem with drones[J]. Transportation Research Part C: Emerging Technologies, 2019, 102: 289-315.

[50] Tamke F, Buscher U. A branch-and-cut algorithm for the vehicle routing problem with drones[J]. Transportation Research Part B: Methodological, 2021, 144: 174-203.

[51] Yin Y Q, Li D W, Wang D J, et al. A branch-and-price-and-cut algorithm for the truck-based drone delivery routing problem with time windows[J]. European Journal of Operational Research, 2023, 309 (3): 1125-1144.

[52] Ham A M. Integrated scheduling of m-truck, m-drone, and m-depot constrained by time-window, drop-pickup, and m-visit using constraint programming[J]. Transportation Research Part C: Emerging Technologies, 2018, 91: 1-14.

[53] Saleu R G M, Deroussi L, Feillet D, et al. The parallel drone scheduling problem with multiple drones and vehicles[J]. European Journal of Operational Research, 2022, 300 (2): 571-589.

[54] Nguyen M A, Dang G T H, Hà M H, et al. The min-cost parallel drone scheduling vehicle routing problem[J]. European Journal of Operational Research, 2022, 299 (3): 910-930.

[55] Schermer D, Moeini M, Wendt O. A hybrid VNS/Tabu search algorithm for solving the vehicle routing problem with drones and en route operations[J]. Computers & Operations Research, 2019, 109: 134-158.

[56] Schermer D, Moeini M, Wendt O. A matheuristic for the vehicle routing problem with drones and its variants[J]. Transportation Research Part C: Emerging Technologies, 2019, 106: 166-204.

[57] Kang M, Lee C. An exact algorithm for heterogeneous drone-truck routing problem[J]. Transportation Science, 2021, 55 (5): 1088-1112.

[58] Dukkanci O, Kara B Y, Bektaş T. Minimizing energy and cost in range-limited drone deliveries with speed optimization[J]. Transportation Research Part C: Emerging Technologies, 2021, 125: 102985.

[59] Li H Q, Wang H T, Chen J, et al. Two-echelon vehicle routing problem with time windows and mobile satellites[J]. Transportation Research Part B: Methodological, 2020, 138: 179-201.

[60] Liu Y, Liu Z, Shi J M, et al. Two-echelon routing problem for parcel delivery by cooperated

truck and drone[J]. IEEE Transactions on Systems, Man, and Cybernetics: Systems, 2021, 51（12）: 7450-7465.

[61] Zhou H, Qin H, Cheng C, et al. An exact algorithm for the two-echelon vehicle routing problem with drones[J]. Transportation Research Part B: Methodological, 2023, 168: 124-150.

[62] Gu R X, Poon M, Luo Z H, et al. A hierarchical solution evaluation method and a hybrid algorithm for the vehicle routing problem with drones and multiple visits[J]. Transportation Research Part C: Emerging Technologies, 2022, 141: 103733.

[63] Masmoudi M A, Mancini S, Baldacci R, et al. Vehicle routing problems with drones equipped with multi-package payload compartments[J]. Transportation Research Part E: Logistics and Transportation Review, 2022, 164: 102757.

[64] Xia Y, Zeng W J, Zhang C R, et al. A branch-and-price-and-cut algorithm for the vehicle routing problem with load-dependent drones[J]. Transportation Research Part B: Methodological, 2023, 171: 80-110.

[65] Luo Z H, Gu R X, Poon M, et al. A last-mile drone-assisted one-to-one pickup and delivery problem with multi-visit drone trips[J]. Computers & Operations Research, 2022, 148: 106015.

[66] Meng S S, Guo X P, Li D, et al. The multi-visit drone routing problem for pickup and delivery services[J]. Transportation Research Part E: Logistics and Transportation Review, 2023, 169: 102990.

[67] Das D N, Sewani R, Wang J W, et al. Synchronized truck and drone routing in package delivery logistics[J]. IEEE Transactions on Intelligent Transportation Systems, 2021, 22(9): 5772-5782.

[68] Gu R X, Liu Y, Poon M. Dynamic truck–drone routing problem for scheduled deliveries and on-demand pickups with time-related constraints[J]. Transportation Research Part C: Emerging Technologies, 2023, 151: 104139.

[69] Wang Y, Wang Z, Hu X P, et al. Truck-drone hybrid routing problem with time-dependent road travel time[J]. Transportation Research Part C: Emerging Technologies, 2022, 144: 103901.

[70] Dorling K, Heinrichs J, Messier G G, et al. Vehicle routing problems for drone delivery[J]. IEEE Transactions on Systems, Man, and Cybernetics: Systems, 2017, 47（1）: 70-85.

[71] Cheng C, Adulyasak Y, Rousseau L M. Drone routing with energy function: formulation and exact algorithm[J]. Transportation Research Part B: Methodological, 2020, 139: 364-387.

[72] Coelho B N, Coelho V N, Coelho I M, et al. A multi-objective green UAV routing problem[J]. Computers & Operations Research, 2017, 88: 306-315.

[73] Liu Y C. An optimization-driven dynamic vehicle routing algorithm for on-demand meal delivery using drones[J]. Computers & Operations Research, 2019, 111: 1-20.

[74] Ham A. Drone-based material transfer system in a robotic mobile fulfillment center[J]. IEEE Transactions on Automation Science and Engineering, 2020, 17（2）: 957-965.

[75] Liu Y C. Routing battery-constrained delivery drones in a depot network: a business model and its optimization-simulation assessment[J]. Transportation Research Part C: Emerging Technologies, 2023, 152: 104147.

[76] Mathew N, Smith S L, Waslander S L. Planning paths for package delivery in heterogeneous

multirobot teams[J]. IEEE Transactions on Automation Science and Engineering, 2015, 12(4): 1298-1308.

[77] Gambella C, Lodi A, Vigo D. Exact solutions for the carrier-vehicle traveling salesman problem[J]. Transportation Science, 2018, 52 (2): 320-330.

[78] Karak A, Abdelghany K. The hybrid vehicle-drone routing problem for pick-up and delivery services[J]. Transportation Research Part C: Emerging Technologies, 2019, 102: 427-449.

[79] Poikonen S, Golden B. The mothership and drone routing problem[J]. INFORMS Journal on Computing, 2020, 32 (2): 249-262.

[80] Wen X P, Wu G H. Heterogeneous multi-drone routing problem for parcel delivery[J]. Transportation Research Part C: Emerging Technologies, 2022, 141: 103763.

[81] Bai X S, Cao M, Yan W S, et al. Efficient routing for precedence-constrained package delivery for heterogeneous vehicles[J]. IEEE Transactions on Automation Science and Engineering, 2020, 17 (1): 248-260.

[82] Poikonen S, Golden B. Multi-visit drone routing problem[J]. Computers & Operations Research, 2020, 113: 104802.

[83] Dayarian I, Savelsbergh M, Clarke J P. Same-day delivery with drone resupply[J]. Transportation Science, 2020, 54 (1): 229-249.

[84] Pina-Pardo J C, Silva D F, Smith A E. The traveling salesman problem with release dates and drone resupply[J]. Computers & Operations Research, 2021, 129: 105170.

[85] Zhang J, Campbell J F, Sweeney D C II, et al. Energy consumption models for delivery drones: a comparison and assessment[J]. Transportation Research Part D: Transport and Environment, 2021, 90: 102668.

[86] Dukkanci O, Koberstein A, Kara B Y. Drones for relief logistics under uncertainty after an earthquake[J]. European Journal of Operational Research, 2023, 310 (1): 117-132.

[87] Najy W, Archetti C, Diabat A. Collaborative truck-and-drone delivery for inventory-routing problems[J]. Transportation Research Part C: Emerging Technologies, 2023, 146: 103791.

[88] Kallaj M R, Kolaee M H, Al-e-hashem S M J M. Integrating bloodmobiles and drones in a post-disaster blood collection problem considering blood groups[J]. Annals of Operations Research, 2023, 321 (1-2): 783-811.

[89] Chauhan D, Unnikrishnan A, Figliozzi M. Maximum coverage capacitated facility location problem with range constrained drones[J]. Transportation Research Part C: Emerging Technologies, 2019, 99: 1-18.

[90] Macias J E, Angeloudis P, Ochieng W. Optimal hub selection for rapid medical deliveries using unmanned aerial vehicles[J]. Transportation Research Part C: Emerging Technologies, 2020, 110: 56-80.

[91] Zhang J, Li Y F. Collaborative vehicle-drone distribution network optimization for perishable products in the epidemic situation[J]. Computers & Operations Research, 2023, 149: 106039.

[92] Kloster K, Moeini M, Vigo D, et al. The multiple traveling salesman problem in presence of drone- and robot-supported packet stations[J]. European Journal of Operational Research,

2023, 305 (2): 630-643.

[93] Gentili M, Mirchandani P B, Agnetis A, et al. Locating platforms and scheduling a fleet of drones for emergency delivery of perishable items[J]. Computers & Industrial Engineering, 2022, 168: 108057.

[94] Ghelichi Z, Gentili M, Mirchandani P B. Logistics for a fleet of drones for medical item delivery: a case study for Louisville, KY[J]. Computers & Operations Research, 2021, 135: 105443.

[95] Ghelichi Z, Gentili M, Mirchandani P B. Drone logistics for uncertain demand of disaster-impacted populations[J]. Transportation Research Part C: Emerging Technologies, 2022, 141: 103735.

[96] Zhu T K, Boyles S D, Unnikrishnan A. Two-stage robust facility location problem with drones[J]. Transportation Research Part C: Emerging Technologies, 2022, 137: 103563.

[97] Wang X, Zhao J M, Cheng C, et al. A multi-objective fuzzy facility location problem with congestion and priority for drone-based emergency deliveries[J]. Computers & Industrial Engineering, 2023, 179: 109167.

[98] Enayati S, Li H T, Campbell J F, et al. Multimodal vaccine distribution network design with drones[J]. Transportation Science, 2023, 57 (4): 1069-1095.

[99] Goodchild A, Toy J. Delivery by drone: an evaluation of unmanned aerial vehicle technology in reducing CO_2 emissions in the delivery service industry[J]. Transportation Research Part D: Transport and Environment, 2018, 61: 58-67.

[100] Torija A J, Li Z G, Self R H. Effects of a hovering unmanned aerial vehicle on urban soundscapes perception[J]. Transportation Research Part D: Transport and Environment, 2020, 78: 102195.

第 9 章 结 论

本书围绕城市群综合交通系统风险辨识与应急管理进行研究，主要完成了以下几项工作。

（1）经研究调查发现，我国城市群的出行结构在发生转变。2019年之前，我国的公路运输为综合交通系统的主导方式。但我国的公路运输比例在逐年降低，而我国的铁路出行占比逐年提高，受到公共卫生事件打击后的恢复也较快。城市群的需求规模有明显的空间特征。城市群综合运输通道主要由高速铁路和高速公路组成，按连接方式可以分为内联外通的综合运输通道和城际的综合运输通道，城市群内联外通的综合运输通道主要连接城市群中心城市与外部其他城市群，而城际的综合运输通道作为内联外通运输通道的补充。根据应急协同机制设计、分类应急策略设计，总结研究了城市群交通应急体系。

（2）使用两个指标（即路径多样性和可选路径集聚程度），从两个空间维度（即网络层面和城市层面）对城市群高速公路网络的冗余性进行评估和分析。在两个评估指标中，路径多样性主要关注可选路径的数量，而可选路径集聚程度主要关注可选路径的空间分布。针对中国三个典型的城市群——京津冀城市群、粤港澳大湾区、长三角城市群，评估并比较其高速公路网络的冗余性。在路径多样性评估中，粤港澳大湾区具有最高的路径多样性，而长三角城市群具有最低的路径多样性。在可选路径集聚程度评估中，粤港澳大湾区具有最高的可选路径集聚程度。

（3）充电站的位置和电动汽车的续航里程极限都是决定城际高速公路网中电动汽车驾驶人里程焦虑程度和路径-选择的主导因素。定义、分析并解决了在非拥堵状况和拥堵状况下的两种充电站选址问题，均旨在找到一个充电站的最优选址方案，使电动汽车的总出行费用最小，同时保证电动汽车不会因为电量耗尽而在途中抛锚。在非拥堵的长三角城市群城际高速公路网中，总出行成本随着预算极限或续航里程极限的增加而降低。考虑拥堵效应时，在 Nguyen-Dupuis 网络中，同一对起讫点的不同出行人可能会选择不同路径完成出行，同时，随着预算极限的增加和续航里程极限的增加，出行总费用不一定会减小，与非拥堵交通网络存在较大差异。

（4）研究了有预警灾害环境公交车辆供应充足场景下的路线优化问题。在可调配车辆充足时，考虑不同集结地人员疏散质量的公平性，建立了兼顾疏散效率与待疏散者等待和在途时间分布公平的公交疏散分区优化模型。算例结果表明，各区域的疏散公平性受到集结地的空间分布、疏散需求以及疏散效率的制约，应重视偏远集结地人员的疏散权益，必要时派遣专车接送，以避免隐性歧视现象的出现；公平目标的作用机理如下：通过派遣更多的车辆，减少每辆车所访问的集结地的数目，将原本较长的疏散路线拆分为多条较短的路线，从而缩小集结地人员的等待时间差异和在途时间差异；公平目标的加入可能使车辆平均疏散时间略微提高，但可使人员等待和在途时间不公平程度大幅改善。

（5）研究了车辆供应短缺场景下的疏散问题，假设每轮疏散可派遣的公交数量不足以通过单趟运输满足该轮次的全部疏散需求，部分车辆需要行驶两次。从疏散的社会公平性出发，提出了高风险集结地优先访问策略。以疏散总时长最短为目标建立了多行程公交疏散全局优化模型。结果表明，高风险区域的待疏散者均于第一阶段疏散完毕，登车时间显著早于低风险区域人员，社会公平性得到了有效保障；公交的重复使用可切实缓解车辆供应短缺的问题，以满足各时段的计划疏散需求；随着灾害的演变导致高风险集结地占比攀升，优先级策略从疏散初期保障少数人的权益转变为疏散中期保障大多数人的权益，再到疏散末期灾害波及全体待疏散者时保障全体人员的权益，可随灾害风险变化而适当调整，与实际疏散节奏相适应。

（6）基于发生原因、发生位置、影响范围、严重程度对城市轨道交通突发事件进行了分类及分级。提出了一种基于 GAT 改进的 CML 模型。通过随机攻击和蓄意攻击两种攻击策略模拟进行级联失效案例分析，选择上海火车站、莘庄站和世纪大道站作为蓄意攻击的目标站点，分析了上海城市轨道交通系统在不同等级的 R 攻击或扰动情况下的级联失效阈值，讨论了基于 GAT 改进的 CML 模型突发事件的分级策略，研究了级联失效过程中累积失效比例和瞬时级联失效速度并且对比了双向 CML 模型的结果。城市轨道交通在应对随机攻击时更加鲁棒，在应对蓄意攻击时相对脆弱。城市轨道交通作为一种特殊交通工具具有固有脆弱性。城市轨道交通级联失效具有显著的时空异质性，体现在不同时段的失效曲线差异程度具有显著区别，月中旬相比于月初和月末更为显著。

（7）无人机作为一类新颖的物流运输与配送载运工具，正以其特有的运输优势逐渐得到广泛的关注。综合考虑环保、成本和配送效率等因素，在可持续性的视角下，无人机在城市群物流中的应用是一个不错的选择。无人机有望实现更大规模的包裹配送，这将在减少交通拥堵、提高配送效率以及降低配送成本方面发挥重要作用。

城市群综合交通系统的管理理论和方法仍然有很多方面值得深入研究，希望读者通过阅读此书可以对这方面工作有一个初步的认识，对研究问题产生一些启迪。

章节贡献者名单

章节	内容	主要贡献者
第1章	引言	张小宁
第2章	面向供需特征的城市群综合交通系统应急策略设计	陈小鸿，张华，涂锦程
第3章	城市群高速公路网络冗余性评估方法研究	王子健，许项东
第4章	城际高速公路网电动汽车在途充电设施选址优化模型和算法	谢驰，曾学奇，李佳佩，鲍照耀
第5章	考虑人员等待和在途阶段耗时公平的公交疏散模型	张竞文，张小宁
第6章	考虑高风险集结地优先访问的公交疏散模型	张竞文，张小宁
第7章	分级突发事件下城市轨道交通级联失效模型	骆晓，叶浩楠，刘轩语
第8章	城市群无人机物流	胡雨婷，苏艺，梁哲
第9章	结论	张小宁

附录 改进 $C101$ 算例集结地疏散需求的期望和标准差

附表 1 各时段各集结地开展每轮疏散的疏散需求期望

编号	时段 1	时段 2	时段 3	时段 4	时段 5	编号	时段 1	时段 2	时段 3	时段 4	时段 5
1	33	28	24	24	22	26	42	36	30	30	28
2	25	21	18	18	17	27	43	36	31	31	28
3	30	25	21	21	21	28	31	27	23	23	23
4	26	23	19	19	18	29	16	14	12	12	13
5	17	15	12	12	12	30	22	18	16	16	15
6	22	19	16	16	16	31	25	21	18	18	17
7	18	16	13	13	13	32	39	33	28	28	26
8	20	17	15	15	14	33	15	13	11	11	10
9	22	19	16	16	16	34	16	14	12	12	12
10	27	23	19	19	19	35	20	17	14	14	15
11	16	14	12	12	13	36	34	29	24	24	24
12	41	35	30	30	28	37	36	31	26	26	26
13	42	36	30	30	29	38	34	29	24	24	24
14	29	25	21	21	20	39	28	24	20	20	19
15	29	25	21	21	21	40	31	26	22	22	21
16	25	21	18	18	17	41	23	20	17	17	17
17	41	35	30	29	28	42	36	31	26	26	25
18	25	22	18	18	18	43	20	17	15	15	14
19	18	15	13	13	12	44	35	30	25	25	24
20	37	32	27	27	26	45	20	17	15	15	14
21	26	22	19	19	17	46	25	22	18	18	18
22	22	19	16	16	16	47	33	28	24	24	23
23	26	23	19	19	19	48	37	32	27	27	26
24	18	15	13	13	13	49	17	15	12	12	13
25	19	16	13	13	14	50	42	36	30	30	28

续表

编号	时段1	时段2	时段3	时段4	时段5	编号	时段1	时段2	时段3	时段4	时段5
51	37	32	27	27	25	76	21	18	15	15	16
52	29	25	21	21	20	77	20	17	14	14	13
53	27	23	20	20	19	78	21	18	15	15	16
54	28	24	20	20	20	79	27	23	20	20	19
55	24	20	17	17	17	80	24	20	17	17	17
56	30	25	21	21	20	81	42	35	30	30	29
57	30	25	21	21	20	82	27	23	20	20	19
58	39	33	28	28	26	83	20	17	15	15	14
59	38	32	27	27	25	84	41	35	30	30	28
60	33	29	24	24	23	85	43	37	31	31	29
61	26	22	19	19	17	86	28	23	20	20	19
62	38	33	28	28	26	87	18	15	13	13	12
63	30	26	22	22	20	88	22	19	16	16	15
64	25	21	18	18	17	89	27	23	19	19	20
65	42	36	30	30	28	90	32	27	23	23	21
66	40	34	29	29	28	91	22	19	16	16	16
67	31	26	22	22	21	92	32	28	23	23	21
68	33	28	24	24	22	93	35	30	26	26	24
69	32	27	23	23	22	94	21	18	15	15	15
70	21	18	15	15	14	95	18	16	13	13	13
71	24	20	17	17	17	96	23	20	17	17	17
72	28	24	21	21	19	97	24	21	17	17	16
73	21	18	16	16	15	98	27	23	20	20	18
74	39	34	28	28	25	99	30	25	21	21	20
75	20	17	15	15	16	100	17	15	13	12	12

附表2 各时段每轮疏散时集结地的疏散需求标准差

编号	时段1	时段2	时段3	时段4	时段5	编号	时段1	时段2	时段3	时段4	时段5
1	25.4	21.6	18.5	18.5	16.9	5	11.2	9.9	7.9	7.9	7.9
2	18.2	15.3	13.1	13.1	12.4	6	16.1	13.9	11.7	11.7	11.7
3	23.8	19.8	16.7	16.7	16.7	7	11.9	10.6	8.6	8.6	8.6
4	19.2	17.0	14.0	14.0	13.3	8	13.4	11.4	10.1	10.1	9.4

续表

编号	时段1	时段2	时段3	时段4	时段5	编号	时段1	时段2	时段3	时段4	时段5
9	16.5	14.3	12.0	12.0	12.0	43	13.7	11.6	10.3	10.3	9.6
10	20.5	17.5	14.4	14.4	14.4	44	26.8	23	19.1	19.1	18.4
11	10.2	8.9	7.7	7.7	8.3	45	14	11.9	10.5	10.5	9.8
12	28.5	24.3	20.9	20.9	19.5	46	19	16.7	13.7	13.7	13.7
13	28.9	24.8	20.6	20.6	20	47	25.4	21.6	18.5	18.5	17.7
14	23.6	20.3	17.1	17.1	16.3	48	27.8	24	20.3	20.3	19.5
15	23.7	20.4	17.2	17.2	17.2	49	11.4	10.1	8	8	8.7
16	18.6	15.6	13.4	13.4	12.6	50	29.6	25.4	21.1	21.1	19.7
17	28.6	24.4	20.9	20.2	19.5	51	27.8	24	20.3	20.3	18.8
18	18.6	16.4	13.4	13.4	13.4	52	23.8	20.5	17.2	17.2	16.4
19	12.1	10.1	8.7	8.7	8.1	53	20.6	17.5	15.3	15.3	14.5
20	27.4	23.7	20	20	19.3	54	22.2	19.0	15.9	15.9	15.9
21	19.4	16.4	14.2	14.2	12.7	55	18	15	12.8	12.8	12.8
22	16.5	14.3	12	12	12	56	23.9	19.9	16.7	16.7	15.9
23	19.9	17.6	14.5	14.5	14.5	57	24.6	20.5	17.2	17.2	16.4
24	12.5	10.4	9	9	9	58	28.2	23.9	20.2	20.2	18.8
25	13.3	11.2	9.1	9.1	9.8	59	27.9	23.5	19.8	19.8	18.4
26	29	24.9	20.7	20.7	19.3	60	25.4	22.3	18.5	18.5	17.7
27	29.8	24.9	21.5	21.5	19.4	61	20.2	17.1	14.8	14.8	13.2
28	24.7	21.5	18.3	18.3	18.3	62	27.9	24.2	20.6	20.6	19.1
29	10.6	9.3	8	8	8.6	63	24.6	21.3	18	18	16.4
30	16.6	13.6	12.1	12.1	11.3	64	19.2	16.1	13.8	13.8	13.1
31	18.7	15.7	13.5	13.5	12.7	65	29.6	25.4	21.1	21.1	19.7
32	27.9	23.6	20	20	18.6	66	28.5	24.2	20.7	20.7	20
33	10	8.7	7.3	7.3	6.7	67	24.9	20.9	17.7	17.7	16.9
34	11.1	9.7	8.3	8.3	8.3	68	26	22.1	18.9	18.9	17.3
35	13.7	11.6	9.6	9.6	10.3	69	25.2	21.3	18.1	18.1	17.3
36	26.4	22.5	18.6	18.6	18.6	70	14.8	12.7	10.6	10.6	9.9
37	27.3	23.5	19.7	19.7	19.7	71	18.1	15.1	12.8	12.8	12.8
38	26.5	22.6	18.7	18.7	18.7	72	22.8	19.5	17.1	17.1	15.5
39	21.9	18.8	15.6	15.6	14.9	73	14.8	12.7	11.3	11.3	10.6
40	24.8	20.8	17.6	17.6	16.8	74	28.3	24.7	20.3	20.3	18.1
41	17.9	15.6	13.2	13.2	13.2	75	14	11.9	10.5	10.5	11.2
42	27.3	23.5	19.7	19.7	19	76	15.6	13.4	11.1	11.1	11.9

续表

编号	时段1	时段2	时段3	时段4	时段5	编号	时段1	时段2	时段3	时段4	时段5
77	14.1	12	9.9	9.9	9.2	89	21.6	18.4	15.2	15.2	16
78	15.7	13.5	11.2	11.2	12	90	25.3	21.3	18.2	18.2	16.6
79	21.2	18.1	15.7	15.7	14.9	91	17.5	15.1	12.7	12.7	12.7
80	18.2	15.2	12.9	12.9	12.9	92	25.3	22.1	18.2	18.2	16.6
81	29.6	24.7	21.1	21.1	20.4	93	27.1	23.2	20.1	20.1	18.6
82	21.6	18.4	16	16	15.2	94	16.1	13.8	11.5	11.5	11.5
83	14.3	12.2	10.7	10.7	10	95	13	11.6	9.4	9.4	9.4
84	28.8	24.6	21.1	21.1	19.7	96	18	15.7	13.3	13.3	13.3
85	29.8	25.6	21.5	21.5	20.1	97	18.2	15.9	12.9	12.9	12.1
86	23	18.9	16.4	16.4	15.6	98	21.9	18.7	16.2	16.2	14.6
87	13	10.8	9.4	9.4	8.7	99	24.7	20.6	17.3	17.3	16.5
88	16.7	14.4	12.1	12.1	11.4	100	11.8	10.4	9	8.3	8.3